마니에르 드 부아르

주소 서울특별시 마포구 양화로 1길 83 석우빌 1층
홈페이지 www.ilemonde.com | 전화 02-777-2003

Chief editor 이종훈
Art designer 조한아
Communication manager 최승은, 조은수
Proofreading 김유라, 박지수
Translators 권경아 권혜숙 김보희 김윤형 김혜경 배영란 오정은
이근혁 이보미 이상빈 이연주 이주영 이푸로라 조은섭 허보미
Editing Committee 안치용, 김민정, 양근애, 서곡숙
Publisher 성일권

MANIÈRE DE VOIR(한국어판) vol.12

SF, 내일의 메시아

발행일자 2023년 7월 18일
등록번호 마포, 바00189
등록일자 2020년 9월 10일
발행처 (주)르몽드코리아
인쇄처 디프넷
홈페이지 www.ilemonde.com | 이메일 info@ilemonde.com
대표전화 02-777-2003 | 팩스 02-333-6767

MANIÈRE DE VOIR
Édition Française

Édité par la SA Le Monde diplomatique
1, avenue Stephen-Pichon, 75013 Paris
Site Internet: www.monde-diplomatique.fr

Directoire:
Benoît BRÉVILLE, président, directeur de la publication
Anne-Cécile ROBERT, directrice adjointe
Autres membres:
Vincent CARON, Élodie COURATIER, Pierre RIMBERT
Conseiller éditorial auprès du directeur de la publication :
Serge HALIMI
Conseiller en finance et développement auprès du directoire :
Bruno LOMBARD
Secrétaire générale : Anne CALLAIT-CHAVANEL
Directeur de la rédactio n : Benoît BRÉVILLE
Rédacteur en chef: Akram BELKAÏD
Rédaction : Martine BULARD, Philippe DESCAMPS,
Renaud LAMBERT, Evelyne PIEILLER, Hélène RICHARD,
Pierre RIMBERT, Anne-Cécile ROBERT, Grégory RZEPSKI
Cartographie : Cécile MARIN
Site Internet : Guillaume BAROU
Conception artistique :
Nina HLACER, Boris SÉMÉNIAKO
(avec la collaboration de Delphine LACROIX pour l'iconographie)
Rédacteur documentaliste : Olivier PIRONET
Archives et données numériques :
Suzy GAIDOZ, Maria IERARDI
Mise en pages et photogravure :
Jérôme GRILLIÈRE, Patrick PUECH-WILHEM
Correction: Dominique MARTEL, Xavier MONTHÉARD
Directeur commercial et administratif : Vincent CARON
Directrice des relations sociales : Élodie COURATIER
Responsable du contrôle de gestion : Zaïa SAHALI
Fondateur : Hubert BEUVE-MÉRY.
Anciens directeurs : François HONTI, Claude JULIEN,
Ignacio RAMONET, Serge HALIMI

차례

서문　　　　우주에서 벌어지는 파괴 작전　　　　　　　　에블린 피에예　　　6

책을 내며　자본주의를 치유할 SF적 상상력　　　　　　성일권　　　10

1부 인간 이상의 존재들

외계인과 대화하는 법　　　　　　　　　　　　　　　핀 브런턴　　　16

호모 사피엔스의 예정된 종말　　　　　　　　　마르쿠스 베스나르　　26

_____　　『프로스트와 베타』　　　　　　　　로저 젤라즈니　　29

그렇게 우리의 운명은 수치화됐다　　　　　　　　댄 보우크　　32

우주론, 21세기판 '러시아 이념'인가?　　　　　　쥘리에트 포르　　38

_____　　우주전쟁… 화성인들의 침공　　　허버트 조지 웰스　　53

당신의 욕망에 맞는 가상 아바타가 돼보세요　　　기욤 바루　　54

2부 SF, 진실에 대한 의혹의 시선

달, 제8의 신대륙　　　　　　　　　　　　　　필리프 리비에르　　60

미국의 우주탐사, 달러를 집어 삼킨 블랙홀　　　노먼 스핀래드　　65

삶을 테러하는 과학을 테러하다　　　　　　　필리프 리비에르　　72

죽지 말고 참아라! 과학이 100년 뒤 영생을 주리니　필리프 리비에르　　76

_____　　행복 방정식, 디스토피아 세계　　아르노 드몽조예　　82

사이언스 픽션은 공동의 꿈의 영역　　　　　　　　잔지바르　　83

현대의 불안을 극복할 힘은 상상력　　　　　　　에블린 피에예　　89

_____　　윌리엄 깁슨, 프로그램의 음모를 막아내다　에블린 피에예　　96

3부 더욱 강해지는 디스토피아의 세계

화성탐사 시대, 인류의 바람직한 영양 섭취법은   피에르 알페리   100

'현대판 귀족' 메리토크라트의 배타적 특권   피에르 랭베르   108

_____ "펄프픽션은 내 상상의 원동력"   아이작 아시모프   124

코퍼레토크래시(기업국가)의 시대가 열린다   피에르 뮈소   126

_____ 제미신이 휴고상을 3차례 수상한 이유는?   기욤 바루   133

대중 조작의 '사회공학'   파블로 장상   134

헨리 포드의 엇나간 꿈   그레그 그랜딘   140

_____ 『높은 성의 사내』, 나치와 일제가 승리한 다른 세계   에블린 피에예   146

4부 대중서사가 된 SF

데이터화된 몸(신체)과 SF, 포스트휴먼   이지용   150

임신하는 로봇과 불임의 인간   최애순   156

멸망하는 세계, 아이들은 살아 남는다!   최배은   162

_____ 마침내, 아프리카 미래주의   알랭 비키   168

미래의 냄새, SF가 선도하는 감각의 변화   김성연   170

젠더적 한계를 벗어나려는 '그녀'들의 꿈   오윤호   177

미래의 인간은 고통에서 해방될까?   노대원   183

_____ 거미가 컴퓨터를 가지게 될 때   니콜라 멜랑   188

포스트휴먼의 몸부림, 상실감 그리고 놀라움   정은혜   189

SF로 철학하기의 범심론적 모험   문규민   192

[부록] 진실의 소리   200

후원자 명단   206

차례

우주에서 벌어지는 파괴 작전

에블린 피에예 Evelyne Pieiller

〈르몽드 디플로마티크〉 기자. 문학과 음악 비평가. 극작가 겸 영화배우. 영화 〈L'inconnue de Strasbourg〉(1998)를 비롯해
여러 편의 시나리오를 썼다. 북아프리카를 배경으로 한 영화 〈Ya bon les blancs〉(1988, 프랑스)에는 배우로도
출연한 바 있다. 저서로는 『Le Grand Théâtre』(2000), 『L'almanach des contrariés』(2002) 등이 있다.

예전에 SF는 약간 무시 받는 경향이 있었다. 초록색 소인들과 거대한 로켓이 등장하는 유치한 졸작을 읽는 독자는 사회성에 문제가 있는 10대일 것이라고 생각했다. 이후에 조금 더 완화적 표현을 써서 SF는 괴짜(geek)나 과묵한 공부벌레들이 탐닉하는 세상이라고 했다. 하지만 더 이상 이런 호의적인 표현을 군이 찾을 필요가 없을 것 같다. 이제 SF는 '사변 소설' 범주에 섞여서 사라졌기 때문이다. 환상문학, 판타지, SF를 아우르는 이 멋진 명칭은 고급스러운 느낌마저 풍긴다. 이제 소수 장르로 치부되었던 경멸이 사라졌고 은연중에 '청소년'용으로 분류했던 인식도 사라졌다. 게다가 2017년부터 10월을 '사변 소설의 달'로 지정했고 프랑스 국립도서센터의 후원을 받아 관련 작품의 판매를 활성화하기 위한 여러 영업, 문화 행사가 펼쳐졌다. 이렇듯 유치한 느낌을 풍기지 않고 여러 문학을 아우르는 일반적인 용어를 사용하자 판타지가 대 성공을 거두었다.

해리포터 시리즈 8번째 이야기, 『해리포터와 저주받은 아이』는 2016년 100만부가 판매되었고 베스트셀러 자리를 고수하고 있다. 그리고 2013년부터 프랑스에서 판매된 왕좌의 게임은 전 세계에서 가장 많이 다운로드 된 시리즈로 꼽힌다. 대신 SF전집은 사라졌다. 『미래의 존재(Présence du futur, Denoël)』는 2000년 절판되었으며 『타지와 미래(Ailleurs et demain, Laffont)』는 2014년 절판되었다가 2020년 다시 출간되었지만 이 개정판에는 다른 고전 소설들을 포함시켰다. 대신 '사변 소설'이라는 이름을 내걸고 새로운 전집들이 출간되었다(알뱅 미쉘 사변소설, 2017년 등).

이렇게 장르의 경계를 모호하게 섞는 시도가 쉽지만은 않다. 물론 많은 작가들이 SF와 판

타지 작품을 같이 쓰기도 하지만 두 장르가 확연히 다르다. 판타지의 주인공은 주로 초자연적인 힘을 가지고 있고 선과 악의 싸움을 통해 권선징악의 교훈을 전하며 이야기의 배경은 주로 암울한 중세 시대이다. 반면 SF는 현재 우리 사회에서 상실감을 유발하는 요소들이 가까운 미래에 어떻게 진화할지에 관심을 가진다. 그래서 SF는 기존 가치를 파괴하려는 작전을 시도하고 현재를 과장한다. 과학기술이 지금과 같이 역동적으로 발전한다고 가정하고 현재 권력의 흐름을 증폭시키는 방법으로 집단적 확신에 대한 비판적 시각을 제공할 뿐만 아니라 은연중에 정치적 질문을 제기한다. 마치 철학자들처럼 '만약에?'라는 가정을 해 보는 것이다.

만약 거대 미디어가 진실과 사회 조화의 수호자 역할을 자처하고, 이 미디어가 유포하는 생각만이 유일하게 사회에서 수용하는 생각이라면(『화씨 451』, 레이 브래드베리가 1953년 출간한 소설)?, 만약 우리가 범죄자를 예측할 수 있다면(『마이너리티 리포트』, 필립 K 딕이 1956년 발표한 소설)? 만약 대다수 시민이 풍족하고 여유롭게 살아가는 극소수 특권층의 술수에 속아 스스로 희생하여 전쟁을 승리로 이끌어야 한다는 잘못된 신념을 가지게 된다면(The penultimate truth, 필립 K 딕, 1956)? 만약 TV에서 신랄하게 유명인들을 공격하는 유명 좌파 기자가 사실 '매수'된 것이었고, 그는 영생을 받는 대가로 자신의 신념을 숨긴 것이라면, 그리고 이것이 어떤 열망의 대상을 얻기 위해 일어날 수 있는 일이라면(『벌레 잭 배론(Bug Jack barron)』, 노먼 스핀래드가 1969년 발간한 소설)? 만약 AI가 권력을 장악한다면(아서 C. 클라크 소설을 원작으로 한 스탠리 큐브릭 감독의 영화 〈스페이스 오디세이〉 2001)? 만약 AI가 다국적 기업을 위해 일하고 인간과 이 AI간 인터페이스가 가능하다면(『뉴로맨서』, 윌리엄 깁슨이 1984년 발표한 소설)? 만약 AI가 모든 도시를 장악하여 인간의 이동 경로를 모두 추적할 수 있다면(『은둔자(Les Furtifs)』, 알랭 다마시오가 2019년 발표한 소설)?

SF, 디스토피아가 유일한 선택지가 아니다

일반적인 평판과는 달리 SF는 허황되거나 비현실적이지 않다. SF는 우리 사회 안에 잠재된 가능성이 얼마나 실현될지 끝까지 가 보고 우리에게 현실을 명확하게 판단하게 도와준다. 게다가 SF의 예측이 이미 실현되기도 했다. 이들의 악몽이 현실이 된 것이다. 일반인 감시, 유전자 조작, 병적인 소비주의, 트랜스 휴머니즘, 지도자들에게 자신의 진실을 주입하는 알고리즘과 또 이렇게 주입된 진실을 강요하는 지도자들까지….

SF는 약간 편집증을 유발하는 것 같다. 이것이 편하게 받아들여지지는 않지만 활력을 준다. 역사의 유일한 의미에 대한 '증거', 지배적 이데올로기가 강요하는 '진실', 그리고 이것의 불합리함에 대해 문제를 제기함으로써 단지 독자를 불안하게 만들어 기존의 틀을 깨고 새롭게 보는 시각을 열어주는 것에 그치지 않는다. SF는 무궁무진한 상상력과 철저한 논리를 결합하여 완성된다.

그래서 다른 사고방식을 추구하려는 열망을 불러일으키고 디스토피아가 유일한 선택지가 아님을 일깨워준다. 다른 길을 선택할 수도 있고, 길이 여러 갈래로 나누어질 수도 있다. 받아들여야 하는 숙명은 없으며 다른 가치와 다른 시스템을 새롭게 만들려면 우선 환상을 찢고 나와야 한다. 상상력이 필요하다. 모든 SF작가가 열정적인 진보주의자가 아니며 모든 SF 작품이 반향을 일으키려는 의도가 있는 것이 아니다. 그러나 이 장르의 기질 자체가 포기를 거부한다.

글 · 에블린 피에예 Evelyne Pieiller

자본주의를 치유할 SF적 상상력

성일권

〈르몽드 디플로마티크〉 한국어판 발행인 겸 편집인. 파리8대학에서 정치사상 연구로 박사학위를 받았고,
자본주의의 변화와 지식인 문제에 관심이 많다. 주요 저서로 『비판 인문학 120년사』, 『소사이어티 없는 카페』,
『오리엔탈리즘의 새로운 신화들』 등이 있다.

"자, 이제 여기 내 옆으로 오거라! 네게 후손들의 모습을 보여주마. 우리가 시작한 일을 언젠가 완수하게 될 우리의 아들, 손자, 먼 훗날의 후손들을 말이다. 저기 창에 기대 서 있는 젊은 병사가 보이느냐? 그의 핏줄에는 다르다누스 후예들의 피와 이탈리아인들의 피가 함께 흐른다. 저 젊은이가 세상의 빛으로 우뚝 서게 될 첫 번째 후손이다. 바로 네 아들 실비우스다. 실비우스는 네가 나중에 아내로 맞이하게 될 리비니아가 낳아 기를 것이다. (…) 저쪽에 떡갈나무 앞으로 된 화관을 머리에 쓰고 있는 젊은이들이 나중에 어른이 되면 네가 세운 왕국에 새로운 도시를 건설할 것이다. (…) 저기 머리에 쓴 투구 위에 이중으로 된 깃털 장식이 나부끼고 있는 저 영웅이 바로 로물루스다. 그는 일곱 개의 언덕으로 둘러싸인 도시에 성벽을 건설하게 된다. 그 도시가 바로 장차 온 세상을 지배하게 될 위대한 로마다." [1]

로마의 위대한 시인 베르길리우스(기원전 70~19)가 쓴 장편서사시 『아이네이스』를 읽다 보면 로마의 건국 신화가 현실과 가상을 오가며 다채롭게 펼쳐진다. 그리스 연합군과의 전쟁에서 패망한 트로이의 장수 아이네이스가 트로이인들을 이끌고, 각지를 방랑하다가 천신만고 끝에 라티움땅에 이르러 로마 제국의 기초를 세우게 된다는 내용이 요즘 식으로 말하면 SF적 기법으로 숨가쁘게 전개된다. 아이네이스의 방랑은 명망한 조국 트로이보다 더 위대한 나라를 건설하게 되리라는 신들의 계시에 따른 것이었지만, 그가 아무리 여신의 아들일지라도 온갖 고초와 역경 속에서 좌절하며, 자신의 결정에 회의감에 젖는다. 그때마다 그와, 그를 따르는 트로이인들을 앞으로 이끈 것은 그들이야말로 신의 선택을 받은 민족이라는 신념을 잃지 않았기 때문이었다. 작가 베르길리우스가 신화 속 영웅의 이야기와 로마 건국의 역사를 문학

적으로 결합시킨, 라틴어로 쓰인 현존하는 가장 뛰어난 작품으로 인정받는 서사시 『아이네이스』는 꿈을 현실로 만들고 현실을 꿈으로 바꾸는 베르길리우스 특유의 상상력을 보여준다.

전쟁과 기아, 가난과 혼란 속에 미래의 불확실성을 극복하는 것은 모든 불가능을 가능하게 만드는 상상력이다. 모든 국가의 건국 이야기가 꿈같은 현실을 담아, 건국 신화가 된 것은 우연이 아니다.

전쟁과 혼란 속의 인류에 새로운 SF적 신화 필요

우크라이나 전쟁, 이스라엘-팔레스타인 분쟁, 중국-인도-파키스탄 국경분쟁, 미얀마 내전, 서사하라 분쟁, 중국-대만 분쟁, 한반도 위기, 중국 러시아 vs 미국 일본 분쟁, 튀르키예 지진과 환경 기후 위기, 금융 위기, 천정부지의 고물가와 생활고, 경기침체와 실업난, 고독과 외로움, 그리고 자살과 타살….

19세기에 빅토르 위고가 프랑스 혁명기의 계속되는 냉혹한 어둠 속에서 "과연 미래는 올 것인가"라는 의문을 제기했으나, 현 인류가 사는 현대사회는 시시각각 엄습해오는 위기에 당장에라도 무너져 내릴 것만 같다. 위기 '이후'의 세계를 내다보기란 쉽지 않다. 인류는 가이아 우주망원경으로 수십억 광년 거리의 은하계를 관찰할 수 있을지언정, 정작 가까운 미래에 대해선 아무런 답을 내놓지 못하고 있다.

대형 서점에는 인류의 오랜 고민과 사유를 담은 두터운 철학서와 사상서, 에세이, 소설이 즐비하지만, 지금의 위기에 대한 답을 구하기에는 공허한 내용들이다. 가장 실감나는 현실을 반영한 소설을 찾아 유명 작가의 작품이나 문학상 수상 띠지를 선물 포장지처럼 두른 작품을 읽어보지만 '문단 권력'이 배출한 그저 그런 상념(常念)의 고리타분함만 확인할 뿐이다.

신춘문예나 문학상 수상작의 화려한 이력이 제도권 문단에서는 환영받을 수는 있어도, 경제난과 취업난, 고독과 외로움에 지쳐있는 독자들의 불안감을 씻어주는데 그다지 유용해 보이지 않는다. 비록 현재보다도 더 암담할지라도, 미래는 뭔가 달라야 한다는 유토피아적 열망이 기존 문학이 감히 상상하기 힘든 사이언스 픽션(SF)의 대거 유행을 가져왔다. 최근에 국내외적으로 가장 성공하고 주목을 받은 작품들은 현실의 벽을 뛰어넘거나, 현실과 가상이 교차되는 SF소설이나 SF웹툰이다. 인기 SF소설이나 웹툰이 영화나 드라마로 제작되는 것은 문화적인 트렌드다. 젊은 독자나 관객이 SF에 열광하는 것은 SF가 담고 있는 도발성과 혁명성 때문이다. 제임스 카메론의 〈아바타〉 시리즈를 비롯해 〈듄〉, 〈더문〉, 〈지금 우리 학교는〉, 〈승리호〉, 〈정이〉 등은 인간이 저질러놓은 죄악을 작가가 상상한 비인간 생명체가 해결할 만큼 혁명적이다. 어쩌면, 인류학적 혁명이 SF에서 꽃을 피우는 듯한 느낌이다.

SF의 매력은 불가능한 것을 상상하고, 미지의 길을 개척하고, 현실과 사실을 비꼬아서 자본주의의 모순을 파헤치는 것일 테다. 바늘구멍 하나 없을 만큼 견고한 자본주의의 벽을 깨부수는 것은 당장에 무엇으로도 불가능할지 모른다. 알랭 바디우와 슬라보예 지젝이 공산주의적 상상력을 자본주의의 모순에 대한 해결책으로 제시한 것처럼, 어쩌면 SF적 상상력이 암담하게 다가올 미래의 현실을 그나마 잊게 해준다.

우리에겐 삭막한 자본주의가 촘촘히 드리운 위기의 장막을 걷어내고, 새로운 건국의 신화를 써내려 갈 SF적 메시아가 필요하다.

글 · 성일권

책을 내며

01 인간 이상의 존재들

오래된 신화가 현실이 되려고 한다. 인간이 곧 자연의 한계를 뛰어 넘어 영생할 수 있는 전지전능한 능력을 갖게 될 것이다. 즉 신의 경지에 이른다는 말이다. 물론 조건이 있다. 필요한 기술과 부속품을 구매할 수 있는 재력이 있어야 하고 인공지능이 먼저 권력을 장악하지 않아야 한다. 그런데 이제 인간을 어떻게 정의해야 할까?

외계인과 대화하는 법

핀 브런턴 Finn Brunton

캘리포니아 대학교(데이비스 캠퍼스) 교수. 사이언스와 테크놀로지, 시네마와 디지털 미디어를 강의하고 있다. 뉴욕대와 프린스턴대 교수를 역임했다. 저서에 『디지털 캐시: 암호화폐를 창안한 아나키스트와 테크놀로지스트, 유토피언들의 숨겨진 역사(Digital cash: The Unknown History of the Anarchists, Technologists, and Utopians Who Created Cryptocurrency)』(2019) 등이 있다.

중국은 2016년 7월에 지구에서 가장 큰 전파망원경 건설을 마쳤다. 이로써 우주공간에서 교신할 외계 생명체를 보다 적극적으로 찾아 나설 것으로 보인다. 몇 세기 이전부터 인류는 다른 행성의 생명체와 접촉할 꿈을 꿔왔다. 어쩌면 아주 우스꽝스러울 수 있는 이 같은 시도는 외계 생명체가 지능적으로 아주 완벽하리라는 믿음에서 기인한다. 이렇듯, 화성인들을 환영하기 위해 인류는 기계로 말하는 법을 배워왔다.

예상보다 큰 태풍이 몰려오는데 선원들은 무방비 상태다. 결국 배는 침몰하고 잔해에 매달려 겨우 목숨을 부지한다. 며칠 후 낯선 해변으로 떠밀려서 오게 되는데 구조대는 공중에서 당신을 찾고 있다. 이런 상황이라면 어떻게 신호를 보내야 할까?

단순히 위치를 알리는 일이 아니다. 주변 환경을 이용하되, 자연현상으로 보여서는 안 되며, 구조대의 언어나 문화를 모르기 때문에 인공적이면서도 널리 이해할 수 있는 신호를 보내야 한다. 전 세계적으로 야영객, 선원 및 비행사들의 익숙한 방식은 패턴과 빛이다. 돌을 기하학적 모양, 즉 삼각형이나 S-O-S를 나타내도록 배열하는 것이다. 빛을 반사하는 것을 찾아 일정하게 비추거나(1-2-3 또는 온-오프) 불을 피울 수도 있다. 다른 사람이 따라오도록 흔적을 남기고 싶다면, 돌을 쌓아 놓거나 나무껍질을 벗겨 'T' 모양을 남겨놓을 수 있다. 그렇다면, 보다 복잡한 정보, 즉 인슐린이 필요하다거나 안전한 착륙지가 없다든지 내일 먹을 것을 찾아 북서쪽으로 이동할 것이라는 정보 등은 어떻게 전달할 수 있을까?

더 어려운 상황을 가정해 보자. 구조대가 어떻게 수색할지, 즉 공중 수색, 도보, 바다, 위성 이미지 등 어떤 방법으로 수색할지 모른다고 하자. 사실, 찾지 않을 수도 있다. 남긴 신호를

▲ 〈작은 초록색 인간〉, 1970년경 - 로베르 지지

찾으려면 수개월, 수년, 수십 년 또는 수세기가 걸릴 수도 있다. 수색대의 언어도 모르며, 심지어 수색대가 인간인지도 모른다. 그 조직이나 기술, 수색 방법이나 대상도 모르는 상황이라면, 어떻게 신호를 보낼까? 섬을 둘러싼 바다는 해안으로부터 모든 방향으로 수 광년을 뻗어나간다. 난국이 아닐 수 없다.

　인류가 태양계의 규모와 구조를 이해하고 다른 세상(별)도 지구와 유사하다는 것을 알게 되면서, 외계인의 존재와 외계인과 소통할 방법을 생각하기 시작했다. 더 이상 천체의 중심이 아니라 작가 멜빌이 말한 것처럼 핏케언 섬에서 고독하게 살고 있는 섬사람과도 같다. 화성과 그 위성을 봤으며, 어떤 이들은 그곳의 유하와 수로, 메마른 도시를 보았다고 상상하기도 했다. 또 다른 섬의 해안에서 희미하게 일렁이는 빛을 본 것이다. 금성의 그 구름 아래서 어떤

인간 이상의 존재들

정글과 섬이, 또 다른 브라질과 콩고가 번성했는지, 그 누가 알겠는가? 금성의 어둠 속에서 때때로 보이는 에센 광(푸른 미광)을 두고, 1830년대 천문학자 프란츠 폰 파울라 그루이튀센은 "금성인이 불의 축제를 즐기는 것"이라고 설명했다.[2] 금성이 "전제군주시대"에서 "또 다른 알렉산더 또는 나폴레옹의 시대"로 옮겨가는데 47년이 걸린 것으로 예상하기도 했다. 또한 그가 달의 화구에서 보았다고 믿은 뼈대만 있는 도시의 모습을 스케치로 남기기도 했다. 마이클 크로우는 그의 저서 『외계생명체에 관한 논의(The Extraterrestrial Life Debate 1750~1900)』에서 그루이튀센을 에너지가 넘치고, 시력이 뛰어나며 훌륭한 기기와 최고의 유머감각을 갖춘 인물로 묘사했다. 고지대 사막의 화성인과 축제 중인 금성인이 마찬가지로 우리를 볼 수도 있을 것이다. 그렇다면, 어떻게 대화를 시작할 수 있을까?

카밀 플라마리옹과 밸러드의 기념비적 아이디어

우선, 조난자와 고립된 선원들이 사용하는 방식이 있다. 위대한 수학자 카를 프리드리히 가우스는 거대한 회광기(Heliotrope)를 제안했다. 회광기란 측량 작업을 위해 거울로 태양광을 반사시켜서 먼 거리에서 위치를 측정하는 기구인데, 신호를 보내는데 사용할 수 있을 것이다. 16평방 피트의 거울 백 개로 빛을 반사시키는 원리이다. 거대하고 빛나는 모습으로 인도 자이푸르의 잔타르 만트르 천문대와 어깨를 나란히 할 수 있을 것이다. 다른 유사한 신호 방식도 있는데, 가우스(및 천문학자 조셉 릿트로우)의 발상이란 설이 있다. 사하라 사막에 기하학적 모양의 거대한 운하를 파 그곳에 등유를 붓고 밤에 화성 방향으로 불을 피우거나 빗변의 제곱에 관한 피타고라스 정리(풍차 증명 그림)를 이용한다. 그리고 시베리아에 거대한 밭을 만들어 이웃 행성에서 망원경으로 볼 수 있게 하자는 것이었다.

19세기 후반에는 이와 같은 아이디어에 전등이 더해졌다. 프랑스 천문협회 초대 회장이었던 카밀 플라마리옹은 화성이 반대편에 있을 때 사하라 사막에 거대한 전등길을 만들어 빛을 위로 쏘는 방식을 제안했다. 그의 동료였던 메르시어는 파리 중심의 마르스(Mars) 광장에 거울 전등을 설치할 것을 제안했다. 지구상 가장 밝은 빛을 내뿜을 경기장 크기의 거울을 설치한다면 일부 파리 시민의 소소한 반대가 있을 것으로 생각해(에펠 탑도 큰 분노를 일으켰다!), 산에 두 개의 거울을 설치하는 것을 대안으로 제시했는데, 이를 통해 해질녘 햇빛이 어두운 면에 반사되어 더욱 큰 효과를 볼 수 있다고 설명했다. 자외선과 초음파 연구에 크게 기여한 물리학자 로버트 우드는 검은 천 배플(칸막이)을 한 변에 수 킬로미터 길이로 사막에 설치해 모터로 여닫음으로써 화성인에게 "연속된 윙크"로 보이는 픽셀을 구성하는 안을 내놓았다. 구 소련의 물리학자로 로켓 공학의 아버지(인류의 우주탐험 지지자)라고 불리는 콘스탄틴 치올코프스키는 더 많은 거울을 설치할 것을 구상했다. 세기가 바뀌는 때 이와 같은 "화성 마니아"들에게 자본이 충분했다면, 지금쯤 어느 사막 고원에 먼지 쌓인 거울들이 빈 하늘을 바라보는 영국 SF작가 밸러드(J.G.Ballard, 1930~2009)의 기념비를 보고 있을 지도 모른다.

이 모든 초기 안들은 물리학적인 진취성과 철학적 나태함을 보여준다. 물리학적으로는 굉장한 아이디어였다. 대지 예술[3]이나 미니멀리즘 조각품을 대규모로 만든 것처럼 보이기도 하고, 사용된 요소들(거울, 운하, 사막, 기하학, 측량, 농업)은 마치 로버트 스미슨[4]이 벡텔(Bechtel) 또는 에어럽 그룹(Arup Group)[5]의 자원으로 대지 예술 작품을 만든 것으로도 보였다. 모두 다른 세계의 관찰자에게 하나의 형태 또는 한 줄기 빛을 보내기 위한 것이었다. 철학적 나태함도 내포돼 있다. 가까운 세계에는 우리와 비슷한 존재가 살고 있을 것이고, 우리가 존재의 증거를 보내면 그 응답으로 일종의 대화를 하고자 할 것이다. 가우스는 이와 같은 대화가 "공통된 수학 기호를 통해 시작될 것"이라고 생각했다. 산 위의 수 킬로미터에 이르는 거울들은 우리와 비슷한, 단지 나이가 더 많거나 체온이 낮고 아마도 "지적 수준이 우월한(플라마리옹)" 존재에게 발견될 수도 있을 것이다. 그곳의 더 뛰어난 칸트들의 서재 창문이 우연히 올림푸스 산[6] 발치의 운하를 마주 볼 수도 있을 것이다. 그렇다 하더라도, 우리가 나눌 수 있는 대화는 돌무더기로 만든 직삼각형 같은 의례적인 제스처, 즉 "우리 여기 있어요!"라는 신호에 그칠 것이다.

샤를르 크로는 미디어 역사상 낙오자 또는 유쾌한 시인으로 알려져 있다(사실 모르는 사람이 많을 수도 있다). 그는 3원색 사진술과 축음 기술을 개발했으나 동시대에 보다 성공적인 프로젝트에 가려졌다(과거의 소리라는 뜻의 팔레오폰(Paleophone)으로 명명한 그의 축음기는 에디슨식 포일 유성기와 유사했으나 기계를 완성하지 못했고, 에디슨이 첫 모델을 내놓았다-역주). 문학적으로는 "장난스러운(Fumiste)" 태도로 충격적인 주제를 진지하고 난해하면서 냉정하고 간결한 스타일과 결합하는 예술 및 문학 사조에 속했다. 이는 1880년대식의 억지 밈[7]과 같다. 그는 미디어 기술을 시험하던 중, 프랑스 정부에 화성인 교신 계획 예산을 지원할 것을 요청했다.

그는 〈행성과의 교신수단에 관한 연구〉에서 거대한 거울에 빛을 반사시켜 다른 행성에서 볼 수 있게 한다는 기본 개념에 통신 라인이 형성되면 어떻게 정보를 전달할지도 생각했다. 우선 빛의 움직임으로 숫자를 암호화하고, 그 숫자가 이미지를 암호화하도록 하는 것이다. 자릿수를 통해 이진 픽셀(스페이스 흑/백, 오프/온)을 나타내는 것이다. 모든 신호를 하나씩 나타내기 보다는 정수를 사용한다. 즉, XXXXXX00XXX0는 "6-1 2-0 3-1 1-0"으로 나타낼 수 있다.

호그밴이 분석한 '별과의 대화'

현대에서는 이를 일종의 "런 렝스 부호화(Run-length encoding)"로 간주할 것이다. 런 렝스 부호화는 팩스, 초기 디지털 비트맵 이미지, 초기 텔레비전 기술에 사용한 것과 같은 이미지 압축 및 전송 기술을 말한다.

이와 같은 이미지 및 다른 종류의 미디어를 기기에 맞게 바꾸기 위해서는 암호화 체계가 필요하다. "다양한 산업(직조, 자수 등)에서 일련의 숫자로 디자인을 표현하는 유사한 기법을 사용하고 있다." 이 대목에서 전산 역사학자라면 귀를 쫑긋 세우고 무슨 직조기계인지 물을 것이다. "자카드 직조기에는 아직 이론화되지 않은 원리가 작용하고 있다." 자카드의 수치제어 직조방식은 찰스 배비지의 기계식 컴퓨터와 허먼 홀러리스의 천공카드(현대식 IBM 컴퓨터의 모체) 개발에 중요한 영감이 되었다. "이를 통해 중요한 새로운 수학, 궁극적으로는 원시과학의 새로운 분류(정보 및 데이터 저장 과학)가 탄생할 것이다. 리듬(패턴 및 암호화 시스템) 연구가 숫자 연구와 함께 이루어질 것이다." 즉, 이 프로젝트는 지구를 그래픽 카드로 만들어 모든 이미지와 데이터를 암호화하는 알고리즘으로 실행해 이를 다른 곳에서 볼 수 있도록 하는 것이다. 인간이 배제된 커뮤니케이션의 추상화, 암호화 및 압축 문제는 근본적으로 컴퓨터 미디어를 개발하는 문제와 유사하다. 랜슬롯 호그밴이 1952년 저술에서 밝혔듯, "오늘날의 프로그래밍과 같다."

호그밴은 영국의 동물학자이자 의학 통계학자로, 앞서 언급한 화성 마니아들보다 훨씬 외로운 우주에서 살았다. 그는 외계 생명체와의 교신에는 시간이 오래 걸릴 것임을 알았다. 더 이상 전등이나 시베리아 밀밭에 유클리드 기하학 그림을 그리는 것이 아니라, 전파 펄스를 보내는 방식 등을 생각했기 때문이다. 그는 저서『별과의 대화(Astraglossa)』에서 어떤 메시지를 전송할지 가벼우면서도 철저하게 분석했다. 특히 인간이 아닌, 미확인 상대와 대화하는 의미를 조명했다. 호그밴은 언어 이전에 평생 아프리카 발톱 개구리와 변색 파충류와 양서류의 호르몬 신호를 계속 연구하면서, 최단 신호 순서에 관심을 가졌다. 시간, 숫자, 간격 및 별에 따른 "신호 기법"을 고민한 것이었다.

1 .. Fa .. 1.1 .. Fa .. 1.1.1 .. Fb .. 1.1.1.1.1.1

1+2+3 = 6이라는 뜻이다. 여기서 마침표는 펄스 간 시간단위를 뜻하며, F는 플래시, 펄스 시퀀스는 각 자리가 더하기, 빼기 또는 등호 등의 연산을 의미한다. 호그밴은 펄스, 시간 및 연산을 통해 질문, 즉 의문문 기호를 나타낼 수 있다고 주장했다. 일련의 숫자 뒤에 정적을 둠으로써 답변을 유도할 수 있다는 것이었다. 그는 단지 "간단한 문장을 독백할" 논리를 구축하는 것이 아니라 관계를 형성하고자 했다.

그의 연구 후반부에는 대명사(너의, 우리의, 그것, 그들, 나), 찬성, 반대, 의문, 조건문, 주장, 인과에 심지어 "하늘 체스(Celestial chess)"게임을 만드는 법을 분석했다. 이 체스 게임은 2진 펄스를 사용하는 것으로 플래시를 통해 시간 및 항성체(말)를 나타낼 수 있다. 궁극적인 목적은 뼈에 금을 새기고 돌을 세우는 등 숫자 및 달력 관련 유물로 "신석기 시대 선조들이 · · · 우리와 소통할 수 있듯," 그리고 "현재 새로운 전산 기계에 명령을 전달하듯," 미확인 생명체와 "상호 소통"을 하는 것이었다. 문제는 공통된 이진 기호 체계 및 연산(순서 기반), 타이밍, 반복 논리를 구축하는 것이었다. 이는 논문 작성과 프랑스 구조주의 및 기호학 번성과 비슷한 시기에 맨체스터와 런던에서 진행 중이던 튜링, 톰 킬번, 프레디 윌리엄스 및 기타 학자들의 튜링-컴플리트 전자 컴퓨터 개발과 유사한 점이 많았다(맨체스터는 호그밴이 화성인 학생들의 허구의 교실을 설정한 곳이기도 하다).

1901

니콜라 테슬라는 콜로라도 스프링스에서 무선송신기로 작업하는 동안, 우주(화성 또는 금성)로부터 메시지를 수신했다고 믿고 관련 저서를 출간했다(마르코니 또한 자신의 요트 '엘렉트라'로 항해하는 동안 신호를 가로챘다고 생각함).

1959

코코니와 모리슨은 〈네이처(Nature)〉에 "행성간 교신방법의 모색(Searching for Interstellar Communications)"을 게재했다. 이 논문으로 외계 메시지 수신 프로젝트를 시작하게 됐다.

1960

후에 아레시보 신호를 설계하게 되는 프랭크 드레이크는 그린뱅크의 국립전파천문대(National Radio Astronomy Observatory)에서 첫 SETI 수신 프로젝트(OZMA)를 시작했다.
- 이듬해, 우주 선진문명의 수를 모델링, 추정할 수 있는 드레이크 방정식을 만들었다(SETI의 공식 프로그램화 및 자금 근거 제공). ▶

우주언어, 자연수를 전달하는 전파 펄스로 시작해

1977년 발사된 보이저(Voyager) 탐사선에 실린 "골든 디스크(금 양극처리 알루미늄으로 만든 축음기 음반으로 탐사선에 고정되어 있으며 현재 성간 우주 공간에 있음)"와 같은 몇 가지 예를 제외하고는, 호그밴 방식이 기본 교신 방법이 되었다. 다양한 메시지나 이미지를 펄스, 2진 숫자 열로 암호화하고 컴퓨터 및 통신 연구를 활용해 전송 에러를 최소화하고 신호를 명료하게 하는 원리이다. 그렇다면 전달 내용은 무엇일까? 미확인 존재와의 교신 내용은 무엇이 될까? 대부분은 사실 몇 가지, 진법, 행성 좌표, 화학 정보, 인간 실루엣 등을 전송한다. 프랭크 드레이크는 푸에르토리코에 위치한 아레시보(Arecibo) 천문대에서 아레시보 메시지를 보냈는데, 이는 1,679비트의 온-오프 펄스로 구성되었다. 1,679개로 이루어진 이유는 1,679가 23과 73이 곱해진 반소수(두 소수의 곱으로 만들어진 수)이기 때문인데, 온-오프 신호를 23열 73행의 모눈에 배열하면 이미지가 나타난다. 위에서 아래로 이진법 수, 생물 기초원소, DNA 화학식, 인구 및 물리적 형태(파장을 스케일 단위로 사용), 태양계 행성 배열, 안테나를 나타낸다. 상대의 해독

구조를 알 수 없기 때문에 대부분의 메시지가 이와 같이 단순하게 이루어져 있다.

이제까지 설명한 것은 간단한 기호만 멀리 떨어진 행성에 보내는 것이지만, 교신을 확대하고자 하는 야심찬 프로젝트도 있다. 그 예로 20세기의 매우 기이한 지적 프로젝트를 들 수 있다. 수학자인 한스 프로이덴탈의 우주언어(Lincos) 프로젝트는 "원칙상 모든 인류의 지식"을 모든 지적 생명체와 교신할 수 있는 형태로 만드는 것을 목표로 한다. 그의 저서(총 2권 중 1권 발간)는 『코덱스 세라피니아누스』[8], 크리스티앙 뵈크[9]의 시집, 울리포(OuLiPo)[10]의 만화와 함께 가장 비현실적이고 기이한 책들 중에서도 두드러진다. 인공지능 전문가 마빈 민스키(클라크 및 큐브릭의 〈2001〉 제작 자문)는 "그는 초급 수학을 기반으로 사회 사상 등 다른 아이디어를 어떻게 전달할지 설명한다"고 평했다.

이 우주언어는 자연수를 전달할 전파 펄스로 시작해 상대론적 역학으로 마무리된다. 한편으로는 집합론, 기수(Cardinality), 서수(Ordinality), 가정 설정문("미래 사건은 인식할 수 없다"), "페르마 정리", "정치 연설문", 갬블링, 소원, 포인트 및 벡터, "개 호루라기 불기"("개는 거부한다") 등이 포함된다. 이를 점점 복잡한 표기법으로 만들고 전파 펄스로 어떻게 전송할지 표현하는 것이다. 그 예는 다음과 같다.

←PauAnt ■ HeDatHd.Den0,101 ■

숫자, 좌표, 타이밍, 기본 연산 및 수학 연산의 기본 개념을 넘어, 프로이덴탈은 호그밴과 같이 보다 야심찬 계획을 세웠다. 인간 행위자를 묶어 최소한의 논리를 갖는 일련의 드라마를 만든다. Ha와 Hb간 대화 및 사건(프로이덴탈의 표기법에 따름)은 세계의 성격, 특히 꾸밈없는 인간경험의 성격에 관한 이야기를 구성한다. Ha는 Hb가 잡을 수 없게 멀리 공을 던진다. Hb는 무엇인가 알지만 말하지 않으며, 이는 Ha가 그 사실을 모른다는 뜻이다. Ha는 Hb가 알고 있는 것을 유추할 수 있다. Ha와 Hb는 과거에 일어난 일을 알지만 미래의 일은 알지 못하며, 결과에 대해 예상한다. Ha는 무언가를 보지 못해 Hb에게 이를 물어본다. Ha와 Hb는 함께 세상을 살아가며 그들과 함께 살아가는 존재가 많지만 똑같이 보고, 듣고, 움직이고, 과거를 기억하고 공을 쫓는다 하더라도 같은 방식으로 의사소통을 할 수는 없다. Ha와 Hb는 죽을 수 있으며, 함께 살아가는 모든 존재도 그러하다. Ha와 Hb는 지금과 다른 상황을 바랄 수 있다. 그 중 하나가 죽으면 더 이상 이야기할 수 없다.

인간 이상의 존재들

위로는 별을 향하고, 아래로는 AI를 연구

이와 같은 방식이 목적에 맞는지 의문을 제기한다고 해서 프로이덴탈의 성과(인류의 삶 전체를 기본 전자기 신호로 표현하려고 한 시도)를 폄하하는 것은 아니다. 다만, 가장 가까운 생명체와의 거리가 너무나 멀기 때문에 정보 수신 및 이해를 나타내는 신호를 서로 교환하는데 수년 또는 수십 년이 소요될 것이다. 그가 서술한 대화중에는 수백 개의 단계로 구성되고 확인이 필요한 부분도 있어 단순히 대화를 주고받는 것도 천 년은 걸리게 될 것이다. 그가 구상한 것은 사실상 인간 경험의 성격을 외계인보다는 기계와 교신하는데 더 가깝고 적절하다고 할 수 있다. 이 놀라운 발상은 알파 센터우리(Alpha Centauri)[11]와 교신하는 것보다는 메모리와 제한된 전자기 신호만 갖고 있는 누군가에게 인간이 무엇인가를 설명하는 데 더 적합하다. 최초의 신경회로망 시뮬레이터를 만든 마빈 민스키가 이 연구에 끌린 것은 당연한 일이다. 위로는 별을 향하고, 아래로는 AI 연구를 하는 것이다.

우리는 사실 외계행성과 관계를 구축한 셈이다. 직접 외계행성을 만들고 유지하며, 거주민에게 공간감각, 기밀 유지, 얼굴 인식, 목소리 수신·압축·필터링, 대화를 가르치며, 이진 펄스, 논리연산, 암호화 및 해독 등을 통해 전파나 가시광선보다 폭넓은 전자파 해석도 가능하게 한다. 지구에서의 정보 거래 및 교류는 우리가 지난 60년간 파 놓은 화성 운하 네트워크(해저 케이블, 서버 팜, 휴대전화 기지국, 주머니·테이블·신발·신체와 결합된 컴퓨터)를 통해 이뤄지고 있다. 이는 크로, 가우스, 호그밴, 프로이덴탈이 제시한 문제점과 해결책을 모두 보여준다. 우리가 이 지구라는 섬에서 자동 경보, 음성인식 고객서비스를 이용하고 타임라인(알고리즘 분류)을 보기 위해 캡차(CAPTCHA)[12]로 페이스북에 로그인하는 상황에서, 생경한 주소의 대화상대는 이제 흔한 일이 돼버렸다. 지금도 여전히 고요하고 무한한 바다가 우리를 둘러싸고 있다.

*이 기사는 필자의 영어 원문을 번역한 글입니다.

글·핀 브런턴 Finn Brunton

번역·권혜숙

1   1790년 바운티호의 반란이 일어난 태평양의 한 섬.
2   Michael J.Growe, The Extraterrestrial Life Debate, 1750~1900, Cambridge University Press, 1986
3   대지 예술(Land Art): 자연경관을 배경으로 작품을 만들어내는 예술로, 공간적 제약에서 벗어나 작품 자체가 자연과 하나가 되는 예술.
4   Robert Smithson(1938~1973): 대표적 대지 예술가로, 미국 유타 주의 소금 호수에 건설한 나선형 방파제 (Spiral Jetty)가 유명함.
5   벡텔(미국에 본사를 둔 세계적 건설사), 에이럽 그룹(영국의 유명 건설 설계 및 컨설팅 사)
6   올림푸스 산(Olympus Mons): 태양계에 알려진 산 중 가장 높은 산으로 화성에 있음.
7   억지 밈(Dank meme or forced meme): '밈(meme)'은 리처드 도킨스가 만들어낸 용어에서 유래한 개념. 대체로 특정 요인에 의한 유행 전반을 통칭하는 것으로 'dank meme'은 오래된 식상한 유머 등 의도적으로 만들어진 밈을 뜻함.
8   『코덱스 세라피니아누스(Codex Seraphinianus)』: 이탈리아의 예술가이자 건축가 루이지 세라피니가 1981년 출판한 책으로 상상의 세계에 대한 백과사전. 알 수 없는 문자와 그림들로 채워짐.
9   크리스티앙 뵈크(Christian Bök): 실험적 시로 유명한 캐나다 시인. 저서로는『Eunoia』가 있음.
10 올리포(OuLiPo): 60년대 전위 문학의 첨단에 섰던 실험 문학 그룹.
11 알파 센타우리(Alpha Centauri): 센타우루스자리의 알파별. 태양계에서 가장 가까운 별로 약 4.4광년 거리.
12 캡차(CAPTCHA, Completely Automated Public Turing test to tell Computers and Humans Apart): HIP(Human Interaction Proof) 기술의 일종으로, 어떠한 사용자가 실제 사람인지 컴퓨터 프로그램인지를 구별하기 위해 이용되는 방법.

인간 이상의 존재들

호모 사피엔스의 예정된 종말

마르쿠스 베스나르 Marcus D. Besnard

과학 평론가. 프랑스 렌 제1대학교(Université de Rennes1) 학내 디지털 매체인 와이드(WIDE)의 편집장을 역임하고
천문학 잡지 〈시엘엔에스파스(Ciel&Espace)〉 및 시사잡지 〈롭스(L'Obs)〉 등에 글을 기고한 바 있다. 트랜스휴머니즘,
인공지능에 관한 연구를 주로 하고 있다.

미국 실리콘 밸리 한복판에 위치한 싱귤래리티 대학교(Singularity University)는 기업가들에게 인공지능, 신경과학, 나노기술, 유전 공학같이 기하급수적으로 발전하는 기술을 가르치기 위해 설립됐다.[1] 이 학교는 "폭발적으로 성장하라!(Be exponential!)"는 슬로건을 사이트에 내걸고 있다. 그 철학은 대학의 이름과 관련이 있다. '특이점(Singularity)'은 인공지능(AI)이 비약적으로 성장해 인간의 지능을 뛰어넘는 가상의 기점을 말하며, 이 개념이 트랜스휴머니즘의 핵심이다. 트랜스휴머니스트들은 슈퍼컴퓨터의 대적용으로 '증강'인류를 제시한다. 그들은 이 증강인류에 대해 기술적 진보를 거쳐 현저히 뛰어난 능력을 갖추게 될 것이라 평가한다. 싱귤래리티 대학교의 주요 창립자인 레이 커즈와일에 의하면, 인간은 2030년이 되면 자기 생각을 전자매체에 전송할 수 있게 되며 불멸(不滅)이 가능해진다.[2] 호모 사피엔스가 퇴장하는 것이다.

싱귤래리티가 예고하는 트랜스휴머니즘은?

트랜스휴머니즘이 주도하는 미래를 위해 일하는 이들 중에는 미국 기업가 일론 머스크가 있다. 초고속 진공 열차 하이퍼루프, 테슬라 전기 자동차, 스페이스엑스와 함께하는 우주여행 등을 만든 것으로 유명한 일론 머스크는 2017년 뉴럴링크(Neuralink) 회사 설립을 발표했다. 이 신생기업은 대뇌피질에 전극을 이식해 사람의 뇌와 컴퓨터를 직접 연결하는 기술개발을 목표로 하고 있다. 우선 이 기술은 파킨슨병 같은 신경질환을 치료하는 의학적 용도로 이용되겠지만, 점차 일반화돼서는 인류를 대상으로, 반은 사람이고 반은 로봇인 사이보그로 만들고

▲ 〈도시의 사람들〉, 2022 - 최영미

우리의 기억을 클라우드에 전송할 수 있게 할 것이다.

　이런 생각은 공상과학에서 툭 튀어나온 듯싶다. '특이점'이라는 개념도 미국 소설가 버너 빈지가 처음 만든 것으로, 그는 1993년 그 개념을 이론화한다. 영국 작가 이언 M. 뱅크스의 저서 『컬처』 시리즈에 등장하는 뉴럴 레이스(neural lace)라는 신경 그물망의 이름은 일론 머스크가 뉴럴링크 사에서 개발한 기술의 이름으로 이용된다.[3] 이언 M. 뱅크스가 일론 머스크에게 영감을 준 것은 이번이 처음이 아니다. 스페이스엑스에 등장하는 우주기지 두 곳의 이름도 이 영국

　인간 이상의 존재들

작가가 지은 우주선 이름에서 비롯된 것이다.[4] 영국 경제전문지인 〈이코노미스트〉가 지적하듯 "재계의 거물들이 신기술에 대해 어떻게 생각하는지 이해하려면 이언 M. 뱅크스의 소설을 먼저 읽어보는 것이 좋다."[5] 이 작가가 쓴 책의 배경은 특이점에 도달한 미래사회다. 이곳에서 인공지능은 사실상 신성한 의식으로 간주된다. 인간은 인공지능과 더 이상 상대가 되지 않지만, 과학은 인간의 몸을 자유자재로 고칠 수 있고 질병도 죽음도 더 이상 존재하지 않는다.

인공지능의 우월성을 그린 '공상과학 소설' 작가들은 수두룩하다. 이언 뱅크스도 예외는 아니다. 뿐만 아니라 영국 작가 찰스 스트로스가 그리는 미래에서 인간은 진화가 덜 된 원시인처럼 보이고 '증강' 인간만이 전지전능한 로봇과 대적할 수 있다.[6] 이 공상과학소설은 트랜스휴머니즘 구상에 큰 영향을 미쳤다. 미국 소설가 돈 드릴로는 『제로 케이(Zero K · 가제)』에서 억만장자들을 극저온 처리(사후에 극저온으로 보관하는 것)해주는 가상의 기관을 그리며 트랜스휴머니즘의 불멸에 대한 열망에 경종을 울린다.[7] 작가는 트랜스휴머니즘을, 부를 통해 신인(神人)의 지위를 사려는 종파로 묘사한다.

그러나 '초인간적인(Transhumanized)' 존재들은 부품과 건전지를 교체할 수 있는 전화기 같은 기계적인 물체, 즉 개성도 감정도 없는 몸일 뿐이다. '증강' 인류에게 인간적인 것이라고는 아무것도 남지 않는다.

글 · 마르쿠스 베스나르 Marcus D. Besnard

번역 · 권경아

1   Singularity University, www.su.org
2   마음 업로딩(Mind-uploading)이라는 이론. Mark O'Connell, 'Your animal life is over. Machine life has begun. The road to immortality', 〈The Guardian〉, 2017년 3월 25일.
3   William Gibson, 『Neuromancien 신경회로』, 9권, Livre de poche. 1988년 판도 읽어볼 것
4   Kevin Loria, 'Here's how Elon Musk comes up with the very cool but weird names for his drone ships', 2016년 4월 8일, uk.businessinsider.com
5   Tim Cross, 'The novelist who inspired Elon Musk', 〈1843 Magazine(The Economist)〉, 2017년 3월.
6   Charles Stross, 『Accelerando 점점 빠르게』, Livre de poche, Paris, 2016년.
7   Don DeLillo, 『Zero K』, Actes Sud, Arles, 2017년.

『프로스트와 베타』

인간은 그렇게 프로스트의 취미가 되었다

필자는 여러 편의 소설에서 불멸이라는 주제를 다뤘고, 『앰버 연대기』 속 인물들처럼 전혀 인간답지 않은, 신적인 영웅들을 등장시켰다. 인간이 되고 싶은 또 다른 신적 존재가 여기에 있다.

프로스트는 2,000년 동안 북극에 머물렀고, 떨어지는 눈송이와 다른 것들을 하나하나 인식하고 있었다. 북극의 모든 기계들이 프로스트에게 보고하고 그의 명령에 복종하듯이, 프로스트는 솔컴에게만 보고하고 그의 명령에만 복종했다. 프로스트는 지구상의 수십만 가지 작동을 책임지고 있었지만, 하루에 시간을 몇 단위만 쓰면 할 일을 끝낼 수 있게 됐다. 프로스트는 여가 시간을 어떻게 쓰는지에 대해 명령을 받아본 적이 단 한 번도 없었다. 그는 데이터를 처리하는 자였고 그 이상이었다.
프로스트는 언제나 온 힘을 다해 기능하려는, 설명할 수 없는 힘의 명령에 따라 움직였다.
그는 그렇게 움직였다. 그는 취미 활동을 즐기는 기계라고 할 수 있었다.
취미 활동을 하지 말라는 명령은 받은 적이 없었으니 프로스트는 취미 활동을 하나 가졌다.
그의 취미 활동은 인간이었다.
그는 자신이 욕망을 가졌던 단 한 가지 이유를 위해서 북극권 전체를 소구역으로 나눠서 센티미터 단위로 탐험하기 시작했고, 그 때부터 모든 것이 시작됐다.[…] 하지만 탐험은 한가한 시간을 때우는 방법에 불과했기 때문에 그는 중계 시스템을 장착한 탐색 로봇들을 이용했다. 몇 세기가 지나고 탐색 로봇 하나가 가공된 물건 몇 가지를 발견했다. 투박한 칼과 조각된 동물 어금니 외에도 비슷한 물건들이 몇 가지 있었다.
프로스트는 그게 무엇인지 알 수 없었지만, 자연적으로 발생한 게 아니라는 것은 알았다.
그는 솔컴에게 물었다. 솔컴은 "원시 인간이 남긴 유물이다"라고만 말할 뿐 더 이상 프로스트의 질문에 답을 하지 않았다. 프로스트는 그 물건들을 꼼꼼하게 살폈다. 조잡했지만 지능적인 설계가 들어 있었고, 기능적인 물건이지만 단순한 기능 이상의 무엇인가가 있었다. 인간은 그렇게 프로스트의 취미가 되었다.[…]

"당신은 계측을 말합니다. 저는 경험에서 나온 특성을…."

프로스트는 다른 기계로부터 인간이 어떤지 알아보고자 했다.
"시간 있는가? 알고 싶은 게 있다."

인간 이상의 존재들

"네. 무엇을 알고 싶으신가요?" 모르델이 말했다.

"인간의 본성은 어땠지?"

"인간의 본성은 기본적으로 이해하기 어렵습니다. 간단하게 말하자면, 인간은 계측을 할 줄 몰랐습니다."

"아니, 할 줄 알았다. 그렇지 않다면 기계를 만들 수 없었겠지."

"계측을 할 능력이 없었다는 말이 아닙니다." 모르델이 말했다. "계측을 하는 방법을 몰랐다는 말입니다. 둘은 완전히 다른 말입니다."

"자세하게 이야기해 봐."

모르델은 금속 막대 하나를 눈에 꽂았다가 빼서 들어 올리고는 얼음 조각을 보여줬다.

"이 얼음 조각을 보세요, 위대한 프로스트. 당신은 이 얼음 조각의 성분이 어떤지, 크기가 어떤지, 무게와 온도가 얼마인지 제게 이야기해줄 수 있습니다. 인간은 보는 것만으로 그렇게 할 수 없었을 겁니다. 인간은 이 모든 것들에 대한 정보를 알려줄 수 있는 도구를 만들 수는 있었겠지만, 당신처럼 계측을 하는 방법은 알지 못했습니다. 그런데 인간은 이 얼음에 대해 알았지만, 당신은 알 수 없는 게 하나 있습니다."

"그게 뭔데?"

"이것이 차갑다는 사실입니다." 얼음 조각을 허공으로 던지면서 모르델이 말했다.

"'차갑다'라는 건 상대적인 개념이야."

"그렇죠. 인간에게는 상대적입니다."

"인간이 온도 등급에서 어느 점 아래에서 차갑다고 느끼고, 어느 점 위에서 차갑다고 느끼지 않는지 알 수 있다면 나도 차갑다는 게 무엇인지 알 수 있을 것이다."

"아닙니다." 모르델이 말했다. "그건 또 다른 계측이겠죠. '차갑다'는 것은 인체생리학에 속하는 감각입니다."

"내게 데이터가 더 있다면 '차갑다'라는 것의 상태를 인식할 수 있는 전환계수(일반적으로 어떤 단위로 표시되어 있는 물리량을 다른 단위로 변환시킬 때 사용되는 계수를 말함-역주)를 얻을 수 있을 텐데."

"그건 '차갑다'라는 존재를 인식하는 것이지, 그 감각을 인식하는 것은 아니죠."

"네 말이 이해가 안 돼."

"인간은 근본적으로 이해할 수 없는 본성을 지녔다고 말씀드렸습니다. 인간의 지각은 유기적이지만, 당신의 지각은 그렇지 않습니다. 인간은 지각 덕분에 기분과 감정을 가지고 있었고, 또 그 기분과 감정은 또 다른 기분과 감정을 만들어냈습니다. 그래서 인간이 가진 의식의 상태는 원래의 대상과는 아주 동떨어졌습니다. 이런 의식의 흐름은 인간이 아닌 존재들은 알 수 없습니다. 인간은 몇 마일이나 몇 미터, 몇 킬로그램이나 몇 리터를 느낄 수 없었습니다. 하지만 덥고 추운 것을 느끼고, 무겁고 가벼운 것을 느낄 수 있었죠. 증오와 사랑, 자부심과 절망을 알았습니다. 이 모든 것들은 계측할 수 있는 게 아닙니다. 그러니까 당신은 그것들을 알 수 없습니다. 당신은 다만 인간이 알 필요가 없었던 것들, 치수나 질량, 온도, 중량 같은 것들만 알 수 있습니다. 기분을 측정할 수 있는 공식은 존재하지 않습니다. 감정에 사용할 수 있는 전환계수도 존재하지 않고요."

"그렇지만, 반드시 무엇인가 존재한다면 그건 알 수 있어야 해." 프로스트가 말했다.

"다시 한 번 말씀드리지만, 당신은 계측을 말하는 겁니다. 전 경험에서 나온 특성을 말하는 거고요. 기계는 인간과 반대입니다. 기계는 어떤 과정의 가장 작은 세부사항도 묘사할 수 있습니다. 인간은 할 수 없지만요. 하지만 기계는 인간이 할 수 있는 것처럼 그 과정을 터득할 수 없습니다."

"거기에는 분명히 어떤 방법이 있을 거야." 프로스트가 말했다. "그렇지 않으면 이 우주가 작동하는 기반이 되는 논리 법칙은 거짓일테니까."

"방법은 없습니다."

"데이터만 충분히 있으면 내가 방법을 찾아낼 수 있을 거야."

"우주의 모든 데이터가 있다고 해도 당신을 인간으로 만들 수는 없습니다. 위대한 프로스트."

"네 말은 틀렸어. 모르델"

"아까 봤던 모든 시구가 왜 그렇게 규칙적으로, 각 행의 마지막 부분과 비슷한 소리로 끝이 났을까요?"

"모르지."

"그렇게 해야 인간의 마음에 들었으니까요."

글 · 로저 젤라즈니 Roger Zelazny   번역 · 이연주

* 이 극은 로저 젤라즈니의 소설 『프로스트와 베타(For a Breath I Tarry)』 프랑스어판(원제: 『Le temps d'un souffle, je m'attarde)』을 번역 및 발췌했습니다(르 파사제 클랑데스탱 출판사, '만성시간불능' 시리즈 (Dyschroniques), 파리, 2022(초판: 1966)).

그렇게 우리의 운명은 수치화됐다

댄 보우크 Dan Bouk

작가. 『How Our Days Became Numbered : Risk and the Rise of the Statistical Individual』,
(University of Chicago Press, 2015)의 저자

　　미국 생명보험사 뉴욕라이프(New York Life)의 1903년 사진을 보면, 빳빳한 흰 블라우스를 입은 여성들이 눈에 띄는 색인카드 파일들을 가지런히 정리하고 있고, 검은 정장 차림의 남성들은 책상 위에 쌓인 서류더미를 검토하고 있는 모습을 볼 수 있다. 이 사진은 우리가 간과하기 쉬운 보험업계의 일면을 상기시켜준다. 그것은 보험사들이 그들의 현금 보유고에 필적하는 규모와 가치를 지닌, 방대한 개인정보를 관리하고 있다는 점이다.

　　최근 일련의 사이버공격으로 많은 사람들이 건강보험사 데이터베이스에 있던 개인정보를 도난당했다. 이 사건은 많은 이들에게 개인정보에 관한 문제를 환기시켜주었다. 하지만, 보험사들이 개인정보를 축적해온 것은 이 사건보다 훨씬 오래 전부터다. 이를 면밀히 살펴보면 '빅 데이터'의 중요한 전조 현상이 드러난다.

개인의 운명을 예측한 소름끼치는 산술

　　앞서 언급한, 사진 속 뉴욕라이프 직원들이 정리하던 카드들은 광범위한 신체검사로 확보한 의료정보, 신용정보회사 또는 수사기관에서 사들인 신상정보 및 재무상태, 보험신청자에게 직접 또는 보험설계사를 통해 얻은 정보, 의료정보국(MIB)[1]으로부터 얻은 정보 등을 한데 엮는 마스터 색인이 됐다. 미국 유명 생명보험사들이 MIB를 만든 목적은 보험신청자의 모든 장애 관련 정보, 특정 질환, 결핵 가족력, 비만 이력, 질병 위험지역 거주 경험 등 보험신청자의

▲ 〈인간고원〉, 2022 - 최영미

건강을 악화시킬 가능성이 있는 모든 사항들을 공유하기 위함이었다. 장애 관련 정보는 1881년 멜빌 듀이[2]가 처음 개발한 시스템을 이용해 카드상자에 담긴 채 전국으로 운반됐다. 회사 의료책임자들은 파일에 접근 권한을 가지고 있었지만, 직원들이 MIB카드를 지켰다. 일부 기업들은 이 카드를 특수 금고에 보관하기도 했다. 만약 의료책임자가 자신의 의료진들과 파일에 관한 이야기를 할 경우, MIB 벌금에 처할 수 있었다. 이는 개인정보에 대한 원칙적 우려 때문이 아니라, 개인정보를 공유하고 있다는 사실이 알려질 것을 임원들이 기피했기 때문이다. 만약 세상 사람들이 보험사들이 보유한 카드와 이 속에 흐르던 거대한 힘의 존재를 알았다면, 심각한 문제가 뒤따랐을 것이다.

이 카드들이 왜 그토록 중요했을까? 그 이유는 19세기 후반 생명보험이 대중상품화 되면

인간 이상의 존재들

서, 가입신청자 심사 절차가 상당 부분 자동화됐다는 것이다. 자동화한 카드 파일은 회계업무부터 컴퓨터의 출현까지 크게 기여한 비즈니스 기술이라 할 수 있다. 뉴욕라이프는 이 카드 파일에 대한 열정 뿐 아니라, 보험가입자의 선별 및 구분을 간소화하는 방법을 개발하는 데 있어서도 혁신적인 기업이었다. 대중상품화의 핵심은 개인들을 보다 철저하게 수량화하는 데 있었다. 뉴욕라이프의 의사와 공인회계사(당시 명칭은 보험계리사)들은 개개인을 등급이 매겨진 '리스크'로 전환할 수치계산법 개발을 위해 협력했다. 그 결과, 개개인들의 '리스크 요인'에 값을 부여하고 수량화해 개인의 운명을 예측하는 단일 점수를 생성하는 소름 끼치는 산술을 만들었다. 이 점수는 가입신청자가 표준보험증권을 받을 수 있을지, 또는 거부당해 대안을 찾아야할지, 아니면 1천만 명이 넘는 미국 내 보험가입자 그룹에 낄 기회를 아예 놓치게 될지를 결정했다. 따라서 생명보험사들의 카드 파일은 작곡가 찰스 아이브스[3]가 칭한 '필수적인 상품'에 접근할 권한을 할당하는 제도를 뒷받침하고 있었다. 대안이 거의 없던 시절, 생명보험은 미국인들에게 일종의 저축이자 투자였다. 더욱이 개인과 가정의 토지·유산 의존도가 점점 낮아지고 임금이나 사업수익으로 생활을 영위하게 되면서, 생명보험은 세대간 안정을 가져다주는 새로운 방법이 되었다. 또한 새로운 기회의 열쇠가 되기도 했다. 예를 들어 미국인 농부가 서부의 땅을 구입할 융자금이 필요할 때, 가장 요긴한 것이 생명보험증서였다. 당시 미국 노동자의 자녀들은 어린 나이에 사망하는 일이 흔했다. 그래서 많은 노동자들에게 생명보험의 의미는, 아이들의 시신을 묻어야 하는 극빈자의 공포로부터 그들의 사회적 지위와 존엄성을 지켜주는 보루였던 것이다.

뉴욕 신문 1면이 보험상품을 폭로한 이유는?

한편 일반인들이 보험의 중요성을 인식하면서, 보험 마케팅에 내재된 불평등과 싸우기도 했다. 1880년대 대형 보험사들이 흑인에게 백인과 같은 보험료를 청구하면서 보험금은 훨씬 적게 지불하는 식으로 흑인을 차별한다는 사실이 알려졌다. 이에 대한 조직적인 반발이 일어났고, 결국 북부 주의회들을 통해 차별방지법을 관철시켰다. 이러한 입법 투쟁들은 미국의 인종차별 금지 및 인권투쟁의 역사에서 자주 언급되지는 않지만, 중요한 부분임은 분명하다. 또한 이 투쟁들은 생명보험사들에 보험업을 둘러싼 험난한 정치문제들을 일깨워 주는 계기가 됐다. 따라서 생명보험사들 MIB에 대한 역풍을 우려해 카드 파일을 엄중 감시한 것은 당연한 일이다.

1905년, 결국 위기 상황이 발생했다. 원인은 보험사들의 데이터 사재기가 아니었다. 미국의 정치적·경제적 상황과 생명보험사의 수익수준을 고려했을 때, 보험사들이 지나치게 많은 자산을 가지고 있다는 의혹에서 비롯된 것이었다. 사건은 보험왕 제임스 헤이즌 하이드가 호화스러운 무도회를 열면서 시작됐다. 하이드의 부친은 맨손으로 시작해 에퀴터블 생명보험을 자산 가치 2억 5천만 달러(2014년 기준 수천억 달러) 이상의 기업으로 일군 사람이었다. 그러나 아들인 하이드는 당시가 대 호황이었다고는 해도, 지나치게 호화스러운 사교모임을 주최했다. 18세기 베르사유를 연상케 하는 화려한 차림의 사교계 인사들은 셰리 호텔(Sherry's Hotel)에 모였다. 셰리 호텔은 빛나는 대리석 바닥과 프랑스 조각상들을 갖추고, 오렌지 나무 화분들로 완비된 프랑스식 정원을 갖춘 최고급 호텔로, 사교계 인사들은 이곳에서 유명 프랑스 여배우의 공연을 관람했다. 무도회가 있고 얼마 지나지 않아, 에퀴터블 생명보험의 일부 임원들은 하이드로부터 회사의 경영권 및 자산을 빼앗기 위해 이 호화 무도회를 구실로 삼았다. 세상을 들썩이게 한 이 스캔들로 인해, 뉴욕 주는 에퀴터블 생명보험은 물론 뉴욕라이프 등 상위 5개 보험사들에 대해 장기간에 걸쳐 굴욕적인 수사를 펼쳤다. 뉴욕 신문의 1면 기사들은 회사보유고를 이용해 그 시대 대규모산업 통합의 자금줄이었던 금융계에서 영향력을 높이려했던 재정위원회들의 술책을 세상에 알렸다. 신문은 이어 반복되는 부당경영 사례, 정치적 간섭, 과도한 임원 급여를 보도했다. 또한 엄청난 수익을 거두면서 소비자에게 혼란을 주도록 복잡하게 계산된 보험상품들을 폭로했다. 여러 가지 측면에서 우리에게 섬뜩할 만큼 낯익은 이야기다.

주 정부 차원의 대처는 종종 엉뚱한 결과를 낳곤 했다. 예를 들어 생명보험사들은 흑백 차

인간 이상의 존재들

별금지법에 대해 법률규정은 준수했지만, 상당수의 보험사들이 내심 반발했고, 흑인 대상의 보험영업을 중지했다. 결국 흑인차별정책이 남부에 굳게 자리 잡던 그 시기에, 국가 전반에 걸친 차별이 이루어졌던 것이다. 1905년의 위기 상황에 대한 뉴욕 주의 대처도, 예기치 못한 결과를 남겼다. 뉴욕 주 의회는 거대 보험사들을 통제하기 위해 청문회를 열었다. 이후 보험사가 정보를 활용하고 고객과 소통하는 방법에 있어, 거대한 변화가 일어났다.

'죽음의 현대적 개념'과 리스크 등급 매기기

나빠진 평판과 엄격해진 규제에 대해, 보험사들은 획기적인 방식으로 대응했고 이는 많은 사람들의 호응을 얻었다. 상위 5개 보험사들 중 하나였던 메트로폴리탄 생명보험은 '리스크의 선별과 보험영업, 그 이상을 추구하는 회사'로 대대적인 이미지 변신을 했다. 메트로폴리탄 생명보험의 임원들은 법인 보험사들에 의해 마련된 일종의 '신 사회주의'를 거창하게 언급하며, 보험사 직원과 고객 모두의 건강과 복지 증진을 위해 일련의 실험을 선언했다. 우선 고객들 중 병약한 노동자를 대상으로, 방문 간호 서비스를 제공했다. 그리고 생명연장연구소(Life Extension Institute)와 연계해, 부유층 고객들에게 매년 (생명보험 신체검사를 본떠 만든) 건강검진 서비스를 제공했다. 또한 보험설계사들로 하여금 건강의 중요성을 설파하도록 하고, 질병의 원인을 설명하거나 '삶의 방식'을 기술한 소책자를 고객들에게 배포했다. 이러한 개혁의 기저에는 경제학자 어빙 피셔에 의해 알려진 이념이 깔려 있었다. "죽음은 완전한 우연이나 필연적 운명의 결과물이 아니라, 통제될 수 있고 거부할 수 있는 힘으로 이해할 수 있다"는 것이다. 이러한 '죽음의 현대적 개념'을 설명한 피셔는 사망위험을 예측하던 생명보험사들로 하여금 생명을 연장하는 수단을 만들도록 독려했다. 그 결과, 보험사들은 리스크에 등급을 매기는 수치계산법·건강검진·인간 생명의 달러화 환산 등 전례 없이 개인을 수량화하는 작업에 열을 올리기 시작했다. 미국인들은 거의 매일 리스크 평가 대상이 됐고, 이를 매우 즐겼다. 그들은 자신들의 체중과 신장을 통해 기대수명을 산출하는 체중계 위에 올랐으며, 단순한 질병에의 위험을 자체 질병 종(種)으로 만들어 버리는 건강검진을 정기적으로 받았다. 또한 위생과 보건에 대한 공공 및 민간 지출 증가를 정당화하는 국가 인구의 달러 가치 평가를 즐겼다. 이제 리스크에 대한 사고와 계산은 사람들의 행동, 정치, 심지어 그들이 자신을 생각하는 방식에까지 영향을 주었다. 생명보험사들의 작업이 1930년대 사회보장제도의 초석이 됐을 때, 일부 미국인들은 자신의 사회보장번호를 남자는 이두박근, 여자는 허벅지에 문신으로 새길 만큼 기꺼이 새로운 지위, 수량화된 경제시민으로서의 지위를 받아들였다.

카드 파일 상자를 기반으로, 개인의 미래를 예측하는 19세기 시스템은, 20세기에 도입된 새로운 시스템에 자리를 내주었다. 리스크를 예측했던 개인정보 카드들은 리스크 관리를 위한 카드들과 나란히 놓여있다. 20세기 이후 개개인은 더 철저히 수량화되고, 면밀한 조사와 추적의 대상이 됐다. 수천 년 전 다윗 왕은 동시대인들에게 자신의 날수를 헤아려 지혜를 찾으라고 했다.[5] 20세기 초 사람들은 그 어느 때보다 자신의 날수를 잘 세며 살았다. 하지만 그들이 직접 센 것은 아니다. 21세기에 사는 우리처럼, 삶이 데이터에 의해 움직일 때 대기업들이 운전석을 차지하고 있었던 것이다. 이 또한 섬뜩할 만큼 낯익은 이야기다.

글 · 댄 보우크 Dan Bouk

번역 · 오정은

1   Medical Information Bureau, 의료정보국, 비밀 보험 교환소
2   Melvil Dewey, 미국 도서관학의 개척자로 도서관 문헌 분류법 중 대표적인 십진분류법을 만들었다. (역주)
3   Charles Ives, 미국의 작곡가. 〈교향곡 제3번(The Camp Meeting)〉으로 퓰리처상을 수상했다.
4   Irving Fisher, 미국의 경제학자, 통계학자. 클라크(Clark, J.B.)의 한계이론에서 출발하여 수리경제학의 체계를 수립했다.
5   시편 90편 12절 (역주)

우주론, 21세기판 '러시아 이념'인가?

쥘리에트 포르 Juliette Faure

시앙스포 · 국제연구소(CERI) · 프랑스국립과학원(CNRS) 소속 박사과정 연구원

소련 몰락 이후, 러시아 엘리트층은 공산주의를 대체할 새로운 이념 모색에 분주했다. 그렇게 잿더미 속에서 재탄생한 것이 '우주론'이었다. 기독교 신앙과 이성주의, 불멸에 대한 꿈으로 빚어낸 이 21세기 사조는 과학정책의 추진과 전통가치의 수호를 병행할 이론적 틀을 새 신도들에게 제공했다.

2018년 여름 모스크바 소재 전국러시아박람회장(경제업적박람회장(VDNKh)의 후신)은 구소련 전성기를 누리던 관광명소의 위용을 당당히 되찾았다. 국력과시의 장으로서 전국러시아박람회장은 강대국 러시아의 면모를 그대로 보여주는 중요한 명소 중 하나로 간주됐다. 1934년 건립된 박람회장은 처음에는 농업집단화를 자축하는 장으로 기능했다. 이어 1960년대에는 소비에트 경제가 이룩한 기술 · 산업의 업적을 치하하는 공간으로 자리매김했다. 그러나 소련이 붕괴하면서 박람회장도 서서히 해체의 길을 걷게 된다. 전시회장의 꽃이라 부를 수 있는 우주관은 어느새 시장에 자리를 넘겨줬다. 사실상 시장은 경제민영화가 한창이던 1990년대를 대변하는 상징물에 해당했다.

2014년 모스크바 시장의 주도로 37개 전시관 복원, 11개 박물관 신설 등을 포함한 대규모 개발계획이 시행됨에 따라 마침내 박람회장도 과거의 위상을 되찾게 됐다. 4년 뒤 러시아 월드컵을 보기 위해 발걸음한 방문객들은 볼셰비즘 시대의 간판 예술가인 베라 무히나가 1937년 완성한 유명 조각상 '노동자와 집단농장의 부녀자', 주교회의 문화위원회가 마련한 전시회

〈그림 XVI. 키이우의 대문〉, 1928년경 – 바실리 칸딘스키 ▶

'러시아, 나의 역사'를 천천히 둘러볼 기회를 누릴 수 있었다.

전시회장 내부에는 관람객들이 구경할 수 있도록 곳곳에 차르 시대의 역사를 복원한 홀로 그램과 인터랙티브 스크린들이 설치됐다. 그런가 하면 슬라브주의, 유라시아주의, 혹은 기독교 성향을 띤 사상가들의 말이 벽면을 빼곡히 장식했다. 이 모든 것은 하나의 명확한 메시지로 환원됐다. 블라디미르 푸틴 대통령의 연설도 이런 메시지에 확고한 힘을 실어줬다. "과거 러시아에 있어, 발전을 향한, 문화와 교육과 계몽정신의 발현을 향한 강력한 추동력이 돼온 것이 바로 러시아정교였다."

전시회장에서 조금 떨어진 곳에 위치한 한 사이버 테마파크도 "가족 단위 방문객들에게 현실이라 믿기 힘든 꿈같은 감동"을 선사했다. 안내 데스크의 직원은 외국 관광객의 질문에 별안간 자신의 스마트폰을 내밀었다. 그러자 즉석에서 스마트폰이 우아한 빅토리아풍의 영어로 직원의 답변을 통역해줬다. "로봇 전시관은 민족우호분수 근방에 위치하고 있습니다."

방문객들은 서둘러 초상화를 그리는 예술가 로봇 쪽으로 발걸음을 재촉했다. 예술가 로봇의 곁에는 바이올린 연주 로봇과 시를 낭송하는 푸시킨 로봇도 설치돼 있었다. "여기서 조금만 더 들어가면 러시아 최초의 로봇 카페가 나옵니다." 다시 출구로 나오자 블라디미르 소로킨의 소설에서 갓 튀어나온 듯한 인상을 주는 안내 표지판이 눈에 띄었다. 소로킨은 전위적인 최첨단 현대 러시아 작가로, 주로 신기술을 토대로 한 신중세적 신권정치체제를 묘사한 SF 소설들을 써왔다.(1)

러시아에서는 과학과 종교의 결합이 19세기 서구주의 대(對) 슬라브주의라는 거대한 이념 논쟁의 두 영역을 송두리째 뒤흔들었다. 당시만 해도 서구의 과학과 기술을 신봉하는 서구주의자와 러시아의 전통과 러시아정교의 가치를 중시하는 슬라브주의자 사이에 팽팽한 대립구도가 형성돼 있었다. 세기 말, 러시아는 민족 이념, 즉 이른바 '러시아 이념(Russian Idea)'을 모색하는 데 혈안이 됐다. 단순히 러시아인의 민족적 정체성과 운명만이 아니라, 세계 역사 속에서 러시아가 차지하는 역할, 인류를 통합하고 변화시킬 주역으로서 러시아의 소명까지 규정지어줄 이념을 찾아 헤맸다. 혁명가 니콜라이 체르니셰프스키가 던진 저 유명한 물음 "무엇을 할 것인가?"로 대변되는 정치적 행동의 필요성이 요청되는 분위기 속에서, 마르크스 유물론을 지지하는 부류와 종교·민족·반서구 교리를 표방하는 부류가 극렬하게 대립했다.

'우주론'의 창시자 표도로프의 제3의 길

그러나 이에 대해 오늘날 '우주론'의 창시자로 통하는 니콜라이 표도로프는 오히려 그와는 정반대로 두 이념 노선을 결합한 제3의 길을 주창하기에 이르렀다. 아웃사이더이자 금욕주의자로 유명한 표도로프(1829~1903)는 본래 모스크바 중앙도서관에서 한 달에 몇 루블을 받고 일하던 말단 직원이었다. 그는 철학자와 학자들이 이미 세계에 대한 해석을 충분히 할 만큼 했으니, 이제는 세계를 변혁해야 할 때라고 주장한 마르크스의 견해에 동의했다. 그는 당대 실증주의자들이 보여준 과학과 기술에 대한 견해에 긍정적이었다.

그럼에도 진보의 개념에 대해서만큼은 반기를 들었다. 그에게 진보란 미래의 행복을 위해 전 세대를 희생시키는 것을 의미했기 때문이다. "진보란 엄밀히 말하자면 죽은 것들의 생산을 뜻한다. 진보는 살아 있는 자들의 축출과 한 짝을 이룬다. 그런 의미에서 진보란 진정한 지옥, 참된 지옥이라고도 볼 수 있다."[2]

표도로프는 진보의 예찬 대신, 그와는 정반대로 선조의 숭배를 표방했다. 그는 매우 독특하게도 오로지 죽은 자의 부활이라는 '공동의 과업'을 위해서만 과학이 쓰여야 한다고 주장했다. 그에게는 죽은 자의 부활이 곧 사회가 추구해야 할 최고의 도덕적 과제였다. 그는 "부활이라는 목적을 이루기 위해 '산 자들'을 한 데 결속시키는 것은 형제들을 창조하고, 영혼을 창조하고, 생명을 창조하는 행위인 반면, 재가 된 제 아버지들로부터 그 아들들을 멀리 떼어놓는 것은 생명과 영혼이 없는 사회를 창조하는 것"이라고 간주했다.

그는 이미 흙으로 분해된 선조들의 유해 입자들을 한데 모아 생명을 불어넣어야 한다는 식으로 상당히 구체적인 제안을 했다. 또한 이 분멸의 인류가 살기에 지구는 너무나도 작기 때문에 인간은 우주를 정복하고 우주에 정착해야 한다는 구상을 내놓았다. 그리고 이런 목표를

인간 이상의 존재들

이루기 위해 기술 진보를 '자연의 무분별한 힘'을 길들이고 "집단의 이성, 하나로 통합된 집단의 의지를 이루는 도구"로 삼고자 했다.

표도로프는 실증주의자인 동시에 시대를 앞서간 트랜스휴머니스트였다. 그러나 다른 한편으로는 종교사상가이기도 했다. 그는 '신적인 인간'이야말로 스스로의 구원을 책임지는 원인이자 요인이라고 간주했는데, 이런 사상은 부활한 그리스도의 이미지와 그가 이룩한 자연의 변화라는 기적적 행위에 대한 독창적 해석에서 영감을 얻은 것이었다. 그는 부활을 토대로 구축된 사회를 모범적인 사회로 간주했다. 부활이란 곧 "물리학적 필연성을 상대로 거둔 도덕법칙의 완승"을 의미하는 동시에, "삼위일체와 완전히 똑같거나 혹은 흡사하게도" 산 자와 죽은 자 사이의 관계를 맺어주는 일이라고 봤기 때문이다. 그는 이처럼 자연에 대한 도덕적, 기술적 변화를 요하는 과학적인 성격의 기독교를 표방했다. 그런 의미에서 구원이란 더 이상 인간이 신에게 간절히 이뤄주기를 기대하는 기적이 아니라, 인간 스스로가 지구 너머로까지 노력을 전개함으로써 우주적 책무를 다할 때 이뤄낼 수 있는 인류의 과업으로 간주됐다.

표도로프는 금세 동시대인의 관심과 칭송을 한 몸에 받았다. 표도르 도스토예프스키는 그의 사상을 칭송했고, 레프 톨스토이는 그를 성인으로 추대했으며, 신학자 블라디미르 솔로비요프는 그를 스승으로 섬겼다. 이어 1922년 소련에서 추방된 철학자 니콜라이 베르자예프도 표도로프의 사상에 대해 "기독교에 대한 믿음과 과학 및 기술의 힘에 대한 믿음이 한 데 결합했음에도 불구하고 그의 사상은 많은 부분에서 러시아 이념에 흡수되고 포함될 자격을 충분히 갖추고 있다"고 썼다. 그러면서 "나는 이보다 전형적인 러시아 사상가는 본 적이 없다"고 덧붙였다.[3]

기술 혁신을 영적 탐구에 활용하다

표도로프 말고도 수많은 지식인과 예술가가 기술 혁신을 영적 탐구나 우주적 명상에 활용했다. 가령 제정 러시아에서 소비에트 시대로 이행하는 과도기에 등장한 전위적인 지식인과 예술가들이 대표적인 예였다. 이를테면 알렉산드르 스크랴빈(1872~1915)은 교향시 〈프로메테우스〉를 통해 엄숙한 음의 질서를 탈피한 '신비' 화음과 합성음을 토대로, 불협화음으로 구성된 상징주의적인 음악 언어를 탐색하고자 했다. 그는 각각의 음을 색채나 빛과 연계시킴으로써, 우주의 비물질성과 가벼움을 상징하는 '빛을 내뿜는' 하모니를 추구하려고 했다.

그는 미완성작 〈신비〉(스크랴빈은 '우주', '인류', '정화' 3부로 이뤄진 총 세 시간의 음악, 춤, 시각적 색채, 향기 등을 결합한 멀티미디어 작품을 구상했지만 갑작스러운 죽음으로 끝내 작품을 완성하지 못했다-역주)를 구상하는 과정에서도, 인류와 우주를 하나로 통합해 일종의 황홀경 속에 그것들이 전부 소멸되는 순간을 만들어내기 위해, 모든 감각을 총동원한 총체적인 작품을 창조하려는 계획을 세웠다.

중력과 물질로부터의 해방, 우주의 기원과 창조에 대한 사유는 미술가 칸딘스키(1866~1944)의 작품세계에도 지대한 영향을 미쳤고, 그가 기하학적 추상화를 추구하는 데 영감을 제공했다. 뿐만 아니라 문학 분야에서도 작가 안드레이 플라토노프(1899~1930)가 '인간적인 기술'에 의해 정복된 '인간화된' 우주를 구상하는 단초가 됐다.

볼셰비키 혁명 직후, 우주론은 인간이 적극적으로 우주를 제어하고, 발전된 기술을 사용해 인간의 조건을 개선할 새로운 단계로 나아갈 것을 요구하는 철학이라는 점에서, 새로운 소비에트 사회가 지향하는 낙관론이나 과학주의에도 잘 맞아떨어졌다. 1920년대 많은 바이오 기술 연구가 기술을 통해 인간의 능력을 배가한 슈퍼 인간의 창조에 매진했다. 새 피를 주입해 신체를 재생시키는 연구를 진행한 의사 알렉산드르 보그다노프도 표도로프처럼 과학이 인간의 타고난 능력을 향상시킬 능력이 있다고 굳게 믿었다.

한편 콘스탄틴 치올코프스키에게서도 우리는 과학을 통해 인류를 더욱 완벽한 경지에 이르게 하고, 인간을 변화시키려는 의지를 엿볼 수 있다. 현대 우주비행의 창시자이자 소련 우주개발프로그램의 아버지인 치올코프스키는 일찍이 우주정착의 가능성을 예견하며, 미래에는 인간이 개체성과 물질성을 탈피해 "시간적인 측면에서는 불멸하고, 공간적인 측면에서는 무한한" 특징을 지니는 일종의 '방사선'의 상태로 변화할 수 있다고 내다봤다.[4] 이와 같은 불멸의 유토피아는 레닌의 석관을 설계한 것으로 유명한 건축가 콘스탄틴 멜니코프의 여러 구상에도 영감을 불어넣었다.[5] 한편 표도로프의 사상은 정치계까지 파고들었다. 표도로프의 이름은 심지어 1928년, 당시 소련 공산당 정치국원이자 훗날 소련의 국가원수가 될 미하일 칼리닌의 연설에까지 등장했다.

표도로프의 '우주론', 단절의 시기를 넘어 재평가 받아

20세기 초 과학혁명에 힘입어 우주론은 러시아 국경 너머로까지 널리 전파됐다. 프랑스에서는 성직자이자 고생물학자인 피에르 테야르 드 샤르댕이 소르본 대학에 강연 차 방문한 우주론자인 러시아의 지구화학자 블라디미르 베르나스키와의 만남으로부터 깊은 감흥을 받았다. 테야르 드 샤르댕은 '우주적 그리스도'(만물을 창조하고 다스리는 우주의 섭리자와 지배자로서의 예수를 의미한다-역주)의 이미지를 토대로, 다양한 과학적 발견과 기술을 통한 인간 능력의 향상을 신학적인 차원에서 해석하고자 했다. 그는 "미래를 구성하는 두 가지 요소인 초월성과 초인성을 한데 통합한 십자가에 열렬히 매료됐고, 그것에서 기쁨을 느꼈다"[6]고 털어놓았는데, 이는 사실상 훗날 우생학 이론가이자 생물학자인 줄리언 헉슬리가 구상하게 될 '트랜스휴먼' 개념의 전주곡에 해당했다.

스탈린주의는 1920년대 소련의 왕성한 창조적 물결에 돌연 제동을 걸었다. 그러나 우주론적 유토피즘만큼은, 1957년 세계 첫 위성 발사, 1961년 유리 가가린의 세계 첫 우주비행 등 소련이 눈부신 우주정복 시대를 구가하는 동안에도 과학기술지상주의적인 색채가 가미된 새로운 버전으로 재탄생했다. 표도로프의 철학은 온갖 검열에도 불구하고 거의 유일하게 혁명적인 단절을 훌쩍 뛰어넘어 살아남았다. 그는 종교 철학자로 유일하게 소비에트 시절에 마지막까지 호명됐을 뿐만 아니라, 1970년대 이후로 다시 저술이 재출간되는 영광을 누린 최초의 철학자였다. 마침내 대학교수와 지식인들은 '우주론'이라는 이름을 내걸고, 표도로프의 작품과 연계된 수많은 예술가와 과학자, 신학자 등 서로 이질적인 성격을 지니는 부류들을 한데

모았다.[7]

소련 붕괴 후, 우주론에 대한 관심이 부활한 것은 새로운 '러시아 이념'을 모색하는 과정과도 관련이 깊었다. 유라시아주의나 슬라브주의와 마찬가지로 우주론도 1990년대 공산주의의 대를 이을 민족 이념을 재정립하는 데 동원됐다. 그러나 독일의 표도로프 전문가인 미하엘 하게마이스터는 우주론을 이념적인 도구로 삼으려는 시도를 비판했다. "소비에트 시대에는 표도로프가 '순수 유물론자'로 간주됐다면, 지금은 신봉자들 사이에 종교 사상가로 각광받는다. 그의 가르침이 구약과 신약 이후, 제3의 길, 다시 말해 행동중심의 기독교 단계로 향하는 길을 활짝 열어줬다고 간주되는 것이다."[8]

강대국 러시아의 국력 유지를 위해 불철주야로 연구 중인 최고 상위의 국책연구기관도 종종 우주론에 관심을 보이곤 한다. 1994년 국방부는 국방부 산하 군사대학 내에 누코스몰로지(Noocosmology: 정신우주학) 연구소를 신설했다. '우주적 위계질서'와 더 나아가 '고도의 이성', 다시 말해 우주의 의미와 목적을 연구하겠다는 것이 연구소의 설립 취지다. 그런가 하면 1995년 대통령 직속 자문기구인 러시아연방 안전위원회의 한 일원은 우주론을 러시아 국가 정체성의 토대로 삼자는 제안을 했다.[9]

오늘날 굳이 직접 우주론자를 자처하지 않더라도, 일부 애국민족주의 성향의 이념가들도 기술의 발전을 도덕이나 종교적 전통과 연계하는 일에 많은 관심을 쏟아 붓고 있다. 이런 경향은 싱크탱크 이즈보르스크 클럽이 내세우는 '역동적 보수주의'와도 일맥상통한다. 이 국책연구기관은 특히 대통령 자문관인 세르게이 그라지예프, 민족주의 성향을 지닌 지식인 알렉산드르 두긴,[10] 그리고 파리에 러시아정교회 계열의 연구소를 설립한 나탈리야 나로츠니츠카야 전 하원의원 등이 소속돼 있는 것으로 유명하다. 이즈보르스크 클럽의 부대표인 비탈리 아베리아노프는 "우리가 제시하는 이념과 개혁정책의 목표는 러시아정교와 혁신경제를 바탕으로, 다시 말해 고도의 영성과 고도의 기술을 바탕으로, 일종의 켄타우로스를 창조하려는 데 있다. 이렇게 탄생한 켄타우로스가 21세기 러시아의 얼굴을 대변할 것이다"라고 말했다.[11]

이처럼 기술 혁신이라는 화두를 주로 주창하는 계층은 1990년대 정치 엘리트층의 계보를 직접 계승한 자유주의적이면서 기술관료적인 권력층이다. 특히 보리스 옐친 대통령 시절 탈소련 경제 민영화 정책을 이끌었던 아나톨리 추바이스 러시아 전 부총리가 로스나노(나노기술공사)의 사령탑을 맡았다는 사실부터가 이를 여실히 증명한다. 그러나 동시에 기술과학의 발전은 특히 국방이나 우주정복과 같은 막강한 산업 분야에서 자주 나타나는 일종의 민족주의적인 낭만적 수사학과도 제법 잘 어우러진다.

드미트리 로고진 로스코스모스(러시아 연방우주국) 사장은 "우리의 조국은 이미 국가가 탄생하는 순간부터 우주 강대국이 될 운명을 타고났다. 러시아는 민족의 국민성부터가 이미 우주 강대국이 되기에 적합하다. 러시아 민족은 총체적인 사고에 익숙할 뿐만 아니라, 대의를 위해서라면 개인의 삶을 희생하는 것도 마다하지 않는다. (…) 우주는 (…) '러시아적인 세계'와 동의어다. 그런 의미에서 러시아는 결코 우주의 바깥에서는, 우주 없이는 살아갈 수가 없다. 러시아는 미지의 세계를 정복하려는 꿈을 억누를 수가 없다. 미지의 세계가 러시아의 영혼을 매혹한다."[12]

같은 맥락에서 2018년 봄 전국러시아박람회장도 대규모 우주개발프로그램의 재개를 몸소 증명하듯 그동안 문을 닫았던 우주관을 새롭게 재개관했다. 러시아는 새로운 우주개발프로그램에 따라, 2016~2025년 태양의 활동과 우주의 기상상태를 제어할 우주복합센터를 설립하는 한편, 차세대 유인우주선을 개발하고, 더 나아가 달 정착 프로그램의 첫 번째 단계에 돌입하기 위해 자동 우주왕복선 5대를 발사할 예정이다. 한편 새롭게 개장한 우주관은 우주론 물리학자이자 사상가인 치올코프스키의 어록으로 우주관 내부를 도배하다시피 했다. 말하자면 그런 식으로 이 사상가가 지닌 이성과 영성의 양면성에 경의를 표하는 것이다. "사상, 판타지, 동화가 먼저다. 그다음 과학적인 계산이 뒤를 잇는다."

우주인 훈련센터와 예배당의 공존

기술적 혁신과 종교적 전통의 결합을 가장 여실히 보여주는 예가 최근 러시아 우주인 훈련

센터인 스타시티 안에 러시아정교 예배당이 건설된 사례다. 2010년 준공을 축하하는 자리에서 러시아정교회의 키릴 총대주교는 우주가 함의하는 종교적 의미를 다음과 같이 자세하게 설명했다. "주님께서는 우리가 우리의 행성과 더 나아가 우주 전체를 터전으로 삼고 정복할 것을 원하셨다. 그런 의미에서 별을 향해 높이 올라가려는 인간의 욕망은 결코 일시적인 변덕, 환상, 혹은 유행이 아니다. 신께서 인간의 본성 속에 심어놓으신 일종의 프로그램이다."[13]

니키타 흐루쇼프 시대에는 항공학이 국가무신론주의의 첨병 역할을 했다면, 이제는 종교계마저 열렬히 수호하는 과학과 신앙의 융합을 가장 여실히 보여주는 전형적인 예로 간주된다. 우주에서 귀환한 직후 자신은 우주에서 "신을 보지 못했다"고 선언했던 우주비행사 가가린은 오늘날 스탈린 정권하에 파괴된 구세주 그리스도 대성당을 복원하자고 주장한 신앙인으로 소개되곤 한다.

스타시티 성당에 배속된 이오프 부속신부는 이렇게 말했다. "우주를 연구하고, 우주의 법칙과 구조를 알아내기 위해 노력한 모든 위대한 과학자들은 대개 신실한 신앙인이거나 혹은 처음에는 설령 그렇지 않더라도 결국에는 믿음의 길로 인도되곤 했다. 종국에는 오로지 지적 창조주만이 세계를 관장할 수 있음을 깨달았기 때문이다. (…) 우리는 단언컨대 소련 우주개발프로그램을 창시한 엔지니어인 세르게이 코롤료프가 신앙인이었다고 분명히 확언할 수 있다."[14]

한편 국민적 영웅으로 추앙받으며 현재 젊은 우주비행사 훈련을 담당하는 지휘관인 우주인 발레리 코르준도 "신은 죽었다"고 선고한 가가린의 진단을 열성적으로 반박하기에 바쁘다. 그녀는 한 러시아정교 잡지를 통해 "나는 우주를 여행하면서 결코 신을 보지 못하거나 신의 존재를 느끼지 못 하는 일은 있을 수 없다고 생각한다"고 선언했다.[15] 그녀는 로스코스모스(러시아 연방우주국)와 러시아정교는 더없이 좋은 관계를 유지하고 있다고 주장했다. 가령 이오프 신부는 로스코스모스에서 일하는 한 임원의 요청을 받아 바이코누르 발사기지에 로켓들을 축성해주기 위해 방문하기도 했다.

기술 발전과 종교의 결합은 핵 분야에서도 찾아볼 수 있다. 보수주의 성향의 이념가인 이고

인간 이상의 존재들

르 콜모고로프는 '핵 러시아정교'를 표방하며, 푸틴 대통령의 앞선 선언에 큰 힘을 실어줬다.[16] 가령 2007년 2월 기자회견에서 푸틴은 러시아정교와 러시아의 핵전략은 "서로 관련이 깊다. 러시아연방의 전통적 종교들과 국가를 수호하는 핵은 두 가지 모두 러시아를 더욱 강고히 해주는 요소를 이루고 있으며, 국내외적인 안보에 필수적인 조건을 형성하기 때문이다"라고 말했다.

특히 이런 현상은 특히 사로프 시에서 더욱 구체적인 형태로 나타나고 있다. 사로프 시는 사실상 차르 제국 최후로 시성식이 열린 러시아정교의 성소이자, 동시에 러시아가 핵 개발에 매진한 비밀도시이기도 하다. 2012년 키릴 총대주교는 당시 로스아톰(러시아 국영원자력공사)의 사장으로 대통령 행정실 제1부실장을 맡았던 세르게이 키리옌코와 함께, 과학자 · 대학교수 · 러시아정교대표들 · 정부 인사 · 사업가 등을 한데 끌어 모아, 사로프 시에 과학 · 기술 · 종교의 관계를 논의하기 위한 영성과학센터를 설립했다.

2016년 센터는 '신앙과 과학의 결합, 러시아의 이익을 도모하기 위한 상호작용'이라는 우주론적인 분위기가 물씬 풍기는 좌담회를 개최했다. 이 자리에서 키릴 총대주교는 "세계를 이해하는 방식은 종교와 과학 간에 결코 모순되지 않는다"[17]고 선언했다. 이와 같은 일치주의적 (Concordism: 과학과 성경내용을 일치시키려는 시도-역주) 정신을 이어받아, 연방핵연구센터의 과학자문관인 그는 1990년대 교계가 핵 개발 프로그램에 전폭적인 지지를 보냈던 사실을 거론하며, 앞으로도 교계는 과학계와 전략적 파트너 관계를 유지할 것이라고 확언했다. 아울러 이런 파트너 관계가 없다면 "러시아의 미래도 결코 존재할 수 없을 것"이라고 강조했다.[18]

단 하나의 거대 집단정신 '누스페어' 속 통합 추구

종교와 과학 간의 협력관계는 대학 차원에서도 찾아볼 수 있다. 가령 오늘날 세속대학 50개 이상이 학내에 신학파들 개설하고 있다. 가장 대표적인 예료 2013년 명문 핵물리 전문대

◀ 〈포스터라찌 활과 화살〉, 1923 - 바실리 칸딘스키

학 모스크바엔지니어링물리학연구소(MIFI) 안에 개설된 신학과는 러시아정교회 대외협력위원장이기도 한 힐라리온 대주교가 책임을 맡았다. 힐라리온 대주교는 취임 연설에서 "신학과 핵 연구는 서로 어떤 관계를 맺고 있는가?"라는 질문을 던지며, "MIFI의 특수성과 이 대학이 우리 교육제도에서 차지하는 독특한 역할을 감안해 볼 때, 이 특별한 대학 내에 개설된 우리 신학과는 분명 종교와 자연과학과의 대화를 촉진하며 철저히 혁신적인 역할을 수행할 것이라고 확신한다. 오늘날 두 분야 간의 대화는 과학적 지식의 소유자만이 아니라 종교적 전통의 소유자에게 있어서도 필요한 일이다"고 말했다.[19]

더욱이 이런 학제적 접근은 교계 내부에서도 발견되곤 한다. 오늘날 러시아 교계는 구소련 기술과학대학들에서 교육을 받은 세대의 인사가 곳곳에 포진해있다. 러시아정교는 신앙과 이성의 분리를 거부하는 우주론의 시각에는 동의하면서도, 지금도 여전히 신의 일을 인간의 일로 대체하려는 표도로프의 과격한 인간중심주의에 대해서만은 비판적 시각을 고집한다. 그런 의미에서 러시아정교는 사실상 트랜스휴머니스트들이 우주론에 입각해 표방하는 것과 마찬가지로 '러시아의 이념'을 기술애호적으로 해석하는 데는 확실히 반대되는 입장에서 있다.

사실 이런 해석은 우주론만이 아니라, 러시아 재벌(올리가르히) 드미트리 이츠코프가 발족한 '2045 이니셔티브' 운동에서도 찾아볼 수 있다. 이츠코프는 생명 연장, 인간의 뇌와 접속이 가능한 인간의 의식을 갖춘 인조인간 개발을 목적으로 분자유전학, 신경과학, 신경보철(인공신경) 등의 연구에 재정적 지원을 아끼지 않았다.

우주론과 확실히 연계된 이 운동은 선언문에서부터 '신인류'의 도래를 기원하고 있다. 그에 의하면 신인류의 특징은 무엇보다 "기술개발과 정신 개발의 시너지 효과", "단 하나의 거대한 집단정신, 즉 누스페어(인류가 오랫동안 집적해 온 공동의 지적 능력과 자산을 바탕으로 사이버 공간에서 이루어가는 세계를 뜻하는 사회철학 용어-역주) 속에 하나로 통합될 수 있는" 능력으로 대변된다. 말하자면 영성과 과학, 신기술이 '미래지향적 현실'의 토대로 요구되고 있는 것이다.

2011년 이츠코프는 드미트리 메드베데프 대통령에게 보낸 서한에서, 이 프로젝트의 유용성을 다음과 같이 예찬했다. "불멸성이야말로 우리의 민족적 이념이 될 수 있을 것입니다."[20]

글 · 쥘리에트 포르 Juliette Faure

번역 · 허보미

1   Vladimir Sorokine, 『Journée d'un opritchnik 오프리치니크의 나날』, 파리, 2008년; 『Le Kremlin en sucre 설탕 크레믈린』, L'Olivier, 2011년.

2   이 글과 후속 글은 『유럽 문학 유산: 프랑스어 선집. 제12권. 유럽의 세계화: 1885~1922년』(Jean-Claude Polet 엮음·De Boeck 대학·브뤼셀·2000년)에 실린 니콜라이 표도로프의 글 '공동의 과업에 관한 철학 (Philosophie de l'oeuvre commune)'에서 인용했다.

3   Nicolas Berdiaev, 『L'Idée russe 러시아 이념』, Mame, 투르, 1969년.

4   Michael Hagemeister, 'Konstantin Tsiolkovskii and the occult roots of Soviet space travel', 『The New Age of Russia: Occult and Esoteric Dimensions』(Michael Hagemeister, Bernice Glatzer Rosenthal, Brigit Menzel 공저·Peter Lang· 베를린-뮌헨, 2012년) 중에서

5   Léonid Heller, Michel Niqueux, 『Histoire de l'utopie en Russie 러시아 유토피아 역사』, Presses universitaires de France, 파리, 1995년.

6   'Croix d'expiation et croix d'évolution 속죄의 십자가와 진화의 십자가', Attila Szekeres, 『Le Christ cosmique de Teihard de Chardin 테야르 드 샤르댕의 우주적 그리스도』, Seuil- Uitgeverij de Nederlandse Boekhandel, 파리-안트베르펜, 1969년.

7   George M. Young, 『The Russian Cosmists: The Esoteric Futurism of Nikolai Fedorov and His Followers』, Oxford University Press, 뉴욕, 2012년.

8   Andrey Shental, 'The Hybrid Ideology', Michael Hagemeister와의 인터뷰, Inrussia, http://inrussia.com

9   Michel Hagemeister, 『Y a-t-il un cosmisme russe, et a-t-il jamais existé? 러시아 우주론은 존재하는가? 존재한 적이 있기는 했는가?』, 미출간 원고, 2012년.

10   Jean-Marie Chauvier, 'Eurasie, le choc des civilisations version russe 유라시아, 러시아판 문명의 충돌', 〈르몽드 디플로마티크〉 프랑스어판 2014년 5월호 · 한국어판 2014년 6월호.

11   Vitali Averianov, 'Il faut d'autres gens 다른 사람들이 필요하다', 『Zavtra』, 모스크바, 2010년 7월 14일.

12   Dmitri Rogozine, 'La Russie sans le cosmos ne peut pas réaliser ses rêve 우주가 없는 러시아는 꿈을 실현할 수 없다', 『Rossiyskaia gazeta』, 모스크바, 2014년 4월 11일.

13   주예수변모교회 웹사이트(러시아어), http://zvezdnyi.moseparh.ru

인간 이상의 존재들

14 이오프 신부와의 인터뷰, 주예수변모교회 웹사이트, 2013년 12월 4일, http://zvezdnyi.moseparh.ru

15 Nikita Filatov, 'Avec Dieu dans le cosmos 우주 속 신과 함께', Valeri Korzoune과의 인터뷰, 2016년 4월 12일, http://www.pravoslavie.ru

16 Maria Engström, 'Contemporary Russian messianism and New Russian foreign policy', 『Contemporary Security Policy』, 제35권, 제3호, 마스트리히트, 2014년.

17 '키릴 총대주교의 사로프 과학자 접견 연설'(러시아어), 2016년 8월 1일, http://www.patriarchia.ru

18 러시아정교 총대주교 웹사이트에 게재된 접견 보고서, www.patriarchia.ru

19 힐라리온 대주교 연설, 2012년 10월 16일, www.mospat.ru

20 www.2045.ru

우주 전쟁… 화성인들의 침공

대영 제국의 힘이 절정에 달했을 무렵에 출간된 허버트 조지 웰스의 작품 『우주 전쟁(The War of the Worlds)』(1898)의 다음 내용은 화성인의 침략으로 하루아침에 멸망의 위기에 처한 서구 문명의 나약함을 말해 준다. 다윈의 생존 경쟁 이론에서 영감을 받은 이 소설은 여러 번 영화로 제작됐다.

화성인들에게 지구 생명체인 우리 인간은 유인원이나 여우원숭이 못지않게 낯설고 열등해 보였을 것이다.(1) "이미 인간 가운데서도 지혜로운 이들이 삶은 생존을 위한 끊임없는 투쟁이라고 인정했듯이 화성인들도 같은 생각을 하는 듯했다. 화성은 꽁꽁 얼어붙었지만, 지구는 여전히 생명체로 가득 차 있다. 하지만 화성인들은 지구인을 열등한 짐승 정도로 여긴다. 이제 날을 거듭할수록 점점 더 가까워지는 파국을 피할 유일한 방법은 생존이 가능한 태양에 더 가까운 별을 정복하는 것이다.

화성인들이 잔혹한 종족이라고 판단 내리기 전에, 우리는 인간이 들소와 도도새 같은 동물뿐 아니라 열등한 지구 종족을 얼마나 야만적이고 잔악하게 절멸시켰는지 기억해야 한다. 태즈메이니아인들은 다른 인간과 닮았음에도 50년 만에 유럽 이민자들이 저지른 전쟁 때문에 지구상에서 완전히 사라졌다. 화성인들이 그런 생각으로 전쟁을 벌인다면, 우리 인간은 마치 자비의 전도사라도 되는 양 불평할 수 있을까?" (…)
화성인의 침공으로 지구가 황폐해지고, 전염병으로 화성인들이 사라진 후에 화자는 다음과 같은 결론을 내린다.

우리는 이제 지구를 인류만을 위한 안전하고 침략 불가능한 터전이 아니라는 것을 안다. 언제 또 별안간 우주에서 보이지 않는 선하거나 악한 존재가 나타날지는 예측할 수도 없을 것이다. 우주적인 관점에서 화성인들의 침공은 인류에게 유용한 교훈을 남겼다. 쇠망의 단초가 되는 미래에 대한 굳은 확신이 사라졌기 때문이다. (…)

글 · 허버트 조지 웰스 Herbert George Wells 번역 · 이푸로라

(1) 편집자 주. 원숭이처럼 보이는 영장류 포유류.

인간 이상의 존재들

당신의 욕망에 맞는 가상 아바타가 돼보세요

기욤 바루 Guillaume Barou

〈르몽드 디플로마티크〉 기자이자, 웹 디자이너 겸 콘텐츠 디벨로퍼.

메타버스에서는 삶을 선택할 수 있다. 아니면 거의 선택할 수 있다. 당신의 아바타는 당신이 원하는 모습대로일 것이고, 당신이 하고자 했던 일을 할 것이다. 최대치의 자유를 누릴 수 있어서 진정 요정 이야기라 할 수 있다. 뉴욕에서 열리는 전시회를 보다가 곧바로 남극에서 펭귄들 사이에 있을 수 있다. 가상 세계이지만 현실적인 감각을 제공하고, 가상 화폐로 실제 거래가 일어난다. 어떤 이익이 있는가? 그리고 어떤 이권이 있는가?

"히로는 실제로 여기에 있는 게 아니다. 그는 컴퓨터가 고글과 이어폰에 투영하는 가상 세계에 있다. 이 상상 속 공간은 전문 용어로 메타버스라 한다."

히로는 닐 스티븐슨의 소설 『스노 크래쉬』 속 주인공으로, 메타버스 속 첫 번째 가상 인물이다. 스티븐슨은 자신의 이야기 속 설정을 위해 메타버스라는 용어를 만들어냈다. 30년 후 페이스북 CEO인 마크 저커버그는 자신의 회사 이름을 '메타'로 변경하기로 하고, 한 시간이 넘는 영상을 통해 메타버스라는 새로운 세상이 앞으로 가져다 줄 수 있는 이점들을 소개했다. 저커버그는 메타버스에 수백억 달러를 투자하기로 했다. 새로운 골드러시가 선언된 셈이다.

그런데 정확히 뭘 위한 러시일까? 지금까지 어느 누구도 명확한 정의를 내리지 못했다. 메타버스라는 개념에 있어서 최고권위자라고 할 수 있는 전략 컨설턴트인 매튜 볼은 이렇게 설명했다. "메타버스는 실시간으로 3D로 구현되며 상호 정보 교환이 가능한 거대한 가상 세계의 네트워크다. 정체성과 역사, 권리, 사물, 통신 및 지불 등 데이터의 연속성과 개인의 존재감에 의해서 무제한의 사용자가 동시에 그리고 지속적인 방식으로 경험가능하다."[1] 볼의 설명이 아주 명확하지는 않지만 그래도 가장 충실한 설명인 것은 맞다.

잠깐 과거로 돌아가보자. 가상세계는 몇십년 전부터 존재했다. 1970년대 후반 영국의 게임연구가인 리처드 바틀이 만든 최초의 머드(MUD·다중접속 사용자 던전) 게임은 오로지 텍스트만을 기반으로 했다. 바틀은 현실세계보다 사회적으로 덜 불공정한 세계를 만들고 싶어 했다. 2000년대 중반 나왔던 여러 가지 시도 중에서 윤리적 야망과 실제 개념이 없는 [dépourvu d'ambition éthique et de réel concept] '세컨드 라이프'라는 게임이 꽤 성공을 거뒀다. 많은 기업들이 여기에 투자를 했지만 몇 년 후 모두 투자를 철회했다. 같은 시기에 거대한 중세 판타지 세계에서 방대한 퀘스트를 수행하는 '월드 오브 워크래프트'에 사용자 수백만 명이 몰렸다. 이후 대형 가상 블록을 이용해서 사용자가 원하는 대로 거의 무엇이든 만들 수 있는 '샌드박스' 장르의 게임인 '마인크래프트'가 출시됐고, 그 뒤를 이어 '로블록스'와 '샌드박스'가 출시됐다. 이후 '포트나이트'나 '리그 오브 레전드' 같이 가상의 경기장에서 수백명의 사용자가 동시에 겨루는 '배틀로얄' 장르 게임이 나왔다. 이들 게임 공간에서는 이미 현금으로 장비를 업그레이드하거나 토지를 사는 것이 가능하다. 굉장히 현실적이다.

마크 저커버그, 메타버스 가상현실 안경을 '성배'로 생각

메타버스는 이들 가상공간의 상부구조가 되는데, 이들 가상공간은 아직 개발이 더 필요한 컴퓨터 표준을 통해 서로 연결된다. 사용자들은 이들 가상공간에서 하나 이상의 가상 ID를 유지하고, 초기 단계의 몰입형 장치(3D 안경과 햅틱 장갑)를 사용해서 이들 공간을 방문할 수 있다. 코비드-19 대유행과 그로 인한 '대규모 봉쇄조치'로 이들 공간에 사용자가 몰리고 이들 공간의 존재가 합법화되는 일이 가속화됐다. '로블록스'는 집에 갇혀 있는 아이들을 유혹했고, '샌드박스'는 디지털 영토 일부를 판매하기 시작했고, 배틀로얄 장르 게임은 사용자 수가 폭발적으로 증가했다. 그리고 '세컨드 라이프'를 떠났던 기업들은 유행하는 그 세상에 자리를 잡았다. 디즈니와 레고, 월마트, 프랑스 카르푸(더 적은 규모)는 디지털 토지를 구입하고 전문가를 고용하고 팀을 꾸렸다. 마이크로소프트는 메타(페이스북의 새 이름)와 마찬가지로 가상 회의실을 설계하고 메타버스 전담 부서에 직원 1만 8,000명을 배치하고 2021년을 기준으로 100억 유로를 지출했다. 특히 가상현실 안경을 개선하는 일도 포함됐는데, 마크 저커버그는 가상현실 안경을 '성배'로 생각하고 해당 분야에서 유명한 가장 유망한 기업들을 인수했다.

메타버스의 도래를 위해서는 또 다른 난해한 개념인 웹3.0을 비롯해서 더 많은 진전이 필요할 것이다. 웹1.0이 자유롭고 분산됐지만 간결한 인터넷의 시작에 해당한다면, 웹2.0은 보다 더 정교한 인터페이스의 도래를 뜻했다. 텍스트와 사진 및 영상을 게시하는 것이 더 쉬워져서 Gafam(구글, 애플, 페이스북, 아마존, 마이크로소프트)과 모바일, 소셜네트워크의 지배력이 더욱 확고해졌다. 웹3.0은 분산적이고 사용자 친화적이며 접근하기 쉬운 인터넷이라는 최고의 세계를 만들 것이다. 벤처 투자가이자 웹3.0 전도사인 크리스 딕슨은 "매우 중요한 것은 창작자와 기업, 스타트업들이 직접 지지층에게 다가갈 수 있다는 가능성"이라고 말했다.[3] 왜냐하면 모든 브랜드는 페이스북 페이지를 개설한 뒤 페이스북이 그들의 지지층을 신속하게 제한하기 위해 의도적으로 조직화되어 있다는 사실을 발견했기 때문이다. 새로운 '게시물'을 홍보하려고 하면 바로 그 때가 대가를 치러야 할 때다. 모든 기업들은 애플 스토어에서 어플리케이션을 만들었다. 거대 기업인 애플은 모든 거래에서 30%를 공제한다. 이것이 자본 예찬자들이 열정적으로 탈중앙화를 원하는 본질적인 이유다. Gafam이 부과하는 통행료에서 벗어나 그들의 지지층과 이윤을 회복하려는 것이다.

비트코인과 이더리움 같은 암호화폐는 결국 미래 디지털 경제에서 교환을 원활하게 만들 것이다. 디지털 객체의 소유권 증명서인 NFT(대체불가토큰)는 그 사용 자체가 본질적으로 투기적인 것으로 보인다. 여기에는 궁극적으로 그 존재를 정당화해주는 암호화폐가 필요하다. 따라서 또 다른 디지털 분신의 모습을 만들어내는 것, 예를 들면 가상 나이키나 디지털 한정판 티셔츠를 제공하는 것이 중요하게 됐다. 암호화폐로 지불가능하다는 것은 터무니없고 무의미할까? 크리스 딕슨이 물었다. "왜 사람들은 슈프림 티셔츠 같은 패션과 자동차에 가치를 부여할까요? 세계에서 가치 있는 것 가운데 대부분은 당신이 어떤 것 중 첫 번째라는 것, 높은 지위와 안목이 있다는 것을 보여주는 일입니다." 그것이 바로 꿈이고, 허영심과 차별화를 위한 순수한 경제다.

하지만 꿈에서 깨어나야 할지도 모른다. 암호화폐가 무너지고 있다. 시장은 2021년 11월 이후 3조 달러에서 9,000억 달러로 축소됐고, 손실은 2조 달러 이상이다. 메타의 투자자들은 저커버그에게 열정을 접으라고 요구하지만, 현 시점에서 준비된 것은 아무것도 없다. 반도체 칩 생산자인 인텔은 메타버스가 현재보다 수천 배 높은 컴퓨팅 파워를 요구할 것이라고 추정 했다.[4] 여기에는 수십 년이 걸릴 것(3D 장치 성숙에 버금가는 시계(horizon))이라고 예상되 는데, 이는 지구온난화를 걱정하는 모든 사람들로부터 비판을 살 위험이 있다. 하지만 메타버 스 전도사들은 돈을 벌려면 그곳에 있어야 한다고 확신하고 있다. 그때까지 모든 것이 바뀌게 된다면 안타까운 일이다. "편승효과다"라고 리처드 바틀은 확신했다. "투자자들의 문제는 모 든 사람들이 자신들과 같거나, 1등이 되기를 원하거나, 아무도 가지지 못한 무언가를 갖고 싶 어 한다고 믿는다는 것이다. 하지만 그건 사실이 아니다." 간단히 말하면 지금은 "별 볼일 없 는 당신의 삶이 있는 현실 세계를 떠나서 똑같이 별 볼일 없는 삶이 있을 메타버스에 참여하 라."[5]

글 · 기욤 바루 Guillaume Barou

번역 · 이연주

1 Matthew Ball, 'Framework for the Metaverse', 2021년 6월 29일, matthewball.vc
2 'Les mineurs des plaines d'Azeroth 아제로스 평원의 농부들', 〈르몽드 디플로마티크〉 프랑스어판 · 한국어판 2013년 12월호.
3 Nilay Patel, 'Chris Dixon thinks Web3 is the future of the Internet – is it?', 〈더 버지(The Verge)〉, 2022년 4월 12일.
4 Raja Koduri, 'Powering the Metaverse', 2021년 12월 14일, intel.com
5 리처드 바틀과 본 기사 작성자 간의 이메일 인터뷰.

02   SF, 진실에 대한 의혹의 시선

혼란에 빠트리는 역정보가 퍼진다. SF는 우주에서 활개를 치지만 때로 유일하게 추구해야 한다고 간주되는 선과 진실에 대해 의혹을 던지면서 플라톤이 제시한 철학적 목적에 직면한다. SF는 원래 현실에 거의 만족하지 않고 환상을 깨부수는 음모를 짜는데, 이 작업은 엉큼하게도 사실 정치적이다.

달, 제8의 신대륙

필리프 리비에르 Philippe Rivière

〈르몽드 디플로마티크〉 전 편집장. 인터넷과 멀티미디어의 문제에 관한 글을 주로 쓰고 있다.

"지구에서 태어나 화성에서 죽는 것도 꽤 멋져 보이지 않나요? 아, 물론 두 행성이 충돌하는 순간은 아니면 좋겠지요"라고 반쯤 농담조로 말하는 엘론 머스크는 희색이 만연한 얼굴이다. 미국 캘리포니아에 위치한 스페이스X사 사장 머스크는 정보통신 분야에서 성공한 후, '어디로 눈을 돌릴 것인가' 생각 끝에 우주산업에 진출한 기업가 중 대표적인 인물이다. 2012년 5월 31일 무사 귀환한 그의 우주선 '드래곤'호의 성공은 우주산업사에 한 획을 그었다. "'스푸트니크'호와 냉전시대의 우주 경쟁 역사를 지나 새로운 민간 우주선 시대를 맞이한 후, 상업 목적으로 민간기업이 개발한 우주선 발사가 거둔 최초 성공은 분명 역사의 큰 사건임이 분명하다"고 전문지 〈플라이트 인터내셔널〉은 보도했다.[1] 시험 발사 성공을 토대로 스페이스X사는 12번의 비행을 통해 국제우주정거장(ISS)에 450kg의 물자와 식량을 운반하고, 쓰레기를 수거해오는 임무를 수행하게 된다. 자그만치 16억 달러에 이르는 사업 계약이다.

시대가 변하는 것일까? 스페이스X사의 경쟁사 버지니아의 오비탈사이언스도 나사(NASA)로부터 이와 비슷한 계약을 따냈다. 안전성 결함으로 인해 발생하는 우주선 관련 비용을 더 이상 감당할 수 없었던 버락 오바마 정부가 원하든 원하지 않든 우주선 분야에서 손을 뗀 후, NASA에 외주화 바람이 분 덕이다. 유인선 운영을 목표로 하는 이 기업들은 NASA를 "세계 최고의 항공우주기관이 소속 우주비행사들을 우주로 보낼 역량을 갖추지 못했다는 수치심"에서 구해줄 것이다.[2] 카자흐스탄 바이코누르 우주기지에서 발사된 러시아 우주선 '소유즈'들을 경유해야만 하는 현 상황에서 말이다.

우주선을 포함해, 국제우주정거장 물자 보급 임무는 통상 3억~10억 달러의 예산이 소요된

▲ 〈잠자는 집시〉, 1897 - 앙리 루소

다. 스페이스X사 발사대인 팔콘9는 1회 발사하는 데 드는 비용이 6천만 달러에 지나지 않는다. 2002년 창립된 스페이스X사는 열성적으로 채용에 나섰고, 1800명에 이르는 직원은 이미 고객을 위해 40번째 발사를 앞두고 있다. 머스크는 최근 인터뷰에서 "모든 종류의 우주 운송 수단을 시도할 것이다. 준궤도 로켓을 제외하고 말이다"라고 말했다. "종류와 크기가 다양한 위성을 발사할 계획이며, 우주기지까지 화물 수송과 승무원 운송을 담당할 것입니다. 우리의 장기 목표는 인류가 지구를 넘어 여러 행성에 거주할 수 있도록 교통 시스템을 개발하는 것입니다."[3]

더 빨리, 더 높이, 더 힘차게. 구글의 후원으로 피터 다이아몬드는 민간 영역을 대상으로 하는 국제 콘테스트인 '루나 X 프라이즈'(Lunar X Prize)를 발표했다.[4] 3천만 달러의 재원을 바탕으로 500m 이동이 가능하며, 지구로 데이터와 이미지 전송이 가능한 로봇을 최초로 달에 보내는 참가자에게 상을 주게 된다. 26개 기업이 참가했고, NASA는 이미 참가자들에게 "역사에 대한 존중의 의미로 아폴로호의 착륙 지역과 설비에 손을 대지 않도록 조심하기를" 당부한 상황이다.

머스크는 현 상황을 이렇게 말했다. "1990년대 중반 인터넷이 부상하던 때와 흡사합니다. 초창기 정부 프로젝트이던 분야에 민간기업이 뛰어든 것이지요. 그 덕분에 개발에 박차가 가해졌고, 일반 대중도 인터넷을 향유할 수 있게 되었지요. (중략) 최초 민간기업에 의한 국제우주정거장 물자 보급 임무가 역사에 한 획을 그으며, 우주 교통 분야의 기술 발달 촉진에 전환점이 되리라 생각하며, 또 그러길 바랍니다."

하지만 경제성 측면을 어떻게 고려할 것인지가 관건이다. 우주로 운송하는 비용은 거리에 비례하는 것이 아닌, 일정한 질량을 중력으로부터 끌어내는 데 필요한 에너지임을 염두에 두어야 한다. 그러므로 달과 지구 사이 연결선상에 일정한 부지와 궤도에 따라 계층화되는 시스템이며, 이를 시장이 차례로 지배해나가는 서비스 방식을 생각해볼 수 있다.

위성이 줄지어 있는 첫 번째 지대는 '저지구 궤도'(LEO)로, 대기층 위 고도 2천km 지점이다. 이 위성들은 빠른 속도로 지구 위를 비행한다. 300~410km 지점에서 볼 수 있는 국제우주정거장을 들 수 있는데, 이 거점을 상업용 우주선들이 비행할 것이다. 예를 들어, 비글로 에어로스페이스사가 만든 상업용 우주선 말이다. 장기 체류용 마이크로 중력 상태의 공장이나 예비 연료 따위를 보관하는 지점으로 활용할 수 있다. 이 정도 지점까지 고도비행이라면 국제우주정거장에 물자를 보급하고 위성에 연료를 운송하고, 위성 수리서비스를 제공하거나, 위성을 지상으로 귀환시키는 임무도 수행할 것이다.

에너지 소모 면에서 더 상위 단계, 즉 거리상 더 먼 지점에는 고도 2만km에 위치한 GPS 위성이나 3만5800km에 위치한 정지궤도 위성을 들 수 있는데, '고정된' 통신위성이나 중계위성이 이에 속한다. 일각에서는 태양에너지 발전소를 설치해, 지상으로나 다른 우주 엔진에 마이크로파 형태로 에너지를 전송하는 것을 고려하고 있다. 지상으로 내려보내야 할 제어 불가능하거나 고장난 위성, 우주 공간을 떠도는 위성도 상당수에 이른다. 이는 전망 있는 시장이기도 한데, 전문가들은 '위성수 과다'로 인한 충돌 증가 위험, 충돌 사고에 따른 우주쓰레기 증가라는 연쇄작용 가능성 등을 우려하고 있다. 또한 우주의 '무기고화', 즉 궤도 무기화와 인명 살상용 인공위성들은 우주 탐사에 큰 위협이다. 프랑스 우주연합사령부(CIE)의 이브 아르노 장군은 "2007년과 2008년 중국과 미국은 공격용 인공위성을 시범발사했는데, 이는 우주 공간이 이미 강대국 간의 힘겨루기 장이 되었음을 시사한다"고 밝혔다.[5]

다음 거점은 지구와 달 연결선상의 '라그랑주점'(L1)이라 불리는 지점으로, 달 가까이에 위치하며 정지궤도 위성과 연결하는 데 필요한 에너지 소모가 비교적 낮다. 이 지점은 물리적 특성상 우주선 정박에 용이한데, 두 행성 간 중력이 상쇄되는 지점이므로 큰 에너지 소모 없이 물체가 정지 상태에 있을 수 있다. 또한 라그랑주점이 역학적으로 불안정한 상태이므로, 저궤도 위성들을 오염시키는 인공 쓰레기로부터 자유롭고, 물체의 자연 그대로 상태가 완벽히 보존된다. 미국의 비정부 단체 '더문소사이어티'(The Moon Society) 회장 켄 머피는 우주 경제발전 전망에 대한 기사에서 다음과 같이 설명했다. "현재 지구 밖의 지역으로 활동이 팽창하고 있습니다. L1점을 넘어선 근접 거점으로 일단 진출하면 달을 비롯한 다른 행성으로 가는 것이 매우 쉬워질 것입니다."[6]

L1점에서부터 달 표면에 착륙하거나 화성으로 혹은 지구근접물체(Near Earth Object)로 여행하는 데는 에너지상으로 크게 비용이 들지 않는다. 따라서 이 지점을 거점 삼아 비자동화 저궤도 위성을 향해 발사함으로써, 부메랑 원리로 발사점으로 돌아오면서 고장 난 위성이나 잔재들을 수거할 수 있을 것이다. 또한 지상에서 발사된 수소 저장고와 달 표면 물질에서 추출되거나 지상에서 발사한 산소 저장고들을 설치해 주유 거점으로 삼을 수 있을 것이다.

반면, 화성은 시간상으로 매우 많은 비용이 들 것이나, 유인신 왕복이 몇 년에 걸친 임무이기 때문인데, NASA는 이를 2030년 목표로 설정했다. 민간기업들은 이보다 빠른 2025년부터 화성까지 운행하기를 희망(혹은 투자자들에게 약속)한다.[7] 혹시 모르는 일이다. 그 와중에 우주산업 시장의 옹호자들은 달과 지구궤도 사이 인프라 시장을 꿈꾸며 즐거워하고 있다. 아직 상상할 수 없는 미지의 기업군들에 서비스를 제공할 인프라 말이다. 예컨대 인류에게 위험한 소행성 파괴나 감시 서비스가 있겠고, 이를 실제로 고려하고 있는 민간재단도 있다.[8] 새로운 자원의 보고일까? 달의 광물, 희귀한 지표면 및 산소매장량은 이미 각종 공상과학소설의 주제가 되었다. 마이크로소프트(MS)사 출신이자 억만장자인 나빈 제인도 이를 꿈꾼다. "달에는 지구상 그 어느 곳과 비교해도 20배가 넘는 티탄과 백금이 매장되어 있고, 헬륨3 매장량은 말할 것도 없습니다. 헬륨3은 특히 많은 이들이 미래 지구와 우주의 에너지원으로 꿈꾸는 희귀한 동위원소입니다. 우리 목표는 달을 제8의 대륙으로 삼아 지구의 에너지 문제를 해결하는 것입니다."[9] 구글의 공동창립자 세르게이 브린은 "소행성들을 올가미로 낚아채 지구 궤도 내로 운반한 뒤 광물을 추출"하는 것을 꿈꾸고 있다.

글 · 필리프 리비에르 Philippe Riviére

번역 · 김윤형

1 '대범한 시도, 그러나 비용은 치러야 할 듯', 〈플라이트 인터내셔널〉, 런던, 2012년 5월 25일.
2 '우주, 영국의 새로운 인프라 개척지', 기업경영자연구소(Institute of Directors), 런던, 2012년 5월.
3 스페이스플라이트 나우, 2011년 5월 18일.
4 '2100년에 우리는 모두 불멸의 삶을 살 것이다', 싱귤래리티대학 창립자, 〈르몽드 디플로마티크〉, 2009년 12월호 참조.
5 '우주의 재정복', 제오에코노미, n° 61, 파리, 2012년 봄호.
6 켄 머피, '달과 지구 사이의 경제생태계', 2012년 2월 20, 27일.
7 '화성을 향해', 〈르몽드 디플로마티크〉, 2004년 12월호.
8 〈AFP〉, 2012년 6월 28일.
9 제레미 카플란, '달을 캐는 사람', 〈폭스뉴스〉, 2011년 10월 18일.

미국의 우주탐사, 달러를 집어 삼킨 블랙홀

노먼 스핀래드 Norman Spinrad

파리에 거주하는 미국 공상과학소설 작가. 주요 저서로는 『우사마(Oussama)』(Fayard Paris, 2010), 『버그 잭 바론(Bug Jack Barron)』,(J'ai lu, coll. 'SF' 2002), 『그린하우스 서머(Greenhouse Summer)』(J'ai lu, coll. 'SF' 2004), 『태양인들(The Solarians)』(Gallimard, coll. 'Folio SF', Paris, 2001) 등이 있다.

1983년, 냉전이 한창이던 시절 로널드 레이건 미 대통령은 대(對) 미사일방어프로그램인 '스타워즈'를 공표했다. 노먼 스핀래드는 공상과학 작가들이 우주탐사에 열광하며 그 꿈을 이루기 위해 '스타워즈'를 이용했으며 결과적으로 천문학적인 예산 낭비로 귀결되었다고 말한다.

프랑스 소설가 미셸 뷔토르는 어느 날 세계공상과학작가단체 회의를 소집하여 미래에 대한 공동비전을 정하고 이러한 공감을 바탕으로 모든 장편 및 단편소설들이 제시하는 미래가 실현될 수 있도록 노력하자고 제안했다. 세계공상과학작가단체를 아는 사람이라면 누구든 이러한 제안이 다분히 유토피아적이란 사실을 알 것이다. 이 단체의 회원들은 인류의 궁극적인 미래는 우주에서 '항해하는 종(種)'이며, 이 종의 문명은 태양계 전체에 널리 퍼져야 한다고 입을 모았다.

세계공상과학작가단체의 영향력을 무시할 수 없다. 소련이 세계 최초로 인공위성 스푸트니크를 발사한 뒤, 미국의 '스페이스 프로그램'이 1959년 시작된 것은 이 단체의 영향을 받은 것으로, 그로부터 10년 후 1969년 7월 아폴로 11호가 달 착륙에 성공하면서 최초로 미국인이 달 위를 걷게 되었다.

우주여행, 타 행성 식민지화, 또는 우주정복 등 꿈의 제국주의 이면을 드러내는 표현들은 이러한 공상과학 문학들이 존재한 순간부터 그 중심에 자리 잡고 있었다. 사실, 미국인을 달로 보낸 나수의 학자와 진문가, 그리고 수많은 우주비행사들이 공상소설이 영향을 받았다. 특히 아폴로 계획은 공상과학단체에 대전환의 발판이 되었으며, 우주탐험의 전성기를 가져온

SF, 진실에 대한 의혹의 시선

단초로 환영받았다. 1969년 인간이 달 위를 걸었다면 1970년대에는 당연히 스탠리 큐브릭 감독의 〈스페이스 오디세이〉(2001)에서 나온 내용처럼 화성탐험,(1) 달 식민지, 태양계 경계 탐험 등이 이뤄졌다.

그러나 1980년부터 이러한 비전이 실현가능성이 없다는 사실이 명확해졌다. 아폴로 계획은 인간의 우주탐험이 시작이 아닌 정점이었던 것이다. 미국항공우주국(NASA)의 예산은 감축되었으며, 예산의 가장 많은 부분이 인간을 지구궤도 위에 올려다 놓는 정도에 그치는 우주선 프로그램에 주로 집행되었다. 이로써 인간 우주탐험의 전성기는 막을 내렸다. 달 착륙은 우주정복의 첫 발이 아닌 마지막 발자취였던 것이다.

바로 이때, 제리 퍼넬 박사는 무언가 조치를 취하기로 결정했다. 공상과학 소설가이자 미국과학소설작가협회(SFWA) 전 회장이었던 제리 퍼넬 박사는 우주계획에 협력했었다. 선거운동(주로 공화당)에도 참여했으며 정치활동을 통해 로널드 레이건 미 대통령의 새 행정부에서 국가안보 보좌관을 맡은 리처드 앨런과 안면을 트게 되었다.

제리 퍼넬 박사는 로버트 A. 하인라인, 폴 앤더슨과 그의 공동저자인 래리 니벤 등 공상과학 소설 작가들을 비롯하여 우주산업 학자 및 담당자, 퇴역장군인 대니얼 그레이엄, 우주비행사 버즈 알드린 등의 사람들과 1980년 11월 미국 우주정책에 관한 시민자문위원회를 발족했다.

미국 우주정책에 관한 시민자문위원회는 새로운 공화당 행정부에 영향력을 행사하여 선견지명이 있는 유인우주선 프로그램을 창설할 목적으로 개개인에 의해 조직된 압력단체의 모습을 띠고 있었다. 그러나 이 위원회는 오히려 그 이상이기도 했으며 그 이하이기도 했다. 새 행정부 인수위원회를 위한 보고서를 준비하는 과정에서 제리 퍼넬을 통해 리처드 앨런에게 직접 보고한 것이다. 리처드 앨런이 백악관 국가안보 보좌관이 되었을 때에도 위원회는 같은 방식을 이어나갔으며, 이에 따라 1981년 1월에 정권을 잡은 레이건 미 행정부의 최고 직위에까지 직접적인 접근이 가능해졌다.

그 당시 나는 SFWA 회장이었다. 제리 퍼넬의 후임이 되었으나 그는 자신이 위원회에 나를

◀ 〈의지의 표상〉, 2021 – 최영미

절대 초대하지 않았다. 내가 레이건 미 대통령과 측근들을 경멸하는 것이 익히 알려져 있었기 때문이다. 그러나 제리 퍼넬은 나의 친구였으며 우리는 자주 허심탄회한 대화를 나누었다. 인수인계 기간(대선 후 시무식 이전까지)동안 제리 퍼넬이 NASA 회장이 될 것이라는 소문이 나돌았다. 제리 퍼넬은 나에게 작게 웃으며 말했다. "나는 NASA 회장 자리 별로 탐탁지 않네. 권력이 더 있는 자리를 맡고 싶어." 농담 반 진담 반이었다.

무모한 '스타워즈' 계획·협조한 공상과학 작가들

대부분의 공상과학 소설가들과 마찬가지로 제리 퍼넬도 우로든 좌로든 인간 우주탐험 대기업과 결부되어 있었다. 순수한 이상주의를 기반으로 한 프로그램을 승인받으려고 노력하는 로비단체는 여럿 있었다. 그러나 제리 퍼넬은 정치에 익숙하고 능수능란한 사람이었기에 미국 국가안전보장회의(NSC)에 직접적 접근이 가능했으며, 다분히 마키아벨리적인 전략을 펼쳤다. 그는 NASA가 인간을 대규모로 우주에 보내는 데 필요한 자금을 절대 받아낼 수 없다는 사실을 알고 있었다. 자금의 가장 큰 부분은 NASA 예산보다 30배나 크고 국회 예산을 획득하는 데 있어서도 훨씬 더 큰 영향력을 가지고 있는 미국 국방부에서 나와야 했다. 그러나 미국 국방부가 어째서 그러한 기업을 위해 예산을 동원하겠는가? 제리 퍼넬은 그 해답을 찾아냈다. 소련의 핵무기로부터 미국을 보호하기 위해서!

이로써 시민자문위원회의 멤버 구성의 배경 설명이 된다. '비전'을 위한 공상과학 소설가, 미 국방부의 신임을 받고 있는 퇴역군인, 가능한 최다 예산을 확보할 경제적 이익을 가지고 있던 우주항공산업 대표자들 등이다.

제리 퍼넬이 밝힌 전략은 적군의 미사일을 공중 파괴함으로써 미국이 핵 공격에 끄떡없도록 만들 수 있는 기술적 방패를 세우는 일이 가능하다는 사실을 레이건 행정부가 받아들이도록 하는 것이다. 이는 비교적 쉬운 일이었다. 레이건 정부는 국방비 지출을 엄청나게 늘렸으며 우주항공산업은 그 영향력을 이용하여 가능한 많은 돈을 손에 넣을 수 있다는 사실에 만족했다. 군인들은 초고성능 장난감을 매우 좋아했으며 전략적 환상은 무한히 매혹적이었다. 레이건 정부는 영화와 현실을 분간하기 어려웠다. 조지 루카스 감독의 영화 〈스타워즈〉와 같은 이름을 가진 전략방위구상(SDI)과의 분간이 어려웠다.

그리고 사실상 레이건 대통령이 연두교서연설에서 SDI의 존재를 공표했을 때, 이론 물리학에 익숙지 않은 미국 대통령의 입에서 '양자도약(Quantum leap)'과 관련된 내용이 나올 정도로 이 부분의 대본을 그럴싸하게 써 준 사람이 바로 퍼넬이었다.

시민자문위원회의 숨겨진 전략은 〈스타워즈 프로그램〉을 이용해 미 국방부를 꾀어 유인우주선 개발이라는 거대 프로그램에 재정지원을 하도록 만드는 것이다. 퍼넬과 공상과학 소설가들은 그러한 시스템이 우주에 기반을 두어야 한다고 믿었다. 이들은 궤도 레이저, 그리고 이미 궤도상에 있어서 발사단계에 있는 탄도탄을 저지할 수 있는 미사일방어전략체제를 꿈꿔왔다. 궤도 중성자 폭탄도 상상했다. 탐지, 명령, 제어, 특히 탑승원 장비의 궤도시스템에 필요한 일체를 상상했다. 그리하여 군대는 항시 수십 명 또는 수백 명을 수용할 유인궤도 기지를 건설해야 했다. 이에 따라 모든 탑승자들을 우주로 보내고 그 곳에 체류가 가능하도록 하는 물류 시스템을 위한 재원조달도 필수적이었다. 이 사실을 깨닫기도 전에 미 국방부는 우주기지, 더 발전된 지구-궤도 왕복선, 중량화물 운송기, 예선, 지프, 궤도 연료저장소 등 우주 전성기에 필요한 인프라를 위한 재정지원을 했을 것이다.

SF 소설가라면 누구나 알고 있는 사실이 있다. 우주여행에서 에너지를 어떻게 극대화하느냐이다. 그러니까 첫 번째 단계, 즉, 장비, 식량, 연료, 그리고 탑승객들을 중력함정에서 끌어내어 궤도상으로 어떻게 올리느냐다. 일단 이 단계만 실현되고 나면 달이나 화성, 심지어는 가장 멀리 있는 행성에까지 비교적 적은 비용으로 도달할 수 있다.

스타워즈, 미국의 유인우주선 계획에 지장 초래

그러나 이러한 비전은 SF 소설에서 나온 것이다. 나는 퍼넬 박사에게 물었다. "퍼넬 박사님

이 직접 국방부를 설득하여 군비로 민간 유인우주프로그램 인프라를 지원하도록 할 수 있다고 생각하십니까?" 내가 정치적인 관점으로 볼 때는 말도 안 되는 공상이었다. "절대 불가능할 것입니다. 결국 군부가 NASA 예산을 지원하지 않을 것이고, 오히려 우주선 프로그램을 군사화 할 것입니다. 비용은 NASA가 감당하고요."

그리고 상황은 대략 그렇게 돌아갔다. 우주왕복선 운행이 시작된 초기에 미 군부는 NASA의 일부 업무를 전체적으로, 또 몇몇 업무에 대해선 부분적으로 장악했다. 전략방위구상에 대한 열광이 최고조에 달했을 때 우주항공산업은 미 국방부의 국회에 대한 영향력 덕분에, 제대로 작동 못하는 미사일 방어 미사일과 목표물을 무너뜨리지 못하는 대(對)미사일 레이저, 그리고 그 실적을 세어 본 적도, 세어 볼 수도 없는 비상식적 '연구'들을 위해 수십억 달러를 확보하면서 공금을 잔뜩 받아 챙겼다.

전략방위구상에 대한 열광이 어느 정도였는지 예측하기 어렵다. 열광이 극에 달한 동안 나는 미래의 '서쪽 우주공항'(결국 빛을 본 적이 없는)인 캘리포니아 반덴버그 우주항공산업에서 주최한 파티에 갔었다. 학자와 엔지니어들이 대거 모여 SDI에 관련된 제안을 하고 토의도 했다. 나는 과학적 농담이라고 생각하던 것에 대해 이야기했다. 광선보다 빠르게 이동하여 시간의 흐름에 따르기보다는 오히려 과거로 역행할 수도 있다는 '타키온'이라는 가설적 소립자에 대한 이야기를 꺼냈다. 말할 필요도 없는 이야기이지만 (그러나, 되돌아보니 그리 소용없는 말은 아니었다) 타키온이라는 입자는 발생된 적도, 탐지된 적도 없는 순수 상상력의 산물이다. "타키온 다발을 발산하는 무기를 만드는 건 어떻습니까?" 내가 제안했다. "적군의 미사일이 발사되는 순간을 감지하고 발사가 실시되기도 전에 발사대에서 튕겨 나가 버리도록 하는 겁니다!" 놀랍게도 아무도 폭소를 터뜨리지 않았다. 참석했던 학자 중 한 명이 터무니없는 이야기를 하기 시작했다. "그 분야에 대한 연구로 50만 달러를 확보할 수 있지 않을까하는 생각이 듭니다."

20년이 지나고 400억 달러가 더 투자된 이후에도 대미사일 방어 시스템은 여전히 갖추지 못하고 있다. 관료주의의 무기력, 미 국방부의 예산확보 능력, 우주항공산업의 경제적 현실정

책 덕분에 SDI 프로그램이 재원조달을 제한적이나마 지속적으로 받고는 있지만 말이다.

SDI 프로그램은 미국이 노후화한 우주왕복선 4대를 지구 궤도로 보낼 수 있는 유일한 수단이었다. 그 이후 미국은 아직까지 달로 돌아가지 못했다. 화성 탐험은 이루지 못한 꿈으로 남았다. 우주왕복선이 정차할 수 있는 미국 유인우주선 기지는 단 하나도 건설되지 못했다. 물론 NASA 예산의 가장 큰 부분은 유인우주선 기지 건설에 사용된다. 적어도 500억 달러가 들겠지만 어차피 태양계를 탐험할 수 없으며 9명 이상을 수용할 수 없다. 하지만, 이는 1990년 러시아에서 10분의 1 이하의 예산으로 건설한 미르 기지에서 이미 가능했던 일이다.

소련이 붕괴된 지 얼마 지나지 않아, 퍼넬과 니벤은 미국 텔레비전에 출연해 우주 공간에서 소련을 상대로 한 군비경쟁에서 승리함으로써 '악의 제국을 파괴'했노라고 선포했다. 그럴지도 모른다. 그러나 결국 '스타워즈'는 미국 유인우주선 프로그램 역시 약화시켰다. SDI는 화성 및 달 기지 관련 과업에 재원조달을 할 수도 있었던 400억 달러를 떼어내어 우주공간에 쏟아부었다. 더 안타까운 사실은 퍼넬이 진정으로 추구했던 목표와는 다르게, 미국 우주계획이 군부차원 계획과 거의 혼동되는 지경에 이르렀다는 것이다. 퍼넬의 선구자적 목표는 달성되기는커녕 근접도 못했다. 우주 전성기는 1969년에 이룩했던 전성기보다 더 멀어졌다. 그리고 그 사실에 대해 걱정하는 사람의 수도 확연히 줄어든 것 같다.

글 · 노먼 스핀래드 Norman Spinrad

번역 · 김혜경

1 롤랑 르우크, '내일은 화성에 식민지를', 르몽드 디플로마티크, 2004년 12월호

삶을 테러하는 과학을 테러하다

필리프 리비에르 Philippe Riviére

〈르몽드 디플로마티크〉 전 편집장. 인터넷과 멀티미디어의 문제에 관한 글을 주로 쓰고 있다.

질병 치료의 혜택을 누리되 핵폭탄에 대한 걱정은 안 할 수 없을까? 전세계와 인터넷 통신을 하되 감시를 안 받을 수 없을까? 기하학은 발전하되 탄도미사일 발사에 악용되지 않을 수 없을까? 아니, 불가능하다. 과학은 철저하게 두 가지 얼굴을 지녔다. 민간용과 군사용, 치료제와 독약. 과학이 어떤 사회와 만나느냐에 따라 최고의 성과를 낼 수도 있고 반대로 최악의 상황을 불러올 수도 있다. 드물지만 간혹 과학이 예기치 못한 결과를 낳기도 한다. 2003년부터 활동하는 그르노블의 단체 '부품과 노동력'(PMO)은 다양한 기술 형태에 관한 책을 여러 권[1] 출간했다. PMO는 모호한 태도를 배제하고 완전히 새로운 방식으로 운영되는 조직이다. PMO는 치밀한 조사를 실시한 뒤 기술 영역을 완전히 거부하기로 했고 산업 발전이 중단돼야 한다고 소리 높여 외쳤다. 심지어 스스로 '연구의 적'이라고 선언했다.

유전자변형물질, 이동전화, 나노기술 같은 기술 분야를 거부한다. PMO는 꽉 막힌 단체가 아니다. 오히려 기술 분야가 경쟁과 이득을 위해 어떻게 진행돼 왔는지를 밝히고 프랑스가 세계의 경쟁 속에서 어떤 위치인지를 말한다. 지금은 늘 선두에서 달려 "꼬끼오!"하고 승리를 외쳐야 하는 경쟁시대다. 대중은 달리는 선수가 도착하면 박수를 쳐주고 달리기 경주를 지원해주지만 규칙은 절대 정하지 않는다.

한편 기술 분야 경쟁을 방해하는 장애물이 있기 마련인데, 다름 아닌 그것을 비판하는 사람이다. 이들은 기술 경쟁에서 우리를 보호하는 가드레일 역할을 하고 '시민이 참여하는 회의'와 기타 계몽적 성격인 공개토론에 참여하고 있다. 오렌지 랩스의 통신 연구원들도 '사회적

〈힐링 모먼트〉, 2022 - 강혜정 ▶

으로 수용할 수 있는 기술'을 선별하는 일을 활발히 한다. PMO 활동가는 기술 경쟁에 호의적인 사람들의 주장에 반박한다. 오히려 기술에 대한 망상을 가진 사람들을 그저 좇아가야 하는지 말아야 하는지 함께 결정해야 한다고 말한다. PMO 활동가는 우리 미래를 조종하면서도 군사용 연구, 의료계, 화학산업, 새로운 녹색 자본주의 사이에서 조종당하는 엔지니어를 가리켜 '기술 맹신자'라고 부른다.

2010년 초, PMO 활동가는 소란을 부리며 나노기술에 대한 공개토론을 무산시켰다. 이들은 자크 엘룰의 생각에 동조하며 공장기계 파괴운동을 전개한 노동자의 행동에 동참하자고 주장했다. 19세기에 공장기계 파괴운동을 한 노동자는 기계가 자신들을 노예로 만들고 있다며 기계를 부순 바 있다.[2] 그 이후 이 노동자들은 '에코 테러리즘'을 일으켰다는 비난을 받고 있다. 이와 관련해 이 노동자들이 쓴 저서가 최근에 출간됐다. 바로 『새로운 적을 찾아서』[3]다.

사실 진정한 에코 테러리스트는 미국의 시어도어 카진스키('유나바머'라는 별칭으로도 불림)다. 카진스키는 1978~96년 대학교수, 엔지니어, 항공회사 대표 같은 사람들에게 폭탄이 설치된 소포를 보냈다. 이 소포로 3명이 죽고 23명이 다쳤다. 카잔스키의 1971년 저서 『선언』과 최근 저서들이 2009년 말 프랑스어로 번역돼 나왔다. 책들에 대한 소개는 장마리 아포스톨리데가 맡았다. 아포스톨리데는 저자 카진스키의 광기 어린 주장과 신랄한 사고를 통해 카진스키가 엘룰에게 영향받은 통찰력 있는 생각을 지녔다고 본다.[4] 따라서 성공을 거둔 소설가들(장크리스토프 뤼팽, 마이클 크라이튼)이 카진스키를 가리켜 단순히 '에코 테러리스트'라고 가정하는 것은 소설 같은 망상에 불과하다고 본다. 독특한 생각을 보이는 사람을 편하게 테러리스트로 몰아가는 주장일 뿐이라는 것이다.

'타르나크 일당'(bande de Tarnac · 2008년 프랑스 코레즈의 타르나크에서 체포된 무정부주의자 9명. 당시 프랑스 당국은 이들이 테제베를 테러하려 했다고 발표했으나, 당사자들은 이를 강하게 부인해 논란이 됐다-역자)을 가리켜 "폭동이 다가온다"고 낙인찍은 것처럼 시대에 복종하지 않는 새로운 관점을 주장하는 사람들을 '테러리스트'라고 낙인찍는다는 것이다.

PMO는 과학계의 새로운 테러리즘에 대해 조사하고 있다. 그 새로운 테러리즘이란 바로 생화학무기다. PMO는 2001년 탄저균을 보내는 활동을 했는데 9 · 11 테러보다 더 파급력이 큰 사건이었다. PMO는 과학계의 거짓말과 위선을 폭로하며 인간에게 최고로 위험한 바이러스와 세균을 무기화하는 은밀한 연구에 관심을 가져야 한다고 말한다.

PMO는 군대의 지원을 받아 생화학무기 연구가 이루어지고 있다고 주장한다. 어쨌든 '탄저균'이 든 봉투는 과격한 환경운동 집단이나 알카에다 요원이 아니라 바로 생화학무기를 연구하는 실험실에서 나온다. 이는 분명한 사실이다.

글 · 필리프 리비에르 Philippe Riviére

번역 · 이주영

1   2008년 레샤페(L'Echappée) 출판사를 통해 출간한『테러 & 소유: 기술 시대, 국민의 안전에 대한 조사』,『휴대전화, 대량파괴를 불러오는 기술제품』,『RFID: 완전한 안전』,『지금은 나노 세계: 나노기술, 전체주의사회의 프로젝트』.
2   커크패트릭 세일,『공장기계 파괴운동: 산업시대에 기계를 부수는 사람들』, L'Echappée, 몽트뢰유, 2006.
3 『새로운 적을 찾아서: 2001~2005년 현대역사의 반추』, L'Echappée, 2010.
4 『1971년 선언』과『산업사회의 미래』, Climats, 2009.『기술 시스템의 붕괴: 유나바머, 전체 업적』도 참조할 것.

죽지 말고 참아라! 과학이 100년 뒤 영생을 주리니…

필리프 리비에르 Philippe Rivière

〈르몽드 디플로마티크〉 전 편집장. 인터넷과 멀티미디어의 문제에 관한 글을 주로 쓰고 있다.

'싱귤래리티 대학'(SU)에 집결한 불멸의 꿈

"나는 내 작품들 덕분에 불멸의 존재가 되고 싶지 않다.
나는 죽지 않으며 불멸에 도달하기를 원한다." -우디 앨런

지원자 1200명 중에서 선발된 40명의 학생들은 2009년 여름에 '싱귤래리티 대학'(SU)이라는 이름의 범상치 않은 하계 세미나를 시작했다('기이한 특성'을 뜻하는 싱귤래리티는 인간과 로봇의 결합으로 탄생하는 신인류의 삶을 의미함-역자). 9주 동안 콘퍼런스와 실습이 이어지는데, 인터넷의 '아버지'인 빈턴 서프, 근거리통신망 기술인 이더넷을 고안한 로버트 메칼프, 2006년에 노벨물리학상을 받은 조지 스무트, 우주비행사 댄 배리 등 인터넷, 수학, 의학, 우주 연구 쪽의 기라성 같은 전문가들이 행사를 주도했다.

당시 그들은 '무어의 법칙'에 주목했다. 반도체 회사인 인텔 창업자의 이름에서 따온 이 법칙에 따르면 반도체 집적회로의 성능이 24개월마다 지속적으로 2배씩 증가한다고 한다. 그들은 이러한 현상이 단지 전자공학에 국한되지 않는다고 강조했다. 각자가 다른 영역을 풍요롭게 만들기에 과학의 모든 영역이 평행해서 동일한 성장 리듬을 보유하는 것처럼 보인다는 것이다.

기술의 진보는 기하급수적으로 이뤄진다. 즉 지금까지 언어공학이나 기계공학의 역사가 이

〈위풍당당한 풍채〉, 1934 - 빅토르 브라우너 ▶

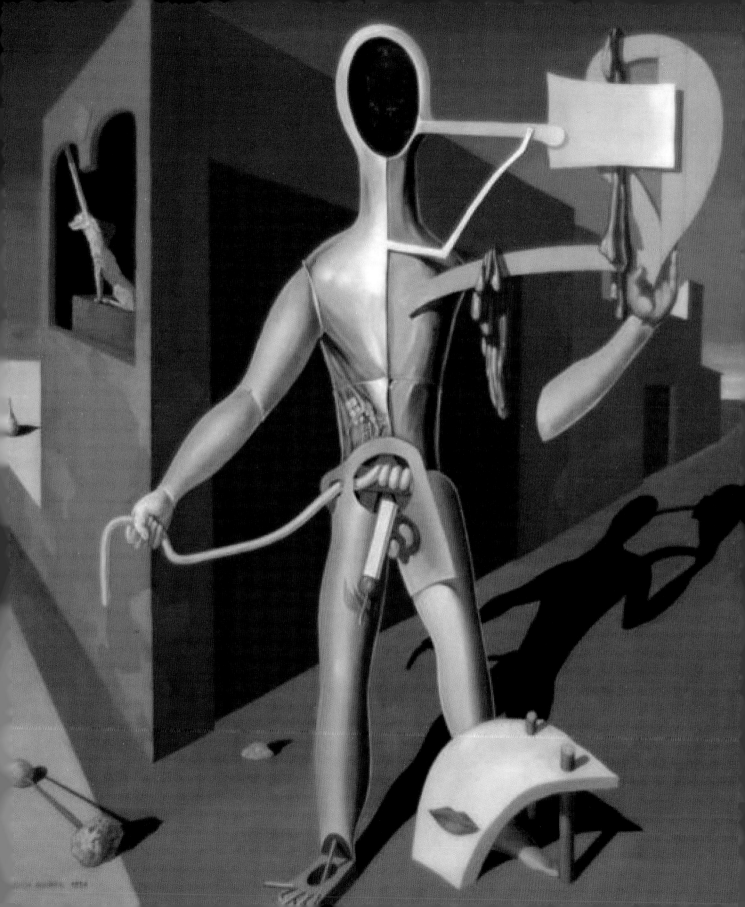

런 사실을 증명하고, 생물학적 연구의 위대한 진보들이 이를 뒷받침한다. 이러한 생각을 이끄는 주요 인물 중 한 사람인 엔지니어 레이 쿠르츠바일이 보기에는 결론이 이미 나 있다. "앞으로 다가올 100년은 기술 진보를 이룩한 지난 100년에 전혀 부합하지 않을 것이며 그 대신 오늘의 발전 수준으로 계산해서 2만 년 동안 이루어진 진보와 비슷할 것"이라 주장했다. 이처럼 영속적인 기술 진보의 가속화에 따라, 2020년 말 이전에 생물학적 인간 지능과 구분하기 힘든 똑똑한 지능을 발휘하는 '튜링 테스트'(Turing test · 기계가 인간과 얼마나 비슷하게 대화할 수 있는지를 기준으로 기계에 지능이 있는지를 판별하려는 테스트로 영국의 컴퓨터과학자 앨런 튜링이 1950년에 제안함-역자)를 실행할 수 있는 컴퓨터가 나타날 것이라고 그는 강조했다. 그의 예언대로라면 그때부터 "우리 인간은 테크놀로지와 병합되면서 훨씬 더 똑똑한 존재로 변할 것이다."

인간을 넘어서는 이러한 전망 속에서 미래는 아직 탐구되지 않은 능력으로 충만한 풍요의 잔을 우리에게 약속하고 있다. 여러 가능성들은 기술의 새로운 가속화를 낳으면서 그 유명한 '싱귤래리티'(Singularity), 다시 말해 생물학적 기원과 인간 두뇌로부터 분리된 지능으로 우주를 채우고, 몽롱한 지능 속에서 질료와 에너지를 가득 채우게 될 지점에까지 도달하게 된다. 더욱이 미래의 모습은 현재까지 우리가 경험한 것과는 유사하지 않을 것이다.

싱귤래리티 분야의 대가이자 수학자 겸 공상과학소설(SF) 작가인 버너 빈지는 "우리의 (앞선) 인류가 동물과 다른 삶을 살았듯이, (현재의) 우리 역시 과거 인류와는 다른 삶을 지향한다"라고 썼다. 또 장루이 드 몽테스키우는 〈북스 매거진〉 블로그에서 다음과 같이 주장했다. "착란이라고? 그럴지도 모른다. 그러나 레이 쿠르츠바일 같은 석학을 직접 만나보면 그의 이야기에 쉽사리 설득당할 것이다. 특히 나처럼 '사실상' 그를 만나본 사람들은 더욱 그렇다. 쿠르츠바일은 텔레포트 형태의 회의에 참석하기를 좋아한다. 회의를 통해 사람들은 착각을 낳는 홀로그램 형태로 그가 싱가포르의 한 회의실 주변을 산책하고, 질문에 답하며, 동작을 취하는 모습을 목격할 수 있다. 정작 그의 몸은 여전히 캘리포니아에 있는데도 말이다. 게다가 그의 예측은 적극적이고 분명한 방식으로 전달되어 신뢰감마저 안겨준다."

인간 개조를 꿈꾸며, 노화의 종말을 향해

별처럼 많은 인터넷 사이트로 구성되는 이런 움직임은 20년 전부터 가장 극단적인 두 경향을 결합하는 데 성공했다. 즉, 정보의 영구적 증가를 통해 엔트로피(모든 유기물질의 불가피한 저하를 가져옴)에 맞서 싸우면서 인간을 개선시키려는 '엑스트로피언늘'(extropiens)과 컴퓨터나 첨단기기 등의 분야에 빠져 세상 물정에 어둡고 주변 문제에 관심이 없는 '기크들'(geeks · 컴퓨터광)이 한데 묶인 것이다.

윤리 · 이머징 테크놀로지 연구소를 이끄는 사회학자 제임스 휴즈는 앞으로 "트랜스휴먼(기술을 통해 지적 · 육체적 능력이 진화된 인간-역자) 운동은 진정한 압력단체가 될 것"이라고 지적했다. 2009년 말 현재 미래주의 담론을 주제로 내세운 최소한 4편 이상의 다큐멘터리 영화가 제작되고 있다.

'엑스트로피언 원리'에 집착하지 않고서도 싱귤래리티 대학의 학생에 어울리는 세계관을 가지려면 단순한 수사학적 재치만으로도 충분하다. 유엔이 던진 질문처럼 투덜거리는 어투로 하루 1달러 미만으로 살아가는 전세계 인구의 비율을 지금부터 2015년까지 반으로 줄여야 한다고 부르짖으면 된다. 이것은 새 천년을 맞이한 인류의 첫 번째 목표이기도 하다. 더 나은 모습은 학생들을 대상으로 한 오리엔테이션 날에 "지구의 10억 인구를 당신이 먹여살려야 한다. 당신이라면 어떤 방식으로 해결하겠는가?"라는 생각거리를 제시하는 것이다. 바로 '이런 것이 적극적이고도 건설적이며 실용적인 주제다. 그에 따라 성찰이 이루어진다. 음식물은 사람들이 소화할 수 있는 형태로 제시된 유기물질이 아닐까? 나노로봇의 도움을 받아 진흙이나 해초로부터 음식물을 생산하는 기계를 고안하는 것도 좋은 방법이다. 문제가 해결되면 그 다음 주제로 넘어가는 것이다.

SU를 창설한 피터 다이아맨디스는 테크놀로지가 기아를 퇴치할 뿐 아니라 종국에는 인류의 모든 해악을 물리칠 수 있다고 본다. 바로 이것이 실리콘밸리 속에 파묻힌 무수한 사람들, 첨단 테크놀로지에 관련된 많은 기업과 연구소를 지휘하는 사람들이 지닌 신조다.

베이비 붐 당시 태어난 노인들은 자신의 세포 노화를 막을 수 있는 주입용 '나노로봇'을 생산할 때까지 육체적으로 '버텨내는' 것이 시급하다고 판단한다. 이로 인해 그들은 음식물과 신체조건에 극도로 주의를 기울인다. 쿠르츠바일은 자신의 저서에서 "매일 250정의 영양제를 먹고, 매주 6번 정도의 정맥주사를 맞고 있다"고 고백했다. SU 프로그램 중에서 '생명의 연장' 시간이 가장 인기를 누리고 있다. '생물학적 불멸'을 목표로 삼으면서, SU는 '노화의 종말'에 대한 콘퍼런스를 마련 중이다.

캘리포니아주 알마덴에 소재한 IBM 연구소에서 실습을 하면서 학생들은 에너지 위기를 해결하기 위한 다양한 가능성을 놓고 토론을 벌였다. 물질로부터 에너지를 추출하자면 산들을 무너뜨려야 할지, 나노테크놀로지 태양광 패널을 설치해야 할지, 혹은 더 평범하게 에너지 추가분이 필요할 때 전기 공급자들이 기업체 사무실 에어컨을 원격으로 차단할 수 있는 시스템을 어떻게 개발해야 할지….

그들은 바이오 원료를 만들기 위해 해초와 박테리아를 재배하는 공장을 방문하기도 하고, 벤처 캐피털리스트들과 조찬 모임을 하며, 컴퓨터를 이용해 레고 블록 쌓기 프로그램을 만드는 신세대와 더불어 시사회 형식으로 게임을 하기도 한다. 그들은 하루 전체를 할애해 지능형 로봇이 인류를 멸망시킬 결정을 내리는 최악의 시나리오에 대해 숙고하기도 한다. 생물학적 실험이 모든 통제를 벗어나 지구를 뒤덮는다는 내용이다.

NASA에서 SU 1차 하계캠프가 열린 이유

SU의 주제들은 때론 모호하고, 항상 지략을 요구하며, 하찮은 주제부터 가장 본질적인 문제에 이르기까지 골고루 취급하는 까닭에 그곳 엘리트 집단도 고개를 갸우뚱하게 만든다. 다보스 그룹의 엘리트들과 너무 다르기 때문이다. 그러나 모든 기술의 아방가르드적 의식들이 이곳에 총집결되어 있다. 그들 눈에는 어떤 가정도 더 큰 중요성을 지니지 못한다. 2009년 SU에 학생으로 참여했던 영국 엔지니어 사이먼 대니얼은 〈파이낸셜타임스〉에 기고한 일련의 기사를 통해 SU를 다음과 같이 평가하고 있다. "이러한 교육이 보여주려는 속뜻은 모든 것이 가능하다는 데 있다. 만약 당신에게 구상이 있다면 벤처캐피털이 그것에 돈을 댈 수 있고, 기술의 가속화가 당신이 납득하기 이전에 그것이 제품화될 수 있도록 도와준다."

선견지명이 있고 환상적인 이 프로그램이 어느 정도 결실을 맺을지 알려면 아직도 100여 년을 너 살아야 할 것이다. 그러나 SU에 참가한 사람들은 공상과학소설을 지나치게 많이 읽은 온화한 몽상가가 아니다. 그런 이유 때문에 미국 항공우주국(NASA) 본거지에서 SU 제1차 하계캠프가 열린 것이다. 그들의 수호신 중에 래리 페이지가 끼어 있는 것도 우연한 일이 아니다. 래리 페이지는 11년 전에 '전세계의 모든 정보를 조직하려는' 것을 목표로 삼으면서 구글을 만들어낸 당사자다.

글 · 필리프 리비에르 Philippe Riviére

번역 · 이상빈

행복 방정식, 디스토피아 세계

예브게니 자먀틴은 1905년부터 러시아에서 볼셰비키에 가담했고, 이후 선박 건조 엔지니어로 일했다. 1920년에는 러시아 혁명을 위해 자신의 재능을 바쳐 20세기 디스토피아 장르의 효시 격인 『우리들』을 집필했다. 그는 30대이던 자먀틴은 이때 이미 저명한 작가 반열에 올라 있었다. 하지만 얼마 인 가 자먀틴은 1917년 러시아 혁명의 '자유론적인' 정신이 '온건적 관료들'에 의해 변질하였다는 것을 간파했다.

작가는 회의와 이상을 이루지 못한 좌절감을 몰아내려는 듯, 현 세기로부터 600년이 흐른 시점을 배경으로 디스토피아 세계, 즉 '수학적 오류가 없는 행복'을 누리는 이른바 완벽한 '단일제국'을 그려냈다.

'은혜로운 분'이 다스리고 논리와 합리성을 앞세우는 국가에서 인민들은 이름 대신 '숫자 기호'를 부여받는다. 하루 2시간의 '개인 시간'뿐 아니라 노동, 성관계, 식사, 휴식을 비롯한 모든 생활이 감시 대상이다. 과거에 인간을 지배하던 사랑과 배고픔의 개념은 사라지고 없다. '번호들은 모두 다른 번호를 성적인 산물로 이용할 권리가 있다'라는 내용의 성법전(Lex Sexualis)이 선포되면서 사랑의 개념이 소멸해 버렸고, '석유 식량'을 발명해 굶주림을 정복했다.

주인공 D-503은 다른 행성을 '이성'으로 장악하기 위해 만들어진 우주선 인테그럴호의 제작 책임을 맡고 있으며, 이러한 사회에서 아무런 의심 없이 살아간다. 그러던 어느 날 '몸이 호리호리하고, 단단하며, 채찍처럼 유연하면서도 굳센 I-330을 만난다. 얼굴에 엑스(X) 형상이 나타나는 이 젊은 여성은 수학 지식을 뒤엎고 완벽한 체제를 와해시킬 수 있는 미지의 방정식과도 같다.

계시자 역할을 하는 것은 바로 I-330이다. 욕망이라는 프리즘을 통해 꿈, 감정, 감성이 통과하면서 합리적인 구조가 모두 무너져 내리기 때문이다. 반체제 시위가 일어나, 가담자는 사형선고를 받을지도 모른다.

D-503는 국가의 안정은 역사가 끝났다는 것과 자신들의 혁명이 '마지막 혁명'이었으며, 다른 혁명은 있을 수 없다는 점, 반대 의견이 없으면 모두가 단일국가에서 개발한 가공의 '위대한 수술'을 받게 되리라고 여긴다. 그리고 결국 폭동이 발발하고, D-503은 수술을 받고 I-330의 처형을 지켜보지만, 감정의 동요를 느끼지 못할뿐더러 I-330을 알아보지도 못한다.

작가 자먀틴은 1932년에 파리로 이주해 장 르누아르의 영화 〈코드명 J〉의 각본을 썼으며, 몇 년 뒤 세상을 떠났다.

글 · 아르노 드몽조예 Arnaud de Montjoye   번역 · 이푸로라

(1) Evgueni Zamiatine, 『우리들』, Actes Sud, Arles, 2017.

사이언스 픽션(SF)은 공동의 꿈의 영역

잔지바르 Zanzibar

작가 공동체, 소속 작가는 스테판 보베르제, 랭 다마시오, 카트린 뒤푸르, 마티아스 에슈네, 레오 앙리, 로랑 클로엣제,
실비 래네, 뤼방, 노르베르 메르자낭, 사브리나 칼보, 스튜어트 플뤼엔 칼보 등이다.

미래는 우리의 것이다. 그러므로 우리는 미래를 상상하고 여기에 전파력을 더해야 한다. 갇힌 생각으로부터 상상력을 해방시키고, 이를 전파하기로 결심한 사이언스 픽션 작가 공동체가 있다. 아니, '사이언스 픽션 공동체'라는 표현이 더 적합하겠다.

판타지 작가 닐 게이먼은 그의 저서 『왜 우리 미래는 도서관, 독서, 상상력에 달려 있는가』(2014)에서 이렇게 주장했다. "당신 주위를 둘러보라. 나는 진지하다. 잠시 멈춰 서서, 당신이 있는 곳 주위를 둘러보라. 너무나 명백함에도 쉽게 잊어버리는 사실을 알려주겠다. 벽을 포함해, 당신 눈에 보이는 모든 것은 상상력의 산물이다." 이것이 바로 잔지바르가 탄생한 배경이다.

"거대기업들에 미래전망 전략과 담당 부서가 있다 하더라도, 내일이 어제, 오늘과 같기를 바라는 담화가 편재하더라도(실상은 그렇지 않지만), 우리는 여전히 개인적·공동체적 미래를 소유하고, 좌우하고, 실험하고, 원하는 대로 만들어갈 수 있다고 확신한다. 잔지바르는 사이언스 픽션 작가의 공동체다. 우리의 글이 만남과 사유의 장소이자 미래를 해방시키는 장소가 되길 꿈꾼다."(잔지바르 선언문)

우리는 공동의 미래가 예견할 수 없는 교통사고와도 비슷하다는 사실을 깨달았지만, 이 사실에 굴복하지 않는다. 잔지바르는 작가들의 사교모임도, 문학운동도 아니다. 잔지바르는 땅속줄기가 뻗어 나가 상상들을 그물망처럼 이어주는 '리좀' 식물이 되길 바란다.

잔지바르를 정의한다면? "미래를 해방시킨다"

로랑: 잔지바르는 내 본업에서 한발 물러서서 타인(성인, 청소년, 아동)과 공유할 도구를 만드는 수단이다. 이것은 사이언스 픽션을 대하는 태도다. 사이언스 픽션이란 개인의 세계만 다루는 공간이 아니다. 공동체와 연결돼야 하다 내가 이곳에서 찾고자 하는 것은? 바로 공명(Resonance)과 모세관 현상(Capillarity)이다.

레오: 잔지바르는 로비이며, 커버다. 내가 이곳에서 찾으려는 것은, 어떤 업적도 아니다. 열쇠, 지성, 그리고 긴장이다. 잔지바르는 미래를 해방시킨다. 모든 여성과 남성이 사용할 수 있는 해방의 도구를 만드는 장소다.

사브리나: 잔지바르는 모든 이들을 위한 곳이다. 정치권에서 싸우는 조무래기들까지 말이다. 잔지바르는 광란이며, 결합이다. 나는 이곳에서 동서남북(아래 '프로토콜의 예' 참조)을 찾았고, 스스로를 안심시키는 법, 그리고 시적 행위를 얻었다.

카트린: 나는 잔지바르가 정치적이라고 말하고 싶다.

사브리나: 시학은 결합과 유대의 행위니까, 결국 정치적인 것이다. 시적 실재에 대한 권리는 매우 중요하다. 공동체적인 시적 행위도 중요하다. 내가 이곳에서 찾는 것은? 정신의 장소다. 잔지바르는 반(反)슈티르너[1], 반(反)유아론(실재하는 것은 자아뿐이라는 입장), 연대적 아나키즘이다.

카트린: 잔지바르는 내 말과 글에 색을 입힌다. 언제 어디서든 말이다.

잔지바르의 시작은?

카트린: 내 경우에는 2006년 낭트 유토피알 축제가 시초였다. 그날 밤, 알랭이 내게 물었다. "모든 여성, 남성과 함께 새로운 유토피언들을 모으면 어떨까?" 모집은 여전히 진행 중이며, 그 작업장이 바로 잔지바르다.

레오: 크게 보면 2014년 겨울 유토피아 축제 한편에서 시작된 모임이 잔지바르의 전신이 됐다고 볼 수 있다. 점심 식사 자리에서 멋진 아이디어들이 나왔다. 다른 미래들을 설계하도록 노력하고, 이런 방향으로 나아가기 위한 도구들을 만들어 공유하고, 함께 행동하자는 것이었다.

노르베르: 축제장 근처 술집에서의 일이 희미하게 기억난다. 레오는 일장 연설을 하고 있었고, 알랭은 화를 내고 있었다. 나는 입을 다물고자 술을 마시고 있었다. 그날 저녁, 카트린이 유일하게 잔지바르 전신과 관련된 이야기를 했던 기억이 난다. 공동체 이름에 관한 질문이었나?

뤼방: 나는 이름이 정해진 시점에 공동체에 합류했다. 그러나 바로 뛰쳐나갈 뻔했다. 글을 쓴다는 것은 단어를 선택하는 것이다. 여럿이 함께 글을 쓰면, 항상 자신의 단어를 고르게 된다. 공동의 단어를 고르는 일은 고난이었다. 작가의 일과 반대되는 것이었다. 그런데 이 단계를 넘어서니까, 모든 것을 함께 헤쳐 나갈 수 있다는 확신이 생겼다. 그래서 남기로 했다.

알랭: 나 같은 경우에는 카트린의 집에서 가졌던 술자리가 진짜 시작이었다. 언어를 통한 정치적 행동의 중요성에 관해 토론하는 자리였다. 일종의 시적 상황주의(situationism) 해프닝을 유발하자는 거였다. 그 후 2017년에 생테티엔 비엔날레에서 노동의 미래라는 초사회적, 정치적 주제를 다룰 기회가 있었다. 그리고 플로리안 포숑이 우리의 스타일과 언어를 새롭게 사운드로 제작했다.[2]

잔지바르에 창작이란?

카트린: 서로 극명히 다른 세계를 강제로 붙여놨을 때 마찰이 일어나면서 자연스럽게 이야기가 생성된다(호빗 마을과 어둠의 군주, 목수와 신 등). 사이언스 픽션이 바로 내가 하는 일이다.

레오: 나는 구조를 이용해 이미지를 찾는다. 이미지는 선재한다. 어떻게든 이미지를 찾아서 글로 옮기는 게 내 역할이다.

사브리나: 나는 글이 서툴러서 이해하기 힘든 단어들에서부터 출발한다. 미지의 풍경에 두달하는 잠재성에서 시작하는 것이다. 단어들은 의미로부터 분리되는 순간, 무형의 지도처럼 펼

처진다.

노르베르: 반동, 모든 것은 반동한다. 마치 파도가 일었다가 금세 사그라들고, 자극을 주면 더 멀리 있는 것을 흔들어 놓는 현상과 같다. 그러나 잔지바르는 창작이 아니라, 공동창작 도구인 '프로토콜(Protocool)'을 함께 창작하는 것이다.

레오: 나는 공동체 안에 확립된 신뢰와 '지속적인 교육'이 참 좋다. 잔지바르는 외부에 치중하지 않고, 우리의 일하는 방식을 고민하고 스스로를 풍요롭게 만들도록 노력한다. 그래서 효율성도 얻고, 각자가 무엇을 원하는지 더 잘 알게 됐다. 장황한 이론들도 별로 필요 없어졌다. 나는 무엇이 가능한지 추측하는 게 좋다. 무언가의 시초가 되는 기분이다.

새로운 자유의 길을 발견해야

프로토콜1. 시공간에서 장소를 비우는 시도: 술집에 들어가서 음료를 주문한다. 그리고 10년 후에 이 술집은 어떨지, 다 같이 이곳을 다시 찾은 모습은 어떨지 상상해본다. 어떤 상상을 했는지 다른 사람들한테 말해준다. 그리고 50년, 100년, 500년 후의 모습도 상상해본다(분명 물에 잠기거나 모래에 파묻혀 있겠지만). 물론, 나갈 때 술값은 잊지 말자.

프로토콜2. 동서남북: 동서남북(종이접기) 여러 개로 '우아한 시체'(한 사람이 문장을 만들면, 다음 사람이 이어서 나머지를 완성하는 방식-위키백과) 놀이를 한다. 큰 소리로 하나씩 읽고, 작은 소리로 한꺼번에 읽는다. 모두 기록한 다음에 섞으면, 이제 준비가 된 것이다.

프로토콜3. 점성술: 우주의 신호는 무엇인가? 20분이 주어진다. 제목은 '두려움의 잠재적 형태'다.

사브리나: 나는 이런 압박들이 참 좋다. 새로운 자유의 길을 발견하고, 오아시스를 샘솟게 만든다.

노르베르: 우리는 공통된 장소들을 쫓고 있다. 경품을 탈 수 있어서다. 마치 익스트림 스포츠와 같다. 진즉에 깨달은 게 있는데, 우리는 거의 아무것에도 동의하지 않는다. 'TINA 선언

(There Is No Alternative)[3]에도 반대한다.

잔지바르 프로젝트가 홈페이지를 통해 모두에게 공개됐다.[4]

레오: 우리는 공동창작법을 퍼뜨릴 시기가 다가오면 인터넷에 올린다. 우리는 홈페이지를 글쓰기 워크숍 장소로 사용한다. 이곳에는 만남이 있고, 만남을 통해 우리가 탐구하는 바를 실현한다. 전문가로서 말하지 말고 작가로 남고, 역할을 뒤바꾸고, 대중이 개입하도록 유도하고, 권위적 관계를 깨뜨리는 거다. 홈페이지 목록에도 결과물이라 할 만한 습작들이 몇 개 있다. '3월 1,000일'을 주제로 한 익명 소설들이 대표적인 예다.

밤샘시위가 있던 2016년 3월에 '1000joursenmars.zanzibar.zone'라는 전체공개 페이지를 만들었다. 당신은 3월 421일이 어떨 것 같은가? 3월 632일은?

마지막으로, 왜 '잔지바르'인가?

레오: 내 생각에 잔지바르의 '진짜' 시작은 '3월 1,000일' 프로젝트다. 이 프로젝트는 스트라스부르 해커모임(Hackstub), 잔지바르 메일링 리스트, 레퓌블리크 광장 사이에서 단 몇 시간 만에 일어났다.[5] 정말 열광적이고 멋진 순간이었다. 아이디어를 내고, 실현하고, 공유하고, 피드백을 주고받는 등 모두가 연결된 순간이었다.

알랭: 잔지바르의 첫 번째 센세이션이었다. 사람들은 이 기본적인 대자보를 자신의 것으로 소화하고, 각자가 꿈꾸는 날들을 써 내려갔다. '3월 404일: 혁명을 찾을 수 없습니다'(404 mars: revolution not found), 나는 이것이 매우 수평적이고, 영리하며, 익명인 동시에 공개적이고, 자립적인 프로젝트라고 생각한다.

[빌퀘] 3월 555일: 이날이 맞는 것 같다. 아니면 556일인가? 3월 며칠인지 날짜를 제대로 세려고 노력하고 있다. 역사책에 나올법한 죄수들처럼 벽에 금도 긋고 있다. 게시판에도, 우리

머릿속에도, 드코(JC Decaux, 전 세계 옥외 광고 1위 회사)가 만든 광고판에도 여전히 매일 아침이 4월 1일로 시작된다. 매일이 4월 1일이라니, 무슨 악질적인 슬랩스틱 코미디 같다. 나도 처음에는 빌 머레이, 실험실 쥐, 끝없는 하루에 관한 농담을 해댔다. 하지만 결국 지치고 말았다. 〈피가로〉 '1면'도 몇 달째 바뀌지 않고 그대로다. 날도 슬슬 추워지기 시작했다.

우리는 잔지바르 내부에서만 공유하지 않고, 글쓰기 워크숍부터 콘퍼런스까지, 강단부터 불법 점거지까지, 소도시 타르낙부터 노동조합사무소까지 잔지바르를 널리 알렸다.[6]

먼저 머릿속에 떠오르는 이름들을 모두 적은 다음 마음에 안 드는 것들을 지워나갔다. 그랬더니 딱 하나만 남았다. 로고는 106이란 밤색 숫자에 취소선을 찍- 그은 거다. 로고는 인류의 시체 위에 새긴 문신이기 때문이다. 그래서 로고는 없는 셈이다. 잔지바르 홈페이지(Zanzibar. zone)에 온 것을 환영한다!

글 · 잔지바르 Zanzibar

번역 · 이보미

1 막스 슈티르너(1806~1856)는 『유일자와 그의 소유』(1844)의 저자로 개인주의적 아나키즘의 아버지로 불린다.
2 www.zanzibar.zone/2017/03/25/extravaillance-working-dead/
3 TINA: '대안은 없다'는 영국 최초의 여성 총리 마가렛 대처(1979~1990년 재임)의 말로, 서양 자본주의 모델을 벗어나려는 모든 시도가 실패로 돌아갔다는 의미를 강조한다.
4 http://zanzimooc.zanzibar.zone 청년을 대상으로 새로운 무크(MOOC, 온라인 대중 공개강좌)가 곧 개설된다. 잔지바르 연구소와 잔지바르 무크는 단행본 『짐승들처럼』과 사운드북 『2020AD』를 펴냈다.
5 스트라스부르의 해커스페이스.. www.shadok.strasbourg.eu/agenda/hackstub/
6 2016년 European Lab의 Labloids, 2017년 파리도서박람회에서 'Tous à Zanzibar' 콘퍼런스, 파리정치대학에서 『Futurs pluriels 복수형 미래』 시리즈를 위한 'Désincarcérer le futur 미래를 해방시키다' 콘퍼런스, 타르낙에서 'Décloisonner l'avenir 미래의 장벽을 허물다' 주간, 2018년 Union syndicale Solidaires(연대노조연맹) 노조 사무소에서 'Tout le monde déteste le travail 모두가 노동을 싫어한다' 합창 발표, Bluenove의 Bright Mirror 워크숍, 2019년 파리 Rond-Point 극장에서 'La périphérie vue par la science-fiction 사이언스 픽션으로 바라본 교외' 퍼포먼스 등.

현대의 불안을 극복할 힘은 상상력!

에블린 피에예 Evelyne Pieiller

〈르몽드 디플로마티크〉기자. 문학과 음악 비평가. 극작가 겸 영화배우. 영화 〈L'inconnue de Strasbourg〉(1998)를 비롯해 여러 편의 시나리오를 썼다. 북아프리카를 배경으로 한 영화 〈Ya bon les blancs〉(1988, 프랑스)에는 배우로도 출연한 바 있다. 서서로는 『Le Grand Théâtre 』(2000), 『L'almanach des contrariés』(2002) 등이 있다.

체념은 질서유지를 위한 도구다. 단순한 시민들에게 현재는 너무나 복잡하기에, 체념이 곧 현재를 대면할 현실적인 유일한 방법처럼 제시되곤 한다. 그러나 운명론에 대한 거부와 다른 세상을 꿈꾸는 욕망은, 오늘날 집단적 상상력을 촉발하고 있다. 레닌과 5월 혁명도 이렇게 외치지 않았던가. "꿈을 꾸라!"

"과연 미래는 올 것인가? 계속되는 냉혹한 어둠 속에서 품게 되는 이 의문은, 특히 탐욕에 빠진 이들과 비참한 상황에 던져진 이들을 볼 때면 짙어진다."[1]

19세기에 빅토르 위고가 가졌던 이 의문은, 21세기인 지금도 유효하다. 미래, '이후의 세계'는 운명론, 보편적 두려움, 우울함이 난무하는 끝없는 나날을 견디기 위해 설계된 듯하다. 그 세계 속에서 우리에게 연속적인 위기와 내일을 야기하는 현재는 더 이상 빛나지 않는다. 우중충한 벽과 같은 지평선을 바라보며, 우리의 정신은 체념의 늪에 빠져버렸다.

그럼에도 불구하고, 어떻게든 교착상태를 벗어나 후일을 도모하려는 시도는 집단적 상상력을 작동시킨다. 어제보다 미래를 꿈꾸는 일을 중요시하며, 미래를 향해 다시 걸어간다. 유토피아를 향한 열망이 깨어나고, SF(공상과학소설)가 화려한 복귀를 선언한다. 수필가들이 가세하고, 결정권자들이 이를 거론하며, 박스오피스가 쐐기를 박는다. 대중오락, 철학적 고찰, 정치적 의도, 여론의 기막힌 결합이 사회에 표면화되면서 시류를 휘젓는다. 2002년 프랑스에서 대중적으로 가장 큰 성공을 거둔 영화 7편 중 5편이 SF이며, 세계적 수상작도 마찬가지다

가장 성공적이고(3주 만에 1,000만 관객 돌파), 가장 큰 주목을 받은(학계를 비롯한 무수

한 비평이 쏟아진) 영화는 바로 제임스 카메론 감독의 〈아바타2: 물의 길〉(2022)이다. 머나먼 행성에서 벌어지는 이 영화에는 인간, 고래류 그리고 다른 형태의 생명체와 소통하는 특별한 정신적 능력을 갖춘 나비족이 등장한다. 이 영화를 한마디로 정리하기는 어렵다. 그 대신 카메론의 말을 들어보자.

"나비족은 자연에 대한 우리의 인식, 즉 우리의 선한 측면을 은유화한 것이다. 반면, 나비족에 맞선 인간은 우리의 악한 측면을 은유한다. 이는 인간성에 대한 문제라기보다는, 단 하나도 포기하지 않고 모든 것을 소유하려는 태도에 대한 문제 제기다."(Huffingtonpost.fr, 2022년 12월 17일) 고상하게 표현하자면, 〈아바타2: 물의 길〉은 '자연과의 재결합에 대한 찬양'이자 '행성 간 교감'에 대한 메시지며, 더 나아가 '생명의 근원과의 교감'이다.[2]

한층 독하게, 생태학자 프레데리크 뒤카름의 어법을 빌어 말한다면(〈르몽드〉, 2022년 12월 25일자), "아름다운 행성을 비웃고 파괴하며 식민지화하려는 잔혹하고 난폭하며 탐욕스러운 인간들, 이와 대조적으로 자연과 교감하며 살아가는 온화하고 선량한 원주민들 간의 이중적 대립"이라 할 수 있다. 익숙한 내용들이다. 환경에 관한 문제, 영적 성장, 먹이사슬의 최상층에서 군림하던 인간의 종말, 탐욕을 향한 비판... '동물에 대한 감상주의적 시선'이라든가, '동물의 도구화' 등 프레데리크 뒤카름의 흥미로운 지적은 접어두자. 분명한 것은 이 두 번째 작품(이후에도 여러 후속편이 나올 예정인)의 주제는 전작의 연장선상에 있다는 점이다. '미래는 (대립이 따르는) 혁명적 세계를 상상하게 만든다'는 것이다.

지구보존과 동물보호는, 새 시대를 알리는 신호

아바타가 제시하는 혁명은 SF의 형식을 빌리고 있지만, 넓은 의미에서 수많은 '환경론적' 운동의 지향점을 단순하면서도 화려하게 표현했다. 인류학자 필리프 데콜라와 인지과학자이자 만화가인 알레산드로 피뇨키의 토론을 담은 『미래 세계의 민족학』두 같은 지향점을 부여

◀ 〈계단〉, 2017 – 민정연

준다.[3]

그들의 주장은 다음과 같다. "(인류는) 헤게모니적 세계를 끝내고, 더욱 평등한 세상을 만들어야 한다. 그 세상에서는 정치권력을 모든 인류가 공평하게 나누며, (...) 인류를 비롯한 다른 생명체들과도 나눠야 한다." 필리프 데콜라는 다음과 같이 설명한다. "인간과 비인간 생명체 간의 상호의존성은 자본주의에 의해 시작됐고, 상업적 가치로 변모됐다. 19~20세기에 인간들로만 이뤄진 계층 간 대립 속에서 국제적 연대가 형성됐다. 그처럼, 비인간 생명체도 인간과 더불어 지구적 계층을 형성하게 된 것이다." 사회적 쟁점에 대한, 참으로 과감한 비유가 아닐 수 없다(비인간 생명체에 계급, 계층을 운운하며 감히 인간과 같은 선상에 놓다니 말이다). 여하튼, 이 주장은 분명히 '혁명'적이다.

철학자이자 『동물주의 선언』의 저자인 코린 펠뤼숑의 주장도 같은 선상에 있다. 펠뤼숑은 최근 저서에서 "인류학적 혁명은 이미 진행 중"이라고 언급했다. 지구를 보존하고 동물을 보호하는 모든 행위는 '새 시대를 알리는 도덕적, 정신적 개조의 신호'다.[4] 그녀에게 생명체에 대한 관심은 '도덕적 진보'이며, '상대를 지배하는 방식 외에는 관계를 맺지 못하는 우리의 무능함'에 대한 구원이고 승리이기 때문이다. 이 '승리'는 인간중심적, 약탈자적 가치에 대한 거부인 동시에, 무의미한 삶에서 비롯된 피로와 절망으로 표출되는 공허함의 종말이다. 이와 비슷한 견해를 지닌 많은 작품들은 하나의 열망을 표출한다. 그것은 이기주의에 가까운 극단적인 개인주의를 초월하려는, 새로운 휴머니즘에 대한 열망이다. 희망을 회복하는 이상(Idéal)의 포문이 열리는 것이다.

유력가, 전문가, 현 체제의 옹호자가 될 운명을 타고난 청년들은 나름의 방식으로 이상을 주장한다. 공공의 미래와 삶에 대한 의미 부여와 '환경 불안(Éco-anxiété)'이라는 명목 아래 그들의 능력을 발휘해야 하는 세계를 등지고 엄격한 윤리성을 보여줬다. 그들이 고안한 발명품을 이끌고, 키우고, 정착시키기 위해 새로운 생각의 틀과 욕망의 연동장치를 소환했다. "종종 이 세상이 미쳤다는 생각이 들고, 무언가 바꾸고 싶지만 무엇을 해야 할지 모르는 당신에게 혼자가 아니라는 말을 해주고 싶다." 2022년 5월 11일에 진행된 아그로파리테크 학위수여식에서 졸업생 8명은 예정된 직업, 즉 농산업을 '파괴하는 직업'을 이탈하자고 호소했다. 이들이 창설한 단체인 '방향을 전환한 농업인들(Agros qui bifurquent)'은 큰 반향을 불러일으켰다.[5]

그로부터 며칠 후, 툴루즈국립농업대학(ENSAT) 졸업생 10명도 마찬가지로 졸업식에서 그들의 직업과 삶의 의미를 찾고, '보다 공정하고 평등하고 바람직한 미래'를 창설한다는 의지를 표명했다. 이윤을 추구하는 '기형적 상황'을 규탄하고, '길이 없는 곳으로 걸어가기'라는 이념을 수용했다.[6] 파리 이공과대학의 한 단체도 "공익을 위하고 싶다"는 의지를 피력했다. "우리의 의구심에 귀를 기울이고 망가진 시스템의 대안을 모색하려는 사람이 늘고 있다." 여기서도 강한 열망이 느껴진다. "우리는 새로운 서사가 필요하다. 우리가 현재 건설하는 미래를 갈망하게끔 만드는 이야기가 필요하다." 파리 이공과대학 학생들은 행동하는 힘과 기쁨을 정의한 스피노자를 인용하며, '두려움이 아니라 열정과 열의를 불러일으키는 미래'를 여는 '상상력'을 촉구했다.[7]

위의 세 사례가 전부는 아니다. 미래의 엘리트 지도자 양성소에서 '또 다른 가능성의 장'의 필요성이 대두되는 일은 드물지 않다. 파리경영대학(HEC)의 한 졸업생은 "끝인 줄 알았던 한계를 뛰어넘어 우리의 행동에 영감을 준 투쟁자와 이탈자에게 고마움을 전한다"고 말했다.[8]

위협과 모순을 박살내고… 사회적 · 정치적 일탈을 선보여

환경 불안 또는 막연한 유심론은 '시스템'의 구조적 불평등을 비판하는 동력이지만, 소위 '정상'이라고 제시되는 것에 대한 거부이기도 하다. 상상력만으로 세상을 바꿀 순 없지만, 우리가 가진 것에 만족하지 않고 새로운 구성에 관심을 가지게 하는 필수적 요소는 상상력이다. 그래서 우리는 SF를 찾는다. 불가능한 것을 상상하고, 미지의 길을 개척하고, 현실주의를 비꼬아서 현실의 문제를 직면하는 것이 SF의 매력이다. 정교한 유토피아를 향한 긴장감이 장르소설에 점점 더 많이 등장하고 있다.

알랭 다마시오 작품의 놀라운 성공도 이런 욕구를 여실히 보여준다. 『은밀한 존재들(Les

Furtifs)』(2019)은 근접한 디스토피아에 대한 이야기다. 광범위한 통제가 허용된 사회에 분열이 생기고, 자치구역(ZAG)이 들어선다. 무정부주의자들은 미스터리한 '은밀한 존재들'과 섞이고 싶어 한다. 자치구역에 모인 자들은 단 하나의 공통점이 있는데, 바로 '시스템이 고장났다'고 믿는 점이다. 이 불순종자들과 함께 강렬한 진실이 드러난다. '모든 권력은 우리를 슬프게 만드는데 흥미가 있다. 기쁨은 그들에게 가장 유해하다. 기쁨은 순종하지 않는다.' 그러나 이 유토피아는 환경 불안이 아니라 삶의 무감각화에 대한 거부에서 비롯된다. 이것이 중요한 사실이다.

입소스(Ipsos) 글로벌 설문조사에서 '2023년 전망: 프랑스인들의 예측' 부분을 살펴보면, 극적으로 다른 미래를 향한 방대한 혁신적 움직임은 보이지 않는다. 반면 비관론이 경제, 지정학, 환경 등 전 부문을 지배한다. 과학 부문마저 침체된 분위기다. 기술발전이 기후변화를 막을 수 있다고 생각하느냐는 질문에 응답자의 67%가 '가능성이 낮다'고 답했다. 다보스 세계경제포럼(2023년 1월 16~20일) 사전 보고서도 전망이 그리 밝지 않았다. 그 유명한 세계화도 이제 '미래에 대한 약속이 아니라 지난 20년의 유산에 가깝다'는 사실을 인정하고 있으며, 입소스 설문조사에서 프랑스인들이 우려했던 부분을 똑같이 열거하고 있다.

향후 2년간 글로벌 리스크 순위에서는 '생계비 위기'가 1위를 차지했는데, 이 부분에서도 다보스 사전 보고서와 입소스 설문조사 내용이 일치한다. IFOP가 2023년 1월 2~3일에 실시한 '프랑스 사회 풍토와 퇴직연금 개혁을 바라보는 프랑스인의 시선'에 관한 설문조사를 보면, 국민의 48%가 '분개'하고 있으며 '절반이 사회적 분출을 원한다'고 답했다.

그렇다고 이것이 '매우 낮은 수준의 낙관주의'를 악화시키진 않는다. 디스토피아 유행과 SF '호러' 시리즈도 그렇다. 몇 년 전, 조지 오웰의 『1984』는 베스트셀러가 됐으며, 마가렛 애트우드의 『시녀 이야기』도 충격적인 여파를 가져왔다.[9] 좀비물도 다시 강세를 보이고 있다. 한국 드라마 〈지금 우리 학교는〉은 넷플릭스에서 최다 시청률을 기록했다. SF가 그리는 종말 이후의 세계는 재앙 그 자체다. 그러나 이런 상상들이 아무리 어둡다 하더라도 내적, 집단적 황폐함을 강화하지는 않는다. 이런 이야기들은 '사회적, 정치적 투쟁을 은유하며'[10] 현재의 부정적인 가능성을 회피하지 말고 직면해야 한다고 역설한다. SF는 어두운 잠재성을 뛰어넘고 고갈시키며, 위협과 모순을 박살냄으로써 일종의 일탈을 선보인다. 현재의 쟁점과 투쟁을 미화시키려는 지배자의 민낯을 까발린다.

프랑수아 뤼팽의 말처럼 '슬픈 좌파'의 진부한 언어 관습과 달리, 글쓰기 수업의 증가는 유쾌한 현상이다. 알리스 카라베디앙도 그녀의 저서에 '반운명적 관행을 추구하며 상상력을 재개하는 소설의 유용성'을 언급했다. 당장은 사회문제가 마치 주문처럼 보이더라도, 꿈 또는 악몽 속의 사회가 주로 군도라 해도, 낙원이 개발제한구역(ZAD)을 닮았다 해도, '낯설게 경험하기(Estrangement)'는 역설적 기쁨을 전달한다. 아직 끝이 아니라는 감각적 인식을 자극하는 것이다. 즉 아직 무너뜨릴 것도, 발명할 것도 너무 많다는 사실을 알려주는 것이다.

글 · 에블린 피에예 Evelyne Pieiller

번역 · 이보미

1   Victor Hugo, 『Les Misérables』, 1862.
2   Perig Pitrou, 〈르몽드〉, 2022년 1월 15일.
3   Philippe Descola, Alessandro Pignocchi, 『Ethnographies des mondes à venir 미래 세계의 민족학』, Seuil, Paris, 2022년.
4   Corine Pelluchon, 'L'Espérance, ou la traversée de l'impossible 희망, 또는 불가능을 넘어서기', Rivages, Paris, 2023. / 'L'animal, un citoyen comme les autres ?(한국어판 제목: 동물에게 시민권을?)', 〈르몽드 디플로마티크〉 프랑스어판 · 한국어판, 2018년 7월호 참고.
5   유튜브 연설, 'Des agros qui bifurquent 방향을 전환한 농업인들'
6   유튜브 연설, 'Bifurquer ne veut pas dire fuir 방향 전환은 도피가 아니다'
7   Vidéo disponible dans l'article de Marina Fabre Soundron, ' Polytechnique, Sciences Po, AgroParisTech : comment la remise des diplômes, vitrine des grandes écoles, est devenue politique 폴리테크니크, 시앙스포, 아그로파리테크: 그랑제콜 학위수여식이 어떻게 정치적으로 변했나' 기사에 게재된 영상 참고, Novethic, 2022년 6월 17일, www.novethic.fr
8   'Polytechnique, HEC, Centrale Nantes, AgroParisTech, ENSAT… : ces jeunes diplômés de l'enseignement supérieur qui regardent en face l'urgence écologique 폴리테크니크, HEC, 상트랄 낭트, 아그로파리테크, ENSAT 등 대학 졸업생들, 시급한 환경문제를 직시하다.' Énergie partagée, 2022년 7월 8일, https://energie-partagee.org
9   Margaret Atwood, 『La Servante écarlate 시녀 이야기』, J'ai lu, Paris, 2005.
10   Alice Carabédian, 『Utopie radicale. Par-delà l'imaginaire des cabanes et des ruines 폐가와 폐허의 상상력 저편의 극단적 유토피아』, Seuil, 2022.

윌리엄 깁슨, 프로그램의 음모를 막아내다

사람들은 윌리엄 깁슨을 사이버펑크 장르 열풍을 선도한 소설가로 여기지만 이런 명성에는 일장일단이 있다.

음악과 정보 과학 기술이 혼합된 현대적인 분위기 탓에 SF소설이라는 꼬리표를 별로 좋아하지 않는 독자들의 관심을 끌지 못하기 때문이다. 윌리엄 깁슨의 강렬하고 인상적인 첫 장편 소설『뉴로맨서(Neuromancer)』가 발표된 시기는 1980년대 초였다. 윌리엄 깁슨의 일부 단편 소설(로버트 롱고의 1995년도 작품『조니 니모닉(Johnny Mnemonic)』과 에이블 페라라의 1998년도 작품『뉴 로즈 호텔(New Rose Hotel)』)이 영화화되어 유명세를 더하기도 했지만, 오늘날 그는 더 이상 특정 장르를 대표하는 작가가 아니다. 힘겨운 현실 속에서 꿈꾸는 모호하고 불명확한 공상을 멋진 작품으로 거듭나게 한 훌륭한 이야기꾼이다.

『내일의 모든 만찬(All Tomorrow's Parties)』 같은 깁슨의 작품 속 세계에는 거주용 위성이 주위를 맴도는 지구를 배경으로 주로 국민국가, 과거 공산권 국가들로 이뤄진 콤비나트, 일본의 영향이 짙은 캘리포니아가 등장한다. 캘리포니아와 일본을 통해 강력하고 비밀스러운 주식회사라는 '아메리칸드림'이 무엇인지를 압축적으로 보여준다.

하지만 이 막강한 주식회사가 모든 것을 통제하려 들자, 가난한 이들과 재력가까지 반기를 든다. 사람들은 산호 군락처럼, 다리나 과거의 금문교처럼 사람이 살아가기 힘든 장소에 터전을 일군다. '결정권자들'이 이른바 '하위문화'라고 부르는 삶의 양식을 자발적으로 만들어낸 이들은 '본의 아니게 연구 개발을 하고, 대안 사회 발전 전략을 탐구'하면서 다리를 '정상'으로 되돌리고자 한다.

길을 잃은 아이들의 이미지로 대표되는 도시에서는 금단증상에 시달리는 마약 중독자들과 '콜라겐으로 부풀린 우울한 미소'를 띤 복장 도착자들이 거리를 활보한다. 한편, 나노 팩스 신기술로 원거리에서 물체를 복제하거나 구현하기도 하며, '빌 게이츠와 우디 앨런을 합쳐 놓은 듯한' 강력한 제조 회사와 넷(net)의 천재가 서로 경합한다.

둘 다 역사의 흐름을 좌우하려 하지만, 지향점은 정반대다. 그 과정에서 하루하루를 버겁게 살아가는 다리 위의 소시민들은 복잡한 세상사에 연연하지 않고 화합하며 유대감을 키워간다. 데이터 뱅크나 은행과는 무

관한 사람들은 프로그램의 음모 공작을 막아낸다. 스타카토 리듬으로 전개되는 윌리엄 깁슨의 소설은 모험 담처럼 흥미진진하며, 꿈속에서 들려온 그리운 옛 노래처럼 한껏 마음을 사로잡는다.

깁슨의 작품을 읽는 것은 즐겁다. 마치 함께 난관을 헤쳐나가는 듯한 묘한 기쁨이자, 빛나는 소용돌이 안으로 빨려 들어가는 아찔한 기쁨이다. 윌리엄 깁슨의 작품은 푸가(둔주곡) 같다.

깁슨의 작품은 즐겁게 읽힌다. 시련을 함께 이겨나가는 것처럼.

글 · 에블린 피에예 Evelyne Pieiller   번역 · 이푸로라

(1) William Gibson, 『내일의 모든 만찬(All Tomorrow's Parties)』, Au diable Vauvert, 2001.

03 더욱 강해지는 디스토피아의 세계

최악의 상황은 짐작하기 어려우며 미래는 절대 미리 쓸 수 없다. 그러나 SF작가들은 신기술을 사용하는 과정에서 진보라는 미명하에 자유민주주의의 모순이 어떻게 우리를 위협할지 간파할 수 있었다. 현실이 문학과 닮기 시작하면 정치가 더 이상 허구가 아니라는 사실을 자각해야 한다.

화성탐사 시대, 인류의 바람직한 영양 섭취법은…

피에르 알페리 Pierre Alferi

작가. 이 글은 소설 『Hors sol 지구 밖으로』(P.O.L et Folio SF, 2018, 2020)의 미발표 속편이다.

식품섭취에 부적합한 지구로부터의 탈출

음식을 섭취하는 데는 위험이 따른다. 모르고 먹으면 해로운 음식도 있고, 음식 때문에 병에 걸리기도 한다. 정크푸드만 안 먹으면 그만이라고 생각하면 오산이다. 우리가 섭취하는 모든 식품이 결국 우리를 죽음에 이르게 한다. 극단적인 다이어트는 일견 그럴듯해 보이지만, 어김없이 요요 현상이 찾아올 것이다. 그러면 대체 뭘 먹고 살아야 하는가? 최근 한국에서 누리호 2호 발사가 성공한 시기에 즈음해, 우주선에서 적절한 식이요법은 무엇이 될지 알아본다.

'행성 간 시대의 관점에서 본
보편적인 식단에 관한 견해'
피부과 전문의 엘리안 아리스티드 박사의 소식지

육신을 지닌 친애하는 인간 여러분,

피둥피둥 찐 살은 여러분의 숙명이 아닙니다. 최근 몇 년간의 외출 금지령 때문에 생긴 결과도 아닙니다. 비만 팬데믹은 20세기 말에 '카우치 포테이토(couch potato)' 인류가 등장하면

〈햇살같은 행복〉, 2022 - 강혜정 ▶

서 심화됐습니다. 비만의 원인을 패스트푸드 가맹점, 설탕이 가득한 음료, 가공식품 산업, 온라인 매장, 주문형 비디오 탓으로 돌리고 싶을지도 모릅니다. 하지만 이미 수없이 많은 시도를 통해 비만의 공통분모를 제거하는 것만으로는 비만 문제를 결코 해결할 수 없다는 사실이 드러났습니다. 무기력증, 지방 축적, 부종은 순환계 전반에 걸친 문제입니다.

체중 감량을 위한 식이요법은 효과가 없고 오히려 요요 현상만 부를 뿐입니다. 다이어트와 식이요법에 대한 오해와 잘못된 통념이 너무 만연해 있습니다. 과거에 다이어트를 옹호하던 이들은 절제 이상의 것을 상상했습니다. 다이어트는 사람들의 일상생활을 지배했고, 건강보다는 윤리적 선택의 대상이었습니다.

"프랑스에서는 엄격한 '관리(régime)'로 자신을 통제해 심신의 건강을 도모하고자 '식이요법(régime)'이라는 이름을 붙였습니다."

식이요법과 다이어트는 수면과 꿈, 호흡과 갈증, 운동과 휴식, 열정과 쾌락의 영역으로 확장됐습니다. 채식주의를 옹호하는 의사들도 많았습니다. 이들은 마늘과 양파, 식초와 와인과 함께 로마의 정치가 카토(Marcus Porcius Cato)가 즐겨 먹었다던 콜라비를 처방했고, 향신료와 허브는 경계하라고 했습니다. 하지만 단지 보기 흉한 살 몇 킬로그램을 줄이는 것만이 절식의 목적은 아니었습니다. 절식은 신중함을 넘어 미덕의 문제였습니다. 생활 습관, 영양, 도덕, 의학이 하나 되는 합일의 경지를 추구하는 것이었죠.

그럼 '식이요법(regimen sanitatis)'의 근원을 먼저 살펴봅시다.[1] 과거로 회귀하자는 것은 아닙니다. 생리학과 병리학의 발전이 우리 연구를 가능하게 하니까요. 관건은 최대한 많은 사람과 '비밀 중의 비밀(secretum secretorum)'을 나누는 것입니다.

현상을 명확히 진단해 보겠습니다. 어느 현자는 삶은 감자, 맥주, 돼지 껍데기 같은 각종 발효 혼합물을 목구멍에 한가득 밀어 넣어 왔다는 것을 깨닫고는 "무엇을 먹느냐가 그 사람을 결정한다"라는 말을 남겼습니다. 현대 인간의 육신은 다양한 작물이 얼키설키 뒤얽혀 기이하게 사람의 형상을 띠는 기교파 미술의 초상화를 닮았습니다. 하지만 안타깝게도 오늘날 인류의 초상을 이루는 것은 신선한 작물이 아니라 식료품 회사에서 생산된 저질 식품입니다.

생기 없고 주름진 우리의 피부밑에는 기름진 치즈가 흘러내리는 햄버거가 들어 있고, 몸통에는 냉동 미니 피자 두 개가 자리하고 있습니다. 근육이라곤 찾아볼 수 없는 팔과 다리는 식빵, 도넛, 감자튀김으로 가득 차 있습니다. 배꼽의 뒤편에는 콜레스테롤의 챔피언급인 달걀노른자와 새우, 오징어로 뒤섞인 지방이 넘쳐납니다. 우리의 생식기는 성별에 따라 하드 타코나 비닐에 싼 핫도그에 버금가는 양의 지방으로 이뤄져 있습니다. 정맥과 조직을 타고 흐르는 것은 혈액이나 림프액이 아니라 과도하게 정제된 기름과 단맛이 너무 강한 탄산음료, 카페인이 든 우유와 흥건히 녹아 버린 아이스크림입니다.

패스트푸드 또는 정크푸드라고 불리는 이런 수준 낮은 음식의 폐해를 계속 나열하는 것이 무슨 의미가 있을까요? 그 폐해에 대해서는 논란의 여지가 없습니다. 비료와 살충제가 배어든 채소, 강제로 항생제를 먹인 동물의 고기, 납중독에 걸린 사냥감, 알레르기 항원이 가득한 과일이 인간에게 유발하는 위험도 잘 알려져 있습니다. '유기농'이란 라벨을 달고 있어서 통상적으로 무공해라고 여겨지는 식품 목록을 가려내는 일은 좀 더 골치가 아픕니다.

우선 가장 해로운 식품부터 언급해 보겠습니다. 우리가 아는 식이요법은 정제 설탕과 빵, 음료, 잼 같은 음식을 허용하지 않습니다. 이런 음식은 체내에서 빠르게 흡수돼 뇌에서 엔도르핀을 분비하여 헤로인 못지않은 중독 증세를 유발합니다. 이 음식들이 제2형 당뇨병, 비만, 고혈압이 생기게 하고 중성지방 수치를 높이며, 설탕이 각종 심혈관 질환의 원인이라는 것은 주지의 사실입니다. 그런데 설탕이 장내 유해 세균의 먹이가 되고 피부 노화를 재촉한다는 사실도 과연 잘 알려져 있을까요? 설탕이 결장암, 자궁암, 췌장암, 위암, 유방암에 미치는 영향은 어떤가요?

지방의 폐해에 대한 인식은 더 부족합니다. 보편적인 식단에 이른바 '좋은' 지방(불포화 지방, 식물성 지방, 시스 지방산)을 포함하고, '나쁜' 지방(동물성 지방과 트랜스 지방산)은 제외하면 그만일까요? 이런 임시변통의 조처는 과체중의 위험을 줄이는 단지 표면적인 이점밖에 없습니다. 동맥경화증, 심혈관 질환 같은 심각한 위험에 대해서는 속수무책일 수밖에 없습니다. 그러니 이 세상의 모든 지방과 설탕에 작별을 고합시다! 무병장수를 원한다면 추로스, 도넛, 팬케이크는 깨끗이 포기합시다.

단당류와 지방의 섭취를 제한하는 것은 합리적인 판단입니다. 원시 시대 수렵 채집인들의 식습관을 따르는 팔레오 식이요법(Paleo Diet)은 지방과 단당류 대신 고기와 생선을 더 많이 섭취하도록 합니다. 하지만 트라이메틸아민 옥사이드(Trimethylamine N-oxide) 과다는 심근경색과 뇌졸중은 말할 것도 없고 식도암, 간암, 폐암 발생 위험을 30%나 증가시킵니다. 육류의 해로운 영향은 더 이상 입증할 필요가 없을 정도입니다. 그런데 우리는 각종 육류 식품이 유발하는 염증이 대뇌피질에까지 영향을 미치고, 심각한 우울증을 유발한다는 사실을 망각하곤 합니다.

"우리가 먹는 음식은 모두 중기적으로
해로울 뿐 아니라 치명적이기까지 합니다"

낙농업계에서는 유제품에 온갖 영양소가 골고루 들어 있다고 주장합니다. 이 노골적인 거짓말 때문에 수많은 사람이 매일같이 경험하는 유당이나 카제인(Casein) 불내증을 가볍게 취급합니다. 그 밖에도 장내미생물 불균형, 알레르기, 천식, 습진, 편두통, 기관지염 같은 문제를 일으킵니다.

농약, 중금속, '트랜스' 지방산과 내분비 교란 물질과 성장 호르몬을 적극적으로 활용하는 가축 번식 기법으로 인해 이런 물질에 중독되지 않는다고 할지라도, 요구르트, 버터, 크림, 치즈 섭취가 건강에 치명적인 혈장 호모시스테인의 혈중 농도를 높여줄 것입니다. 우유는 어린이들의 뼈를 튼튼하게 만들기는커녕 골다공증을 유발합니다. 성인이 우유를 마시면 변비가 생기고 면역력이 떨어지며, 지독한 고통을 주는 크론병에 걸릴 가능성이 높습니다. 그러니 우유는 젖먹이들에게 양보합시다! 그 밖의 해로운 유제품들도 머리에서 싹 지워 버립니다!

이렇게 해로운 음식을 추려내고 나면 우리의 선택지에는 소박하지만 다양하고 맛이 풍부한 채소, 과일, 밀가루 음식만 남습니다. 그럼 한번 그 성분을 살펴보도록 합시다. 전분을 많이 함유한 식품은 소화가 천천히 이뤄지는 다당류에 해당한다며 억지스러운 주장을 펴는 이들이 있습니다. 이 사람들은 느리고 복잡한 소화 과정을 거치는 전분과 그 운반체(빵, 쌀, 감자, 곡물과 요즘 한창 주목받는 콩과 식물)는 백설탕과 차원이 전혀 다르다고 합니다. 하지만 최근 연구를 통해 다당류 식품이 캐러멜만큼이나 빠르게 혈당 수치를 높인다는 사실이 밝혀졌습니다. 병아리콩과 제비콩은 먹으면 순식간에 비만과 당뇨가 찾아올 것입니다. 이런 식품은 간경변증의 전조 증상인 지방간도 유발합니다.[2] 곡물에 함유된 트립신(trypsin) 억제 인자는 염증을 유발하며, 글루텐은 면역력을 저하하고 뼈와 근육마저 심각하게 약화합니다.[3]

이제 보편적인 식단 후보에는 으레 무슨 일이 있어도 하루 5개는 꼭 먹어야 한다고들 말하는 과일과 채소만 남았습니다. 과일과 채소에는 당분이 높은 과즙과 채소즙, 비타민, 무기질이 들어 있습니다. 과일과 채소가 체내의 노폐물을 흡착해 밖으로 배출시켜주기 때문에 반드시 챙겨 먹어야 한다고 말하는데, 문제는 이 모든 식이섬유가 결국 소화를 방해한다는 것입니다. 과당은 간을 피로하게 하고, 비타민 A와 비타민 C는 뼈와 위를 허약하게 만듭니다. 양배추에 든 라피노즈(raffinose, 삼당류의 하나)나 시금치와 구스베리에는 든 옥살산(oxalic acid)처럼 일부 채소와 열매에는 잘 알려지지 않은 독소가 들어 있습니다. 따라서 갓 수확한 과일과 채소라도 조심, 또 조심해서 먹어야 합니다.

우리 이제 더 이상 자신을 속이지 맙시다. 우리가 먹는 음식은 모두 중기적으로 해로울 뿐 아니라 치명적이기까지 합니다. 위에서 언급된 순서에 따라 해로운 정도가 큰 식단은 굳이 고집하지 않아도 잘 살 수 있습니다. 당나귀가 먹이를 거르도록 주인한테서 훈련받는 것처럼, 목숨을 부지하는 한 우리는 반드시 완벽한 식단을 찾아낼 것입니다.

우주선 식사, 몸에 바르는 액상 제제로…

스위스 연구소 파르마노텍시스(Farma-Notexis)에서 인체에 해가 없는 보편적인 식이요법의 실마리 중 하나를 찾아냈습니다. 소자랑(Sojalent)™은 살충제 없이 재배된 대두를 일본식 전통 나토 조리법에 따라 발효해 특별 제조한 만능 엘릭시르제입니다. 여기에 대두를 먹고 자란 딱정벌레 떼를 원심기로 완전히 분쇄해 첨가합니다. 혼합물의 단백질과 비타민, 무기질 함량은 엄격하게 관리됩니다. 액상 제제의 용량은 스포이트를 써서 밀리리터 단위로 조정하며, 하루에 평균 2,000칼로리 안팎의 열량을 투여합니다. 이 제제는 지금까지 살펴본 일련의 식품을 모두 간편하게 대체할 수 있습니다.

게다가 최근에 이 혁명적인 방식이 정부 인가를 획득했습니다. 남녀 연구원들의 도움은 물론 매우 값졌습니다. 하지만 최대한 겸양의 표현을 써서 말하자면, 이 연구의 유일무이한 발명가는 바로 저입니다. 두 달 전에 저는 난관을 극복하고 경이적인 쾌거를 이뤄냈습니다. 빠르게 방출되었다가 혈액에 닿으면 몇 분 내로 비활성화되는 산성 혼합물 덕분에 과거에는 불가능하다고 생각했던 '피부를 통해 영양분을 섭취'하는 일이 가능해졌습니다.

무균 상태에서 타피르에게 실험한 다음, 모든 면에서 우리 인간과 가장 유사한 후피 동물(돼지)에 대한 실험도 마쳤습니다. 이제 제가 만든 공식을 사용하면 표피를 잠시 투과성으로 만들어 영양소가 면역 체계의 방어선을 우회해 각질층을 통과한 다음, 콜라겐층을 지나 혈관에 도달할 수 있습니다.

심미적인 이점도 있습니다. 더 이상 볼품없이 음식을 씹어 댈 필요도 없고, 고약한 배설물 냄새를 풍길 일도 없습니다. 정신을 고양할 수 있다는 이점도 빼놓을 수 없습니다. 향후 우주 탐사에서 승무원들의 정신을 고취하는 데는 소자랑™만큼 좋은 게 없을 것입니다. 개인별 열량 요구량에 따라 침습 시간을 조절해 매일같이 몸에 액상 제제를 바르기만 하면 되니까요.

남아프리카 공화국에서 교육을 마치고 온라인 카지노를 최초로 사들여 천재성을 입증한 우리의 후원자 척 얼럭(Chuck Aluck)은 우주 탐사 사업의 비약적인 발전에 힘입어 조만간 대단한 여정이 시작될 것이라고 단언했습니다. 드디어 로켓을 타고 화성에 갈 수 있게 된 것입니다! 천만다행으로 비좁은 닭장에서 몸도 가누지 못하는 닭이나 광우병 걸린 소들이 화성 여행에 오를 일은 없을 것으로 보입니다.

행성 간 이동 공간에서는, 완벽한 위생 요법에 따라 복용량을 철저히 맞춰 영양분을 몸에 적시는 것보다 더 좋은 방법은 없습니다. 이제 해법을 찾았으니 지저분하고 끈적거리는 이 지표면에서 최대한 빨리 벗어나도록 합시다. 지구는 식품 섭취에 부적합해진 지 이미 오래니까요.

글 · 피에르 알페리 Pierre Alferi

번역 · 이푸로라

1 편집자 주. 라틴어로 '건강 관리법 혹은 위생법'.
2 편집자 주. 간에 지방이 비정상적으로 축적된 상태.
3 편집자 주. 트립신: 췌장에서 분비되는 소화효소

'현대판 귀족' 메리토크라트의 배타적 특권

피에르 랭베르 Pierre Rimbert

〈르몽드 디플로마티크〉 기자. 미디어비평 행동단체 Acrimed에서 활동 중이며, 대안언론 〈르플랑베〉를 발행하고 있다.
주요 저서로 『Libération, de Sartre à Rothschild 해방, 사르트르에서 로스차일드까지』(2005) 등이 있다.

지식인 부재의 지식사회

최근 프랑스 사회가 1%와 99%로 양분돼 있다는 이야기가 심심치 않게 등장한다. 그러나 이 자극적인 단순화 속에서 본질적인 문제, 즉 학력에 따른 불평등 문제가 간과된다. 그리고 '지적인 부르주아' 계층의 역할도 은폐된다. 그들은 최상위 1% 계층을 위해 복무하고 있음에도 불구하고 약자의 편에 서 있는 것처럼 연출하기를 즐긴다. '메리토크라시(meritocracy)'에 기초한 이 사회 계층은 과거 귀족이 그랬던 것처럼 자신이 누리는 특권을 후손들에게 넘겨주고 있다.

1957년 여름 영국의 사회학자 마이클 영은 웨일즈에 있는 어느 해변을 산책했다. 영국 노동당에서 오랫동안 연구원으로 재직했던 그는 1945년에 선언문을 쓴 이후 도망자 신세가 됐다. 영은 모래밭을 밟으며 최근의 일들을 반추했다. 무려 11명의 출판인이 그의 최신원고 발간을 거절한 것이다. 그는 해변에서 만난 친구들에게 아무도 출판하기 원하지 않는 원고에 대해 이야기했다. 그러자 그 친구들이 원고를 출판하겠다고 나섰다. 그 책의 제목이 바로 『메리토크라시의 반란(The Rise of the Meritocracy)』[1]이다. 영은 라틴어와 그리스어를 혼합해 만든 신조어, '메리토크라시(Meritocracy)'가 조롱받을 것으로 예상했다. 하지만 불과 몇 년 사이에 이 책은 5만 부 이상 팔렸고, '메리토크라시'는 널리 쓰이는 단어가 됐다. 그러나 그 과정에서 큰 오해가 빚어졌다.

〈나의 그림자2〉, 2022 - 최영미 ▶

가장 지적인 사람들이 통치하는 악몽의 2034년?

조지 오웰의 작품『1984』와 올더스 헉슬리의『멋진 신세계』에 강한 영향을 받은 영은 소설 속에서 다가올 디스토피아를 묘사했다. 그가 묘사한 미래 세계는 '가장 지적인 사람들이 통치하는' 악몽과도 같은 세계다. 소설 속 상황은 2034년 초에 발생한다. 소설 속에서 과장이 심한 사회학자로 등장하는 화자는 20세기 영국 사회가 고등교육을 받은 이들에 의해 폭정으로 치달았다는 사실을 지적한다. '동등한 기회'를 제공한다는 명분 하에 지능에 따라 사회적 위계가 결정된다.

학업을 수행할 수 있는 특권을 '재능'과 '능력(mérite)'으로 바꿔주는 학교에 의해 사회 질서가 유지된다. "재능 있는 사람들에게는 능력에 따라 지위가 올라갈 수 있는 기회가 주어진다. 반면 능력이 부족한 사람들은 하위 계층으로 가면 된다." 정권은 이렇게 정당화하며 그들의 영웅들을 찬양한다. "과학자와 기술자, 예술가와 교사는 예전보다 더 큰 특권을 누리게 됐다. 그들이 누리는 교육수준은 그들의 고상한 유전인자에 맞게 상향조정됐다. 선을 행하는 그들의 역량(compétence)은 더욱 커졌다. 진보는 그들이 거둔 승리요, 현대사회는 그들이 세운 기념비다."

이런 상승세 속에서 주목을 끈 것은 바로 정부의 요직을 차지하는 '지식인', 즉 지식을 생산하고 엘리트를 재생산하며 국가 및 기업 관리를 담당하는 인문학자 또는 과학자다. 프랑스 국립 통계 경제연구소(Insee)는 이들을 '관리자 및 고급 지식종사자'라는 별개의 범주로 묶는다. 인적자원 담당 이사, 공증인 및 천문학자, 언론인 및 치안 판사, 광고주 및 치과의사 등이 이 범주에 속한다.

마이클 영의 소설이 출판된 후 이 직종만큼 신속하게 성장하는 사회적 전문가 집단은 찾아볼 수 없었다. 지식·정보를 추구하는 '후기산업화' 사회의 화신인 그들은 1962년 90만 명으로 프랑스 노동인구의 4.6%를 차지했으나 오늘날에는 500만 명으로 성장해 노동인구의 18%를 차지한다.

역사가 팩스턴, "비시정부는 프랑스 엘리트의 전형"

일류 상위권 대학을 졸업한 이 우수계층은 서구 노동인구의 5~10%가량을 차지한다. 여기에는 최상위 부유층 1%도 포함된다. 여기서 논의할 대상은 바로 이 1%다. 지식과 부를 독점한 이들은 이떤 일을 하든 자신이 부유한 교육 및 문화 자본으로부터 일정한 '배당금'을 받는다. 미국 정치평론가 토마스 프랭크는 이들을 두고 "우리의 증상을 다 알고, 정확한 진단을 내린 후 처방전까지 작성하는 권력을 보유한 자들"이라고 지적했다.[2] 그들을 '지식인'이라고 부를 수 있을까? 그렇다면 여기서 '지식인'이라는 명사의 의미는 드레퓌스 사건 이전과는 전혀 다른 것이 된다.

과거 지식인은 창조자, 지식의 창고, 기성의 질서를 전복시킨 혁명가로서 찬양받아왔다. 장 폴 사르트르가 1967년 8월 15일, 라디오 캐나다(Radio Canada) 방송사와 나눈 인터뷰는 그 대표적인 예다. 핵물리학자는 원자폭탄 개발에 기여하는 한 '실용 지식 기술자'에 불과했지만 그가 폭탄개발에 반대하는 순간, 그는 지식인이 됐다. 그러나 고분고분한 수백만 명의 관리자, 변호사, 도시 계획가 앞에서 반대의 목소리를 내는 현대판 사르트르, 보부아르 및 부르디외는 과연 몇 명이나 될까?

그럼에도 불구하고 신화는 계속 전승된다. 지적인 직업은 해당 공동체를 포함해 사회를 구성하는 모든 집단의 이야기를 기록으로 남기기 때문이다. 그들이 단지 허울뿐인 자존심만 내세우는 것은 아니다. 자신의 관심사를 대중에게 알리는 데 전문가들인 그들은 2004년 2월 프랑스 시위에서 보였듯이 '지성을 억누르는 전쟁에 대항한 호소'를 외침으로써 영향력이 줄어드는 자신의 분야에 관심을 촉구할 능력을 지녔다. 연구자들은 농민계층의 해체, 노란 조끼 시위, 사회 복지사에 대한 열악한 처우 등의 주제에 대해 분석할 때 '농민', '노동자', '개인 서비스' 등의 일반적인 범주의 도움을 받아 대중적 논쟁의 틀 안에서 분석한다. 반면 고등교육을 받은 계층에 대해서는 개개인의 섬세한 고유성을 묘사하고, 그들의 당시 생각을 면밀히 해설하고, 그들이 보이는 각종 비일관성을 일관된 것으로 번십한나. 이런 경향을 두고 사회학자 장-클로드 샹보르동은 다음과 같이 요약했다.[3]

"일반적으로 노동계급 연구에는 가장 단순한 형태의 유물론이 적용되는 반면 고등교육을 받은 계급을 연구할 때는 개별 주체의 자율성을 살려주는 섬세한 이론이 활용된다." 우리가 균형 있는 관점을 견지하기 위해서는 '지식인'을 고유한 개인이 아닌, 하나의 사회집단으로 인식해야 한다. 프랑스 역사가들은 백과사전파 지식인, 혁명가, 불온 선전물 작가, '공화국의 경기병(輕騎兵)' 등 진보적 지식인들이 수행한 역할에 대해 자세하게 기록하는 반면 그들과 관련된 불명예스러운 사건에 대해서는 그 의미를 축소한다. 미국인 역사가 로버트 팩스턴은 이렇게 회상한다. "비시 정부만큼 전문가 중심의 사회단체도 드물었다. (…) 비시 정부를 분석하면 프랑스 엘리트를 파악할 수 있다."[4]

통치를 보조하는 역할을 수행해온 엘리트들은 오래전부터 심지어 자본주의 태동 이전부터 사회 상층부에 견고하게 뿌리를 내렸다. 성경에의 접근을 독점했던 중세 서유럽의 고위 성직자 계층은 토지 소유자로서의 권력을 합법화고, 국토의 1/4에 달하는 토지를 소유했다. 왕실에서 고문과 비서 역할을 수행했던 법률가들은 왕국의 행정적 기반을 형성했다.[5] 중국도 마찬가지다. 중국학 연구자 에티엔 발라즈의 설명에 의하면 기원전 221년에 시작돼 1911년까지 계속된 제국체제의 중국은 "극소수의 '문인관료층 또는 한족 지배층'이 모든 측면에서 전능에 가까운 힘을 휘두르는 사회였다. 실질적인 권력을 장악한 그들은 최대 규모의 토지를 소유한 대지주이기도 했다. 그들이 누린 모든 특권 중에서도 가장 큰 특권은 교육에의 독점이었다. 이를 통해 후손에게 특권을 계승할 수 있었기 때문이다."[6]

식민지 이전 시기의 인도의 사례를 떠올려보면 우리가 흔히 지식인이라면 본질적으로 진보적인 미덕을 품고 있으리라 생각해왔던 편견을 다시 점검해보게 될 것이다. 인도의 카스트 제도는 심각한 불평등 속에서 지식인 계층의 지배에 크게 의존한다. 브라만은 신성한 지식을 독점하는 배타적 특권을 누린다. 사회학자 막스 베버의 정밀한 연구서 『힌두교와 불교 (Hindouisme et bouddhisme)』(1916~1917)의 번역자이자 연구원인 이사벨 칼리노스키에 의하면 "인도 사회에서 특히 '대중에 대한 예속화'라는 조작적 형태를 보장하는 것은 왕족, 군인, 영주, 부르주아가 아니다. 다름 아닌 성직자 브라만 계층이다."[7]

자본주의 시대에도 이런 현상은 본질적으로 변하지 않았다. 오히려 산업혁명과 교육의 확대 속에서 학위취득의 중요성이 더욱 강조됐다. 또한 각 집단 사이의 이질성이 강조되면서 그 형태만 바뀌었을 뿐이다. 대중에 대한 예속화, 그리고 대부분의 학위 취득자들에 대한 예속화는 경제적 합리성, 국가적 차원에서 검증된 '역량(compétences)'이라는 이름으로 실현된다.

지식의 독점과 권력에 대한 열망을 바탕으로 지식인을 새로운 사회계층으로 묘사한 첫 번째 연구는 방대한 학위 소지자들의 공공 서비스, 최초의 내기입 행정부와 그 후 중앙집권화된 노동자 정당과 함께 19세기에 등장했다.[8] 사상가 생시몽(1760~1825)은 과학자와 산업가들을 열심히 일하는 일벌에 비유해 허영심에 가득 찬 귀족과 성직자들을 전복시켜 새로운 질서를 구축하는 날이 오기를 꿈꿨다. 한편 라인강 반대편 독일에서 헤겔은 계몽군주가 '보편계급'을 형성해내는데 근대 국가의 존망이 달려있다고 주장했다(『법철학 Philosophie du droit』, 1821).

수십 년 후 미하일 바쿠닌은 그의 저서에서 마르크스가 전망한 사회주의 국가에 대해 반박했다. "이 체제를 유지하려면 고도로 발달한 학문은 물론이고, 탁월한 지성을 갖춘 인재들이 무수히 필요하다. 이 체제는 역사상 그 어떤 체제보다도 귀족적이고, 전제적이며, 거만한 학문적 지성의 통치가 될 것이다." 1905년에 또 다른 무정부주의자, 얀 바츨라프 마차이스키가 자신의 저서 『19세기 사회주의 파산(La banqueroute du socialisme du XIXe siècle)』에서 애도했듯 이것은 노동자의 힘이 아니라 '지식인의 능력'에 의존한 사회주의였던 것이다.

'후방으로의 대약진'이 남긴 악몽

소위 '탁월한 두뇌의 소유자들'은 생산수단을 직접 소유하지는 않지만 자본가에게 수익을 안겨줄 지식을 보유하고 있다. 따라서 자본가들은 그들에게 업무감독, 생산자 통제, 업무 조직, 기술을 통한 생산성 향상 등의 임무를 위임한다. 그리고 학교와 이런 인재들을 초과 생산하는 데서 문제가 발생한다. 사회주의자 카를 카우츠키는 이미 1892년에 지식 노동자들이 제출하는 자격증의 범람 속에 '학위 인플레이션'이 일어나는 과정을 분석했다. "공무원 예정자일지라도 근무를 시작하기까지 여러 해 종종 10년 이상 무직경 대기해야 한다. 그 사람이 비록 공무원이 되더라도 열악한 노동 환경 속에서 박봉에 시달린다. 다른 사람의 경우 실업과 과로 사이를 오가며 산다. (…) 머지않아 프롤레타리아와 다른 임금 소득자 사이에는 단 하나의 차이만 남을 것이다. 우리는 그들의 주장을 말하고 싶다."(『사회주의 프로그램(Le Programme socialiste)』). 학위 취득자들이 스스로를 바라보는 인식은 실제로는 항상 공존하는 두 개의 운명 사이에서 한 세기 반 동안이나 오갔다. '점차 지배계급으로 자리를 잡아가는 집단', 또는 '프롤레타리아에 속해 있으며 자신을 억압하는 세력에 맞서 언제든지 반격할 수 있는 집단'… 마이클 영이 1950년대 후반에 『메리토크라시의 반란』을 펴냈을 때만 해도 '지배계급으로서의 지식인'이라는 개념은 다소 긍정적인 어조로 사용됐다. 동구권에서는 소비에트 교육 시스템이 고등교육을 마친 엔지니어 인력과 행정직원을 수백만 명 이상 양산함으로써 "가장 교양 있는 사회로 발전하기 위한 추진력"을 구비했다.[9] 서구권에서는 1920년대에 테일러에 의해 산업 생산의 과학적 조직화가 이뤄졌다. 그 후 미국에서 루스벨트의 뉴딜 정책을 거치며 더욱 활성화됐다. 이윽고 문어발처럼 사방팔방 확산되는 방대한 경제 회로를 조정하고 계획하는 지식인 '테크노스트럭쳐(technostructure)'가 등장했다. 이 용어는 경제학자 존 케네스 갤브레이스가 『새로운 산업국가』(1967)에서 처음으로 제시한 것이다.

이 신부르주아 계층은 반체제 신좌파와 케네디 행정부라는 사회적 기반 위에서 베트남 전쟁을 우려하는 목소리를 내는 탁월한 학력의 학위소지자들로 채워졌다. 그들은 정치적 성향과 무관하게 극단주의나 집단주의, 전통주의에 대해 회의적인 입장을 공유했다. '이데올로기의 종식'이라는 신념이 강조되면서 이제 곧 전문가들로 구성된 정부가 출범할 것을 알렸다. 그것은 훌륭한 경력이 확대 재생산되는 즉 지식인들이 학문적 역량을 통해 수익을 창출하는 기회의 문이 열리는 소리였다. 이 집단의 급진적 분파는 1968년에 마지막 불꽃을 피웠다.

반면 경제학자·변호사·언론인 집단은 소위 '후방으로의 대약진 운동'(Grand Bond en arrière, 1950년대 후반 중국에서 추진된 '대약진 운동'에 빗대어 신자유주의로의 지향을 가리키는 세르주 알리미의 조어-역주)을 전개하며 자유주의로 나아갔고 금융기관에서는 수십만 개의 고임금 관리직들이 신설됐다.[10] 그러나 사회학자 앨빈 굴드너가 1977년에 큰 반향을 남긴 그의 저서에 적은 것처럼 1970년대 후반까지만 해도 다음과 같은 확신이 주를 이루었다. "새로 등장한 계급은 현대사회에서 가장 진보적인 세력이다. 이들은 머지않은 미래에 실현될

인류 해방의 중심에 놓여있다."[11]

그러나 20년 전의 마이클 영은 굴드너보다 비관적이었다

『메리토크라시의 반란』은 페이지를 넘길 때마다 더 끔찍한 악몽으로 이어진다. 비판의 목소리를 잠재우기 위해 정부는 노동자 계급의 자녀 중 가장 똑똑한 아이들을 선발해 요직에 배치한다. 교양 있는 계급의 정부는 이제 전문가들로만 구성된다. 경이로운 '자동화'로 인해 '취업불가' 상황에 처한 학위 미취득자들은 '어느새' 지식인 계층의 하인이 된 자신을 발견한다. 영의 소설 속에 등장하는 화자는 묻는다. "엘리트들 사이에 천재들만 있고, 노동자들 사이에 노동자들만 있는 사회라면 그 사회에서의 '평등'이란 과연 무엇을 의미하는가?"

지식인 정부는 21세기 초에 성숙기에 도달한다. 고급교육을 받은 계급은 쾌적한 주택, 맛있는 식사, 호화로운 휴가 등 각종 특권을 누린다. 그리고 자녀들을 특별한 시설에서 교육시키며 같은 계급 내에서 배우자를 만나고 후손을 낳는다. "엘리트는 세습의 길로 가고 있다. 상속과 능력은 서로 맞닿아 있다." 화자는 이렇게 관찰하며 변화하는 세태에 대해 안타까운 입장을 넌지시 내비친다. 그러나 이야기는 여기서 끝이 아니다.

60년 전에 출간된 이 소설의 결말을 말하기 전에 우리는 여기에 묘사된 디스토피아적 세계가 현재 우리가 처한 현실과 극도로 유사하다는 점을 인정하지 않을 수 없다. 미국과 유럽에서는 서구 인구의 5~10%에 해당하는 소수의 고학력자를 구별 짓는 분명한 경계선이 있다. 최근 몇 년간 인류의 99%와 최상위 부유층 1%를 대립하는 구도로 제시하는 프레임이 유행하고 있다. 그러나 이런 대결구도는 한 세기 반 동안의 메리토크라시 경쟁에서 이익을 얻은 더 큰 집단을 보지 못하도록 호도하는 측면이 있다. 사실 이 집단 없이는 상위 1%를 차지하는 부유층도 지배력을 발휘하거나 그들의 지위를 영속시킬 수 없는데도 말이다. 메리토크라트는 이 계급투쟁을 유리하게 전개하기 위해 경멸받는 자들의 곁에 자신들을 배치함으로써 '대중화'의 길을 택하는 편이 더 유리하다고 판단할 수도 있다. 그렇다면 영이 예상하는 두 가지 현상, 즉 지식인이 정치적 권력을 독점하는 현상, 그리고 지식인들의 지배가 점차 세습되는 현상은 일어나지 않을 것이다.

고학력자들의 민주주의

훗날의 시앙스포(Science Po), '무료 정치과학 학교'의 창설을 정당화하기 위해 에밀 부트미 교수가 1871년에 남긴 진술은 오늘날에도 유명하다. "다수 시민의 권리를 억누르며, 자신을 상위계급이라고 주장하는 저들은 가장 유능한 권리를 소환해야만, 정치적 주도권을 유지할 수 있다. 특권과 전통이라고 하는 그들의 무너져가는 방벽 너머 파고드는 민주주의의 파도는 빛나는 능력, 명성이 필수적인 우월성, 광기 없이는 빼앗을 수 없는 역량으로 세워진 두 번째 방벽과 충돌한다."[12]

이로부터 한 세기 반이 지난 지금 정치가들의 초상이나 사진을 담은 인명부(trombinoscope)를 넘기다 보면 정부의 주요 직책을 수행하는데 공식적으로 졸업장이 필요하지 않다는 사실을 까맣게 잊고 말 것이다. 마크 보벤스와 안크리스트 빌(Anchrist Wille)은 유럽 6개국 정치 지도자에 대해 연구한 결과, 현재의 대표선발 체제는 '학위 취득자들만의 민주주의'라고 단언한다. "고학력자들은 정당, 의회, 내각, 압력 단체, 심의기관 심지어 인터넷 상담까지 모든 기관과 정치적 무대를 장악하고 있다."[13] 2016년 벨기에와 독일 장관의 100%가, 프랑스 장관의 95%가 고학력자였다. 영국에서는 60%의 장관들이 옥스퍼드 또는 케임브리지 대학교 출신의 엘리트들이다. 그러나 연구원들은 "고등교육을 받지 않은 시민들이 전체 유권자의 약 70%를 차지한다"라고 지적한다.

학문적 우수성이 더 효율적인 선출직 대표, 더 통찰력 있는 의회의원을 보증하는가? 놀랍게도 이런 문제의식은 학계의 연구자들의 관심을 끌지 못한다. 불과 몇 편의 연구결과에 의하면 고학력 정치인들이 "유독 더 근면한 것도 아니고, 의회 활동에 더 큰 기여를 하는 것도 아니며, 더 자주 당선되는 것도 아니다."[14] 물론 이는 새로울 것도 없는 현상이라고 할지 모른다. 그러나 이것은 심각한 문제다. 신흥 민주주의는 보편적 교육을 기반으로 한 "국민에 의한, 그리고 국민을 위한" 정부를 약속했기 때문이다.

대학교가 공장에서 찍어내듯 지원자들을 대량 생산해내는 상황 속에서 소수의 '학자 겸 지도자'들은 어떻게 통치를 영구화할 수 있을까? 19세기 초, 미국과 유럽 성인 인구의 1% 미만이었던 대학교 졸업생의 비율은, 오늘날 35%로 크게 증가했다. 진입장벽을 높이는 일은 쉽다. 새로운 문화적 및 재정적 장애물을 세워놓되 학위 미취득자는 물론 취득자들조차 넘을 수 없을 만큼 높이를 올리면 된다. 미국에서 효과적으로 사회적 분류를 하려면 지식과 돈이라는 끈을 종횡으로 잇대어 체로 거르면 끝난다.

영의 예언대로 메리토크라트가 간직하고 있는 핵심 정수는 마치 귀족들이 혈연에 의해 지위를 세습하듯이 대대손손 대물림될 것이다. 모든 학위 소지자가 전부 부유한 것은 아니지만 거의 모든 부자가 고학력자들이다. 2017년에 평균 연봉의 2.5배 이상(약 9만4,300달러)을 벌어들인 미국인 가운데 98.4%가 학사학위(프랑스의 리상스(licence)에 해당하는 4년 과정의 학위) 또는 그 이상의 학력을 갖춘 사람이었다. 자선 재단에 후원금을 보내고 스탠포드 또는 하버드 대학교에 자녀들을 보내는 실리콘 밸리의 억만장자들처럼 부모들은 귀족이라는 '신분'이 아닌, 더욱 권위 있고 값비싼, '학벌'을 자녀에게 증여한다.

19세기를 풍미했던 계몽된 부르주아의 전형적인 삶의 방식, 즉 나태한 생활과 과시적인 소비, 그리고 보모에게 자녀를 맡겨 놓는 관행은 정반대가 됐다. 엘리트 중 최상위 계층은 일하는 가운데 자녀의 교육, 복지, 문화, 건강의 증진을 위해 막대한 돈과 시간을 투자한다. 그들은 어린 자녀에게 2개 이상의 언어를 사용하는 보모를 붙여주고, 연간 5만 달러의 엘리트 보육원에 자녀를 보내며 3세부터는 미적 감각을 키우는 수업에 등록시킨다. 게다가 지원자의 5%만 입학이 허용되는 외국어 및 과학 섹션이 있는 엘리트 유치원에 입학을 시킨다. 부모는 자녀를 이 입학 전형에 통과시키기 위해 전문 컨설턴트를 고용해 지원서류를 작성시킨다.

이처럼 '인적자원'을 조기개발하려는 노력은 온갖 투자를 정당화한다. 2014년에 사회학자 엘리자베스 커리드할켓은 이렇게 설명했다. "절대적인 가치와 지출의 비율을 계산해봤을 때 최상위 부유층 1%는 1996년보다 교육에 3.5배 시간을 할애한다. 전국 평균보다 8.6배나 높다."[15] 상위 5% 사람들은 그들이 보는 것들로부터 상한 영감을 받는다. 마치 왕가의 혈통 계승을 연상시키는 이 교육 재생산 프로그램의 비용 중에는 가정교사 인건비도 포함된다. 자녀를 위해 개인비서를 고용하는 부모도 있다.

인근 명문 사립학교에 등하교시키기 위해 상위지역에 거주하는 비용, 하버드 · 예일 · 프린스턴 · 스탠포드 등 미국 일류대학교에 최종적으로 입학하기 위해 권장되는 문화여행 비용, 바이올린 등 개인교습 비용, 게다가 미국인들의 평균연봉보다 훨씬 높은 연간 4~7만 달러의 대학교 등록금… 이 금액을 모두 합치면 엄청나다. 법학부 교수 다니엘 마르코비츠가 추정한 결과 최상위 부유층 1%에 속하는 가정이 중산층 가정보다 추가적으로 지출하는 교육비는 자녀 당 약 1,000만 달러에 이른다. 그는 한마디로 단언한다.

"사실 '메리트'라는 개념은 사기다. 그리고 모든 문명은 이 결론에 대해 반발한다."[16]

21세기의 빈부 교육격차, 1950년대보다 더 커져

여기에 제시된 숫자는 극히 일부에 불과하다. 문화 자본의 전승은 자녀가 태어난 이후부터 부모, 그 중에서도 특히 어머니가 관심을 기울이는 시간에 달려있기 때문이다. 사회학자 엘리자베스 커리드할켓은 지식인들이 신생아를 가르치고 교육하는데, 일반인들보다 2~3배 더 많은 시간을 보낸다고 밝혔다. 지식인 여성들은 이런 관행이 자녀의 인지 능력을 발달시킨다고 확신하면서 신생아에게 더 자주, 더 오래 모유수유를 한다. 이 바람에 '수유 상담원'이 때 아닌 호황을 누리고 있을 정도다. 전문직 자녀는 3세가 되면 중산층 자녀보다 각자 평균 2,000만 단어를 더 듣는다. 이 아이가 구사하는 어휘는 이미 49%나 더 다양하다. 부모는 교사가 학생을 상대로 구사하는 교육 행위를 자녀와의 관계에 적용함으로써 정서적 감수성, 집중력, 생활규범을 발달시킨다. 마르코비츠는 다음과 같이 구체적인 수치를 제시했다.

"부유한 가정에서 자란 자녀는 18세가 되면 읽기, 말하기, 문화 행사, 스포츠 훈련 등 여러 활동 속에서 중산층 출신의 자녀보다 부모로부터 약 5,000시간 이상 많은 관심을 받는다." (…) "그 대신, 같은 나이의 중산층 자녀는 부유한 가정의 자녀보다 스크린 앞에서 5,000시간 더 오래 앉아있었을 것이다." '창조적 계급'은 공간적으로도 분리된다. 진보적이고 개방된 대도시의 특정 지역에 더 건강한 라이프 스타일과 더 넓은 소셜 네트워크를 제공하는 모든 자원을

결합한 가구가 모일 때 자녀가 성공할 확률은 미국의 최빈층 거주지역보다 80%나 높아진다.[17]

마르코비츠가 관찰하기에 "엘리트 교육에 의한 대규모 투자는 그 열매를 맺고 있다. 오늘날 부자의 자녀와 빈자의 자녀가 교육 면에서 보이는 격차는 1954년에 백인과 흑인을 구별했던 격차보다도 더 크다." 1954년은 미국 대법원이 학교에서 이뤄졌던 인종 차별을 위헌이라고 판결한 해였다. 마르코비츠에 의하면 "오늘날, 경제적 불평등은 과거에 미국의 인종차별보다 더 심각한 교육적 불평등을 낳고 있다."

부유한 최상위층 지식인들은 언론과 문화를 통해 표준화되는 까다로운 교육 형태의 성벽 뒤에 은거한 채 새로운 문화 · 사회생활과 식사 패턴을 공유하지 않는 부모를 '덜 개방적이고 덜 진보적이고 덜 관대하다'며 경멸할 것이다. 그리고 부모 세대들이 "공부밖에 한 것이 없다"고 냉정하게 판단을 내릴 것이다. 이 판단은 그 자체로 자유주의 프로그램의 '사회적' 측면을 요약해준다.

그러나 메리토크라트 엘리트의 인생을 잔잔히 흐르는 강처럼 연상하는 것은 잘못이다. 가난한 가정에서 대부분의 아이를 경쟁에서 바로 배제해버리는 사회 다윈주의는 부자들의 자녀들을 무한경쟁으로 몰아넣는다. 3세부터 고대 그리스어를 배우기 시작해, 하루 12시간 일하는 로펌의 파트너로 근무하기까지 메리토크라트들은 자본과 심지어 문화적 소비에 투자하기 위해 일, 그것도 '자기 자신만의 독자적인 일'을 통해 이익을 창출할 필요성을 깨닫는다. 사회적 유용성이 없어진 채 전문성을 최우선가치로 여기는 기업에서 퇴출 돼버린 사람은 수공업, 인도주의 활동, 보도블럭 깔기 등 작지만 점점 성장하는 부문에서 일을 시작한다. 물론 이렇게 새로운 일을 하는 경우는 매우 예외적인 현상이다. 엘리트 교육 시설에 입학이 확정된 사람이라면 대개 운명에 순응하게 마련이다.

미국에서 가장 유명한 12개 대학의 학생 가운데 절반이 최상위 10%안에 드는 부유층 가정 출신이다. 프랑스는 교양 있는 부르주아의 분리가 아직 이 정도 수준에 이르지 않았다. 무엇보다도 최상위 10% 계층이 벌어들이는 소득의 비율이 1970년대 초에 미국에서 13% 증가한 반면 프랑스에서는 정체됐기 때문이다. 부유한 가정의 부모들은 자녀들이 커리어를 시작될 때 불안한 단계를 겪을 가능성이 높다는 것을 잘 알고 있다. 그래서 그들이 재산은 물론이고 사회적 계층 구조를 구성하는 희소한 자원, 즉 '좋은 학력'을 가지고 있음에도 불구하고, 계층적 '특권'을 인식하도록 장려되지는 않는다.

끝으로 프랑스 고등교육의 저렴한 비용은 미국에서 요구되는 엄청난 비용과 대조적이다. 그러나 부르주아가 엘리트 시설을 독점하고 있는 현실은 더할 나위 없이 분명하다. 국립행정 대학교(Ecole Nationale d'Administration, ENA)의 경우 현장 노동자와 일반 노동자의 자녀는 6%에 불과한데, 이 직종에서 근무하는 노동자는 전체 누동인구의 절반 이상을 차지한다. 에콜 폴리테크니크의 경우 노동자 자녀는 전체 인원의 1.1%에 불과하고, 정원의 93%가 고위 공무원 또는 고급 전문직 종사자의 자녀다.[18] 메리토크라시에 입각한 차별정책은 이미 1950년대부터 성장해 왔다. 지식을 대중화하고 정보를 확산시키기 위해 세워진 기구가 다른 모든 사람을 지배하는 상위 10%의 엘리트를 선별하는 센터가 되고 있다는 것은 참으로 역설이다.[19]

"포퓰리즘을 제대로 이해하려면, 엘리티즘의 부각을 분석해야"

미국 작가 매튜 스튜어트는 2018년 월간지 〈어틀랜틱(The Atlantic)〉에 기고한 저명한 칼럼에서 '운 좋은 사람들'은 서로를 알아본다고 적었다. "우리, 상위 9.9%에 속하는 사람들은 (…), 소위 '비천한 출신'일 때 입던 청바지와 티셔츠 차림으로 걸어 다닌다. 우리는 유기농 사료를 섭취하고, 자녀들이 거둔 사회적 성취 및 우리가 사는 지역의 생태주의적 환경에 대해 이야기함으로써 사회적 지위를 알리기를 좋아한다. 우리는 빼어난 미덕을 발휘해 돈을 깨끗하게 세탁하는 방법을 파악했다. 무엇보다도 우리는 아이들에게 이 모든 혜택을 전달하는 법을 배웠다."[20]

그리고 스튜어트는 경영진들과 지식노동자들이 회피하려고 애쓰는 객관적인 진실을 압축적으로 요약했다. "우리는 90%의 자원을 0.1%로 변환하는 기계를 돌리고 있다. 우리는 점유할 수 있는 파이가 점점 커지는 모습을 보며 기뻐한다." 백인 남성이 여전히 서구사회의 특권층이라고 말한다면, 최고 수준의 교육을 받은 10% 집단은 또 다른 종류의 특권층이다. 그러나 이 특권을 누리는 수혜자들은 이 소속의 존재를 쉽사리 상대화한다. 부유한 지식인이 증가하면서 서구의 정치 환경은 빠르게 재구성되고 있다. 제2차 세계 대전 직후 고등교육을 받지 않은 부자들은 주로 좌파 정당에 투표했고, 공공 부문과 연결된 소수의 지식노동자 역시 마찬가지였다. 그러나 이 연합은 얼마 가지 않아 깨지고 말았다. 미국 사회당, 민주당, 녹색당은 1990년대 이래로 토마스 프랭크, 그 뒤를 이어 토마스 피케티가 분석한 바와 같이 '고학력자들의 정당'을 형성하며, 대중 계급으로부터 서서히 외면당했다. 2016년 11월 미국에서는 처음으로 최고 학력자뿐 아니라, 최고 부유층도 민주당에 투표했다. 일반 노동자들과 종업원들은 아예 투표를 포기하거나 자신들의 경제적 이익을 대변하는 후보가 없다면 자유주의 엘리트 진영의 반대에 있는 정당에 투표했다. 피케티는 이렇게 적었다. "우리가 '포퓰리즘'의 부상을 제대로 이해하고자 한다면, '엘리티즘'의 부상을 분석할 필요가 있다."[21]

이미 해묵은 계급 간 대립을 없애려고 노력한 논평가들에게 단절이 보여주는 경계선은 마치 하늘에서 온 선물처럼 반가운 존재였다. 자유주의 노선의 주간지 〈이코노미스트(The Economist)〉는 2020년 6월 6일에 이런 내용의 기사를 실었다. "경제학에 근거해 좌파와 우파, 두 진영으로 나누던 낡은 분류 기준은 이제 여러 나라에서 문화를 바탕으로 한 자유주의와 보수주의 진영의 대결로 대체됐다."

그러나 이 분석과 달리 문화와 경제는 서로를 배제하기는커녕 오히려 합세하는 경향을 보인다. 프랑스에서는 석사학위 취득이 부모의 사회적 지위와 밀접한 상관관계에 놓여 있음을 볼 수 있다. 2017년에 전문직 종사자의 자녀 40%가 공학 학위 또는 석사 학위에 해당하는 'bac+5'(고교 졸업 후 학사·석사취득과정) 디플로마를 취득했다. 반면 물류 부문에 종사하는 숙련된 노동자의 자녀는 4% 미만이었다. 부유한 지식인들의 정부는 더 이상 전통적이라고 할 수 없는 새로운 계급투쟁에 진입했다.

70년 전 예견된 디스토피아, 2034년의 총파업

자살, 알코올, 마약 등 '절망 속에서 사망한' 미국인들의 이야기는 숱한 비극적인 사례를 제공한다. 연구원 앵거스 디톤과 앤 케이스에 의하면 1999~2017년 사이에 증가한 약 60만 명으로 추정되는 45~54세 백인 사망자는 대다수가 학사학위 미취득자들이었다. 1990년 이후 사망률은 25% 증가한 반면 학위 취득자는 40% 감소했다. "대학교 졸업장이 없는 사람의 경우 고통의 수준 정신장애의 정도가 증가하는 반면 업무역량과 사교성은 감소한다. 직업에 있어서도 소득수준과 가족의 안정성에 있어 격차가 커지고 있다. 대학교 학사학위는 사회적 지위의 주요 지표가 됐다."[22]

마이클 영은 무려 70년 전 묘사한 디스토피아에서 이 같은 현상을 예견했다. 하지만 그의 작품은 낙관적인 메모로 끝이 난다. 2033년 5월에 강력한 '포퓰리스트' 운동이 일어났다. 이 운동은 남성 위주의 메리토크라시 권력에서 배제된 한 여성에 의해 촉발됐다. 화자는 마이클 영을 대신해 말한다. "반대 의견을 가진 소수의 엘리트 계층은 그때까지 그렇게 고립되고 연약했던 하층계급과 처음으로 동맹을 체결했다."

물론 그 시위대가 노란색 조끼를 입었는지는 명시돼 있지 않다. 상황은 심각했다. 명품을 판매하던 직원들은 자신들이 일하던 상점을 파괴했다. 교육부 장관은 복부가 잘린 채 싸늘한 시신으로 발견됐다. 2034년 5월 1일 40년 만에 처음으로 대대적인 총파업이 일어났다. 방향감각을 상실한 화자는 갑자기 맥이 풀린 채, 운동의 열기가 금세 식어버릴 것이라고 진단했다. 그리고 화자의 이야기는 갑자기 끝난다. 편집자가 원고에 남긴 짧막한 메모는 화자가 폭동 속에서 살아남지 못했다는 것을 암시한다.

글 · 피에르 랭베르 Pierre Rimbert

번역 · 이근혁

1 Michaël Young, 『The Rise of the Meritocracy 1870-2033, An Essay on Education and Equality』, Thames and Hudson, 런던, 1958.

2 Thomas Frank, 『Pourquoi les riches votent à gauche 왜 부자는 좌파에 투표하는가?』, Agone, 마르세유, 2018.

3 Jean-Claude Chamboredon, 'La délinquance juvénile, essai de construction d'objet 비행 청소년, 객체를 구성하고자

하는 노력', 『Revue française de sociologie』, vol. 12, n° 3, 1971.

4 Robert Paxton, 『La France de Vichy 비시 프랑스』, Seuil, 파리, 1973 (1972년 초판의 재판).

5 Pierre Bourdieu, 『Sur l'État 국가에 대해』, Seuil/Raisons d'Agir, 파리, 2012.

6 Etienne Balazs, 『La Bureaucratie céleste. Recherches sur l'économie et la société de la Chine traditionnelle 천상의 관료: 전통 중국의 경제와 사회에 관한 연구』, Gallimard, 파리, 1968.

7 Isabelle Kalinowski, "Ils ne songent pas à désirer le nirvana". La sociologie des intellectuels dans 『Hindouisme et bouddhisme』 de Max Weber "그들은 열반을 원한다고 생각하지 않는다: 막스 베버의 『힌두교와 불교』에 담겨 있는 지식인의 사회학, Johan Heilbron, Rémi Lenoir 및 Gisèle Sapiro (sous la dir.), 『Pour une histoire sociale des sciences sociales』, Fayard, 파리, 2004.

8 Lawrence Peter King과 Ivàn Szelényi, 『Theories of the new Class. Intellectuals and Power』, University of Minesota Press, 미니애폴리스, 2004.

9 Marc Ferro, 『La Révolution de 1917』의 새로운 판본에 대한 서문, Albin Michel, 파리, 1997.

10 Serge Halimi, 『Le Grand Bond en arrière 후방으로의 대약진 운동』, Fayard, 파리, 2004.

11 Alvin Gouldner, 『The Future of Intellectuals and the Rise of the New Class』, MacMillan, 런던 및 배싱스토크, 1979.

12 Dominique Damamme, 'Genèse sociale d'une institution scolaire. L'Ecole libre des sciences politiques 교육기관의 사회적 기원: 무료 정치 학교', 『Actes de la Recherche en Sciences Sociales』, 파리, n° 70, 1987.

13 Mark Bovens와 Anchrist Wille, 『Diploma Democracy. The Rise of Political Meritocracy』, Oxford University Press, 2017. 독일, 벨기에, 덴마크, 프랑스, 네덜란드, 영국.

14 Nicholas Carnes와 Noam Lupu, 'What Good Is a College Degree? Education and Leader Quality Reconsidered', 『The Journal of Politics』, vol° 78, n° 1, 2006.

15 Elizabeth Currid-Halkett, 『The Sum of Small Things』, Princeton University Press, 2017.

16 Daniel Markovits, 『The Meritocracy Trap. How America's Foundational Myth Feeds Inequality, Dismantles the Middle Class and Devours the Elite』, Penguin Press, 뉴욕, 2019.

17 Benoît Bréville, 'Quand les grandes villes font sécession 한국어판 제목: '진보주의'로 분칠한 도시의 변신', 〈르몽드 디플로마티크〉, 프랑스어판 · 한국어판, 2020년 3월호. Richard V. Reeves, 『Dream hoarders. How the Americain Upper Middle Class is Leaving Everyone Else in the Dust』, Brookings institution Press, 워싱턴, 2017.

18 미국의 경우, Raj Chetty 외, 'Income Segregation and Intergenerational Mobility Across Colleges in the United States', NBER working papers, 2020년 2월. 프랑스의 경우, Pierre François와 Nicolas Berkouk, 'Les concours sont-ils neutres ? Concurrence et parrainage dans l'accès à l'École polytechnique 경쟁은 중립적인가? 에콜 폴리테크니크 입시 과정의 경쟁과 추천', 『Sociologie』, 파리, n° 2, vol. 9, 2018.

19 Emmanuel Todd, 『Où en sommes-nous. Une esquisse de l'histoire humaine 우리는 지금 어디에 있나? 인류 역사에 대한 개요』, Seuil, 파리, 2017.

20 Matthew Stewart, 'The 9.9 Percent Is the New American Aristocracy', 〈The Atlantic〉, 워싱턴, 2018년 6월.

21 Thomas Piketty, 『Capital et idéologie 자본과 이데올로기』, Seuil, 파리, 2019.

22 Angus Deaton과 Anne Case, 『Deaths of Despair and the Futur of Capitalism』, Princeton university Press, 2020.

"펄프픽션은 내 상상의 원동력"

1920년대와 1930년대에는 텔레비전이 존재하지 않았다. 전반적으로 볼 때, 정신적 싸구려 오락거리에 해당하는 '청정 구역'이란 '펄프'라 불리는 소규모 잡지들뿐이었다. 이 잡지들이 이렇게 불리게 된 것은 질 나쁜 목재 펄프를 원료로 한 저렴한 종이로 만들어 수명이 짧았기 때문이다. 색이 금방 노래지고 쉽게 찢어졌으며, 질감은 까칠까칠한 데다 가장자리가 삐뚤삐뚤하기 일쑤였다.

가장 많이 팔린 펄프 잡지는 분명 슈퍼히어로를 다룬 잡지일 텐데, 그중 제일 위대한 히어로라 할 수 있는 '섀도우'는 두 달에 한 번꼴로 등장해 기이한 웃음과 귀신같은 움직임으로 어두운 음모를 파괴했다. 때로는 코믹하기도 한 다섯 명의 조수들을 대동한 '청동의 남자' 독 새비지도 있었고 스파이더, 시크릿 에이전트 X, 오퍼레이터 No.5도 있었다. 그뿐이랴? 게르만 학자 헤르 독터 크루거의 사악한 계획을 수포로 돌아가게 함으로써 나치 이전 독일에 단신으로 맞서 싸워 승리를 거둔 G-8과 배틀 에이스도 있었으며, 이런 일은 매달 계속되었다.

아버지는 나를 도서관에 등록시켰는데, 아무래도 이런 '펄프 픽션'으로부터 보호하고자 그랬던 것 같다. 대체로 아버지가 옳았다고 얘기할 수 있을 텐데 내가 커서 이런 오락물, ('싸구려' 문학이라고 말하기엔 너무

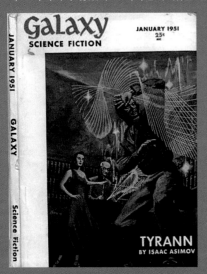

▲ 1951년 첫 출간한 은하시리즈

많은 빚을 졌으므로) 이런 '서브 문학'으로부터 무엇을 보고 배울지는 아무도 모르는 일이니 말이다. 그러나 만화방에 첫 발을 내디딘 이후 나는 점점 더 고집스럽게, 강력하게 펄프 잡지를 요구했으므로 이를 못 읽게 하기란 점점 더 어려운 일이 되었다. 내가 아버지 역시 '섀도우' 이야기를 늘 읽지 않냐고 지적하면, 그는 그건 단지 영어를 배우기 위한 수단이었다고 말했다. 나는 이미 영어를 잘했기 때문에(이민 2세대였던 까닭에) 할 수 있는 다른 일이 훨씬 많았으므로, 그 점에선 아버지 말이 맞는 셈이다. 하지만 끝까지 펄프 잡지를 포기하지 않자 아버지는 결국 두 손을 들었다. 그렇게 해서 펄프 잡지는 나의 진지한 독서 목록에 이름을 올리게 되었다.

나를 가장 즐겁게 했던 것은 바로 만화방에 꽂혀 있던 자그마

한 잡지들이었다. 이런 잡지들이야말로 내게 주어진 일과, 끝나지 않을 것만 같은 노동시간, 진절머리 나는 모든 것과 다시 화해하게 해주는 삶의 윤활유였다. 다니던 만화방이 사라졌을 때조차도 잡지는 내가 특정한 삶의 방식에 계속해서 매달리게끔 하는 역할을 했다. 만화방에 다니는 것은 내가 잡지를 읽을 수 있는 유일한 수단이었고 그곳이 아니라면 잡지를 구하지 못했을 것이다. 나는 온 정성을 다해 잡지의 마지막 페이지까지 꼼꼼이 읽었고, 그런 나음에는 마치 새것인 양 제자리에, 진열대에 올려두곤 했다.

열대여섯 살 정도에 나는 전문적으로 글을 써야겠다는 결심을 굳혔고 그때부터 도서관의 '좋은 책'들을 펄프 잡지의 '서브 문학'만큼이나 탐욕스럽게 읽어치워 나갔다. 이 둘 중 어느 것이 내게 영향을 미쳤을까?

유감스럽게도 그건 두말할 필요도 없이 '펄프'였다. 작가로 데뷔할 때 내가 바랐던 것은 그런 잡지들, 어쨌든 그중 몇몇 잡지에 글을 싣는 것이었고 그러니 그들의 스타일로 글을 써야 했다. 순진하게도 나는 으레 그렇게 쓰는 것이 당연하다고 생각했다. 결과적으로 내 초기 글들을 보면 '펄프' 잡지 문제가 확연히 드러난다. 형용사와 부사가 넘쳐나고, 단순히 답변을 한다기보다는 '신랄한 어조로 대답하는' 경향이 있었다.

물론 이제는 '펄프'의 정신에서 벗어났다. 스스로 빠르게 발전했고 그런 잡지에서 받은 영향도 줄어들었다. 하지만 그 영향이 완전히 사라지리라고는 절대 생각하지 않는다. 지금 이 순간에도 눈 밝은 독자라면 내 글에서 펄프 잡지가 남긴 위대한 유산을 알아볼 수 있을 것이다. 후회가 되지 않는 것은 아니나, 어쩔 수 없는 일 아니겠는가.

글 · 아이작 아시모프 Isaac Asimov
소련 태생으로 미국의 대표적인 SF소설가. 컬럼비아 대학원 생화학 박사. 보스턴 의대에서 생화학 교수를 역임했다. SF소설 대표작으로 『로봇 시리즈』, 『은하제국 시리즈』, 『파운데이션 시리즈』 등을 남겼다. 3차례 휴고상을 수상했다.

* 아시모프의 자서전 『나, 아시모프』(Gallimard, coll. 'Folio SF', 2004) 중에서 발췌

더욱 강해지는 디스토피아의 세계

코퍼레토크래시(기업국가)의 시대가 열린다

피에르 뮈소 Pierre Musso

철학자, 역사학자. 낭트고등과학연구원 소속 연구원. 저서로 『기업국가의 시대: 베를루스코니, 트럼프, 마크롱
(Le Temps de l'Etat-entreprise. Berlusconi, Trump, Macron)』(Fayard, Paris, 2019)이 있다.

최근 서구권 국가들에서 치러진 대선에서는 자유주의와 포퓰리즘의 대립이 통념처럼 받아들여졌다. 이를 상징적으로 보여주는 두 인물을 꼽자면 단연 에마뉘엘 마크롱 프랑스 대통령과 도널드 트럼프 미국 대통령일 것이다. 두 인물은 전혀 다른 듯하면서도, 경영을 통한 정치를 구현하고 있다는 점에서는 닮았다.

1994년에는 실비오 베를루스코니 이탈리아 전 총리, 2016년에는 도널드 트럼프 미국 대통령, 그리고 2017년에는 에마뉘엘 마크롱 프랑스 대통령이 단박에 승리를 거두며 서구 강대국의 수장 자리를 거머쥐었다. 파격적으로 등장한 이 세 인물은 성격이나 심리적 특징, 연령, 정계진출 배경 등 여러 면에서 상반된 모습이지만, 정치 무대에 '경영'을 끌어들여 기업인으로서의 화려한 경험들을 활용하고 있다는 점에서 같았다. 세 명 모두 국가라는 기업, 즉 '기업국가'의 수장직에 오른 것이다. 이런 식의 정치를 펼치는 국가 정상은 이들만이 아니며, 최근 더욱 확대되는 추세다. 예를 들어 아르헨티나의 마우리시오 마크리 대통령이나, "국가를 가족기업처럼 경영"하겠다고 밝힌 체코의 안드레이 바비쉬 총리, 그리고 "터키를 기업처럼 이끌겠다"던 레제프 타이이프 에르도안 터키 대통령 등도 이에 해당된다.[1]

당시 이탈리아는 흔히 그렇듯 일종의 실험실이 돼 있었으며 베를루스코니 전 총리는 이곳에서 개척자적 역할을 맡았다. 그는 실제로 '기업가 대통령'을 최초로 구현해냈으며 스스로를 그렇게 칭했던 인물이기도 했다. 1990년대 초, 더 이상 이른바 '자유사회'와 동구권을 대립시

〈계란 관리〉, 1980 - 피터 월슨 ▶

키지 않기 시작한 국제사회를 향해 베를루스코니 전 총리는 한 가지 답을 안겨줬다. 언론과 부동산 분야에서 이름을 날렸던 '신인'의 갑작스러운 정계 진출이야말로 그가 내놓았던 답이었던 것이다.

그로부터 몇 년 후, 이번에는 브랜드 등 기업에서나 마주할 법한 요소들이 각 분야에 도입되기 시작했고, 마침내 '트럼프'라는 기업 브랜드가 트럼프 그룹에서 백악관으로 자리를 옮기기에 이르렀다. 한편 마크롱 대통령의 경우 기업인 출신이라고 볼 수는 없지만, 중앙부처-특히 경제 재무부-를 대상으로 조사를 벌이는 고위공무원단인 재무감독국(IGF)에서 짧은 경력을 쌓은 뒤 금융 분야에서 4년간 몸담았던 이력이 있다.[2] 그 역시 현재는 대통령의 자리에서도 기업들이 사용하는 용어나 화법, 목표 등을 계속 주고받으며 효율적이면서도 결단력 있는 대기업 총수와 같은 행보를 보여주고 있다.

'효율'과 '효용'은 본래 경영의 모체인 산업에서 나온 개념으로, 원래의 목적은 정치성을 중화시키려는 것이었다. 그런데 이제는 정치권이 효율이라는 명목하에 기업과 경영의 권력기술을 사용하고 있다. 정치학자 뤼시앙 스페즈가 "신뢰와 타당한 기억, 즉 상징으로 이뤄지는 일"이라고 정의했던 정치와는 거리가 멀어졌다.[3] 이렇듯 정치는 '효율적 활동'을 약속한 기업가 대통령의 카리스마로만 축소되고 말았다. 이제 국가는 기업들과 경쟁하고 협력하는 하나의 기계가 돼버렸으며, 정치는 기술된 순간부터 '결단주의'에 무릎을 꿇게 된다.

독일의 법학자 카를 슈미트는 『정치신학』(1922)에서 결과에 집착하지 않고 권위와 결단을 가지고 결정 내리는 방식을 '결단주의'라고 칭했다. 결단주의에 굴복한 정치는 '결정권자'로 축소된다. 즉 정치는 '국가'로, 이 '국가'는 '결정권자'로 단순화되는 것이다. 국가는 기술적 합리성으로 축소된 반면, 대기업은 정치의 빈틈을 채울 패권과 규범성을 생산하는 존재로 확대돼 정당성을 부여받고 있다. 권력 자체가 소멸된 것은 아니지만, 국가라는 테두리 밖에서 산산이 조각난 권력이 홍보·경영·기술·과학·경제 전문가들이 만든 각종 기술적 허구 속으로 흩어지고 있다.

기업가 대통령들의 등장

　이런 기업국가 정상들의 등장은, 철학자 미셸 푸코가 "국가에 대한 커다란 공포"라고 명명했던 18세기 중반 시작된 자유주의적 통치의 역사에서도 결정적인 순간을 차지한다.[4] 17세기 절대수의 국가가 승리를 거머쥐지 내내 반국가주의가 바향을 일으켰으며, 이와 농시에 산업화가 신속히 힘을 얻기 시작했다. 오랜 시간에 걸쳐 서서히 끓어오른 상반된 두 흐름, 즉 국가에 대한 공포 확산과 대규모 기업(Corporation)의 득세는 마침내 1980년대에 이르러 절정에 달했다.

　새삼스럽게 언급하자면, 오늘날 겪고 있는 '정치적 대표성의 위기'는 실상 근본적인 현상이다. 국민국가의 약세, 그리고 기술경제와 경영의 합리성을 등에 업은 대기업의 강세 사이에서 나타나는 체제의 전환인 것이다. 그리고 이런 상황 속에서 기업과 국가는 서로 교착되기 시작한다. 균열이 생긴 국가에 기업이 경영논리, 효율성에 대한 강조, 기업총수의 자질 등을 안겨준 것이다. 이렇게 두 기관이 얽히며 제3의 기관이 형성된다. 이 같은 변화는 국가를 재단하고 제한하며 탈정치화해 경영과 관리의 대상으로 축소시키는 반면, 기업을 정치화해 기업 본연의 역할, 즉 생산 이외의 분야로 영역을 확장시킨다.

　현 상황을 이해하기 위해서는 우선 정치의 근원적 변화를 파악해야 하는데, 그러려면 역사적 관점에서 기업가 대통령의 등장을 살펴봐야 한다. 기업국가의 시초는 중세시대 교회국가로까지 거슬러 올라간다. 실제로 국가와 기업은 모두 12~13세기 교회라는 동일한 모체에서 파생된 '부산물'들이었다.[5] 그리고 이렇게 형성된 국가는 크게 세 가지 형태로 변화해왔다. 그 첫 번째는 그레고리오 혁신(11~12세기)으로 설립된, 교황의 영적 권위와 황제의 세속적 권위를 구분하고 서열을 둔 '교회국가'다. 두 번째는 16~18세기 독일혁명에서부터 영국혁명까지 이어진 수많은 혁명을 통해 태어난 '주권국가'다. 그리고 마지막 세 번째는 19~20세기 산업혁명, 경영혁명으로 발생한 '기업국가'다.

　특히 경영혁명이 일어난 19세기 말에는 내기입들이 활동 범위를 확장했으며, 나아가 문화적 패권을 장악하기 위해 정치판에 뛰어들었다. 과거 국가권력이 완전한 주권을 얻기 위해 종

　　더욱 강해지는 디스토피아의 세계

교와 신학을 굴복시켰던 것과 같다. 한때는 교회의 신성성 형성에 공헌하기도 했던 국가가 이제 신성함을 잃고 그저 기술적으로 관리해야 할 기계로 전락해버린 것이다. 사회학자 소스타인 베블런은 20세기 초 당시 기업이야말로 자본주의의 중심이 되는 경제기관이라고 보기도 했다.[6] 그러나 국가와 기업은 경제적·기술적 권력이자 동시에 문화적·사회적 권력이다. 철학자 뱅상 데콩브도 "기관이란 생각하고 행동하는 방식"이라고 말한 바 있다.[7] 산업혁명이 힘을 얻으면서 사회의 지적 생산이 한 기관에서 다른 기관으로 넘어갔던 것도 이 때문이다. 사회학자 울리히 벡은 이에 대해 "산업사회의 정치적 성좌는 비정치화됐고, 반면 산업주의의 비정치적 부분들은 정치화됐다"고 요약했다.[8]

2차 세계대전 이후 또다시 정치지도자가 비극적이고 범죄적인 악습들을 저지르는 상황을 막고자 인공지능과 경영이 손을 잡고 보다 '효율적'인 자동적 권력을 추구하기 시작했다. 어니스트 르낭은 1848년에 이미 "인류는 앞으로 과학적으로 조직될 것"이라고 예견한 바 있다.[9] 사회를 하나의 기계로 통치한다는 것은, 결국 인류의 프로그래밍이 가능해졌다는 사실을 보여주는 것과 다름없다. 1948년, 도미니코 수도회의 도미니크 뒤바를르 사제는 인공지능에 대해 이렇게 적기도 했다. "우리는 정치 지도자들과 관습적 장치들의 명백한 허점을 (…) 통치 기계가 대체하는 때가 오리라고 상상할 수 있다."[10]

정치의 기술화, 정치의 탈정치화, 기업의 정치화

그리고 그가 상상했던 국가의 '사이버 리바이어던'은 오늘날 구글, 아마존, 페이스북, 애플, 마이크로소프트와 같은 거대기업의 형태로 실현되고 있다. 실리콘 밸리의 정계 진출도 마찬가지다. "캘리포니아에서 만들어진 기성화된 사고방식 속에는 알고리즘 장치들을 통해 스스로 제어하는 자동조종사회가 제시돼 있다"고 말한 언론인 필립 비옹-뒤리의 말도 이를 잘 보여준다.[11] 실리콘 밸리의 리더 중 한 명인 팀 오라일리 역시 "알고리즘 제어"의 시대가 도래했다며 정부도 "'빅 데이터'의 시대에 들어설 것"이라고 강조했다.[12]

정치의 기술화는, 국가를 무력화시키는 거대 기업들에 의해 정치가 중립화·탈정치화되는 결과를 낳는다. 과거 국가가 교회를 무력화시켰던 것과 마찬가지다. 국가주의에 대한 비판이 극에 달한 순간이었던 베를린 장벽의 붕괴 이후로 인공지능, 경영, 자유주의의 갈림길에 선 기업국가는 필요불가결한 존재가 됐다. 이제 기업국가는 세 가지 차원을 아우르며 발전을 거듭하고 있다. 우선 大사글 통한 끼비닌스와 일고리즘 통치를 가능하게 하는 '기술저 차원'이 있다.[13] 다음으로 효율이라는 명목을 앞세운 '신(新)경영적 차원', 마지막으로 프리드리히 하이에크의 연구·몽페르랭 소사이어티·시카고학파의 연장선에 있는 국가에 대한 공포를 동반한 '신자유주의적 차원'이다.

특히 하이에크는 이른바 시장의 '자생적 질서'라는 이름을 내세워 "정치의 왕좌를 빼앗자"고 제안하기도 했다. 그는 이렇게 말했다. "정치는 과분한 비중을 차지하고 있으며, 과도한 비용이 드는 해로운 존재다. 정치는 엄청난 정신적 에너지와 물질적 자원을 빨아들이고 있다."[14] 그 왕좌를 이제는 기업에 물려줄 수밖에 없다는 것이다. 빌더버그 회의와 삼극위원회를 설립한 데이비드 록펠러는 1999년 이렇게 단언했다. "최근 몇 년 동안 세계 곳곳에서는 민주주의와 시장경제화 경향이 나타났다. 그 결과 정부의 역할은 축소됐고, 이는 기업인들에겐 유리한일이다. (…) 그 이면에는 무엇인가가 정부의 자리를 대신해야 한다는 문제점이 남아 있는데, 나는 '비즈니스'야말로 그 자리를 맡을 만한 논리적 개체가 될 것으로 본다."[15]

초산업화의 시대, 그리고 그에 동반되는 세계관의 시대. 즉 산업이 하나의 종교가 된 시대 속에서 대규모 기업들은 새로운 정치문화적 세력이 되고 있다. 기업국가의 등장은 곧 정치의 분열을 의미한다. 정치가 기업 쪽으로 기울면서 스스로를 부정하는 이유다. 바로 그 순간, 비정치적 정치인들은 '수동 혁명(안토니오 그람시의 개념)'에 매진하고 있다. 이들은 정치 자체에 대한 정치적 비판을 되풀이하며 권력 유지를 위한 혁명을 목표로 혁신과 복원을 이어가고 있다.

결국 정치의 비정치화와 국가의 중립화가 기업의 정치화, 나아가 '기업지배주의(Corporatocracy)'에 문을 열어주고 있는 셈이다. 사회학자 콜린 크라우치는 "이는 포스트 민주주의의 과정이며, 기업들이 손에 넣은 정치권력의 확대가 기반이 되고 있다"고 지적했다.[16]

이것이야말로 시민권이 공적 영역에서 기업에까지 확대되지 않으면, 정치를 다시 정치화할 수 없는 이유다.

글 · 피에르 뮈소 Pierre Musso

번역 · 심보희

1 Andrej Babis, 'L'Europe à deux vitesses, ça me fait rigoler 두 속도의 유럽, 웃음을 자아내다', 〈르몽드〉, 2017년 12월 6일 / 'propos de M. Erdogan rapportés par le politologue turcIsmet Akça', 〈France 24〉, 2018년 7월 14일.

2 François Denord & Paul Lagneau-Ymonet, 'Les vieux habits de l'homme neuf 피그말리온 에마뉘엘 마크롱이 대선 후보되기까지', 〈르몽드 디플로마티크〉 프랑스어판 · 한국어판, 2017년 3월호.

3 Lucien Sfez, 『La Symbolique politique 정치적 상징성』, Presses universitaires de France, Paris, 1988.

4 Michel Foucault, 『Naissance de la biopolitique. Cours au Collège de France, 1978~1979, 생명관리정치의 탄생: 콜레주 드 프랑스 강의 1978~1979년』, Ehess-Gallimard-Seuil, Paris, 2004.

5 Pierre Legendre, 『Argumenta & Dogmatica 논의와 교의』, Mille et une nuits, Paris, 2012.

6 Thorstein Veblen, 『The Theory of Business Enterprise』, C. Scribner's Sons, New York, 1904.

7 Vincent Descombes, 『Les Institutions du sens 의미의 기관』, Les Éditions de Minuit, Paris, 1996.

8 Ulrich Beck, 『The Reinvention of Politics: Rethinking Modernity in the Global Social Order』, Polity Press, Cambridge, 1997.

9 Ernest Renan, 『L'Avenir de la science: pensées de 1848, 과학의 미래: 1848년의 사유』, Calmann-Lévy, Paris, 1890.

10 Dominique Dubarle, 'Une nouvelle science: la cybernétique. Vers la machine à gouverner 새로운 과학: 인공지능. 통치하는 기계를 향해', 〈르몽드〉, 1948년 12월 28일.

11 Philippe Vion-Dury, 『La Nouvelle Servitude volontaire. Enquête sur le projet politique de la Silicon Valley 새로운 자발적 복종. 실리콘 밸리의 정치 프로젝트에 대한 조사』, FYP Éditions, Limoges, 2016.

12 Tim O'Reilly, 'Open data and algorithmic regulation', Beyond Transparency: Open Data and the Future of Civic Innovation, https://beyondtransparency.org

13 Alain Supiot, 'Le rêve de l'harmonie par le calcul 숫자놀음 통치의 허구', 〈르몽드 디플로마티크〉 프랑스어판 2015년 2월호 · 한국어판 2015년 3월호/ Antoinette Rouvroy & Thomas Berns, 'Gouvernementalité algorithmique et perspectives d'émancipation 알고리즘적 통치성과 해방에 대한 관점', 〈Réseaux〉, no.177, Paris, 2013.

14 Friedrich Hayek, 『Droit, législation et liberté 법, 입법 그리고 자유』, partie 3, Presses universitaires de France, coll. 〈Quadrige〉, 2013(1st ed.: 1979).

15 'David Rockefeller: Looking for a new leadership', 〈Newsweek International〉, New York, 1999년 2월 1일.

16 Colin Crouch, 『Post-démocratie 포스트 민주주의』, Diaphanes, Zurich-Berlin, 2005.

제미신이 휴고상을 3차례 수상한 이유는?

이것이 세상의 끝이다. 갈라진 땅이 대륙을 가르고, 땅에서 솟아오른 연기가 수백 년 동안 태양을 가릴 것이다. 지구가 죽어갈 때 에쑨은 또 다른 죽음을 맞는다. 집에 돌아온 에쑨은 바닥에 널브러져 있는 아들의 시신을 마주한다. 아들을 죽인 남편은 딸과 함께 자취를 감췄다. 주인공 에쑨은 두 가지 일을 해내야 한다. 재난의 진원지에서 벗어나 목숨을 부지하고, 사라진 딸을 되찾는 것이다.

"너는 그녀다. 그녀는 너다. 네가 에쑨이다. 기억하는가? 아들을 잃은 여인이다." 이렇게 시작되는 음울하고도 빛나는 N. K. 제미신의 작품 『다섯 번째 계절』은 파란 많은 이야기를 담은 삼부작의 첫 작품이다.(1) 에쑨은 지구의 열 에너지와 지진 활동을 다루는 능력을 지닌 돌연변이 '오로진'이다. 부모에게 맞아 죽거나 제국의 통제를 받고, 두려움과 혐오의 대상인 오로진들은 세상의 차별받는 모든 사람들에 관한 은유다.

초반의 이러한 은유는 놀랍게도 즉각 외국인 혐오주의를 떠올리게 한다(물론 인종 차별의 희생자들은 초능력자들이 아니었다). 제미신은 이런 구조를 3부작의 일관된 골자로 삼아 교조적인 관점을 배제한다. 작가는 증오, 협력, 제국주의, 노예제, 반란, 체념과 같은 주제로 이야기의 다양한 가지를 이어나간다. 이러한 전개는 모성과 젠더, 사회 구조 같은 여타 주제처럼 포스트 아포칼립스적인 세상의 끝없는 지각변동으로 위태롭게 흔들린다. 불안정하고 신비한 힘에 의해 조각난 대지 위에는 생존자들이 삶을 이어간다. 사람들은 그다지 온정적이지는 않지만 매우 인간적이다.

오랫동안 타자성은 판타지 문학의 주제였다. 이제는 인종과 젠더 문제가 타자성 논의에 불을 붙인다. 극우 작가로부터 '반야만인' 취급을 받기도 했던 제미신은 권위 있는 휴고상을 받은 최초의 흑인 여성이다. 하지만 인종론자들은 합당치 않은 결정이라고 비난했다. 이후 삼부작 중 제2권으로 제미신은 휴고상을 또 받았고, 제3권으로 세 번째 휴고상까지 거머쥐었다. 세 번째 상을 받으며 제미신은 이렇게 말했다. "저는 SF와 판타지가 시대정신의 촉매제라고 생각합니다. 우리 작가들은 가능성의 공학자인 셈이죠. 마지못해서라도 SF 장르가 결국 인정했다시피, 소외된 이들의 꿈도 가치가 있으며, 모두에게 미래가 있다는 점을 인정한다면, 우리가 사는 세상도 곧 그렇게 바뀔 것입니다(조만간 그렇게 되길 바랍니다)."

글 · 기욤 바루 Guillaume Barou   번역 · 이푸로라

(1) 부서진 대지 3부작: 『다섯 번째 계절』, 『오벨리스크의 문』, 『석조 하늘』, J'ai lu, coll. Nouveaux millénaires, Paris, 2017~2018.

대중 조작의 '사회공학'

파블로 장상 Pablo Jensen

그랑제콜인 리옹 ENS 로날팽 연구소(Rhônalpin Institute)의 책임자. 프랑스 국립과학연구센터(CNRS)에서
물리학과 사회과학 사이의 학문 간 연관성에 관한 국가 프로젝트를 맡았고,
복잡한 시스템의 모델링, 생물학, 컴퓨터 과학, 수학, 물리학에 관한 학제간 연구 프로그램을 수행중이다.

인터넷 시대에 인구는 더 이상 대규모 집단이 아니라, 상호작용의 미묘한 네트워크다. 이제 마케팅과 사회학은 긴밀한 네트워크 연결과 개인적 제스처 속에서 이들의 경향을 찾고 있다.

과학과 기술을 통해 미래를 조종한다. 이것이 곧 거대 연구 프로젝트인 '미래정보기술(FuturICT)'의 야망이다. 이 프로젝트를 추진하는 연구원들은 다음과 같이 주장한다. "당면한 많은 문제, 금융위기, 사회와 경제 불안, 전쟁, 전염병 등은 인간의 행동과 연관 있다. 하지만 사회와 경제가 작동되는 방식에 대한 이해 부족은 심각한 수준이다."[1] 미래정보기술은 유럽연합(EU)이 추진한 유례없는 규모의 연구지원 프로그램의 하나로 예비 선정됐다. 비록 10억 유로의 자금이 투입된다는 것 때문에 이 프로그램이 최종적으로 선정되지는 않았지만, 미래정보기술이 제기한 문제들은 여전히 의제로 남아 있다. EU는 인간의 뇌를 모의실험하는 인간두뇌 프로젝트와 전자·통신 등의 그래핀 응용 방안 연구를 선호했다.

사실, 이것은 사회를 조종할 목적으로 컴퓨터의 강력한 계산 능력을 활용해 공학과 자연과학, 인문학 지식을 융합하겠다는 의도이다. 특히 인터넷의 발전으로 생성된 정보의 홍수, 통신망의 확산과 이른바 '소셜'이라 지칭되는 전자 네트워크상에서의 (정보) 교환으로 인해 방대한 데이터(빅데이터)를 처리할 수 있게 되면서 이 막대한 데이터가 어떻게 응용될지에 벌써 우리의 상상력이 자극되고 있다.

2011년부터 정보와 관련된 연구 수행 책임을 맡고 있는 미국의 정보고등연구계획활동국(IARPA)은 기업과 학계가 추진하는 프로젝트, 즉 수학적인 예측 방법과 잠재적 폭동에 대한

대비책을 발전시키기 위해 남미 국가의 인터넷 데이터를 자동 저장하는 프로젝트에 자금을 지원하고 있다.

대중을 '조종'하는 사회공학

과학적 방법을 동원해 사회를 조종하겠다는 아이디어는 결코 새로운 게 아니다.[2] 그러나 이 아이디어를 작동시키려면 통계학이 발명될 때까지 기다릴 수밖에 없었다. 19세기부터 유럽

국가들은 세금 징수와 병사 모집 방법을 개선할 목적으로 인구와 이들의 재산을 조사했다. 이 것이 지도나 토지대장과 같은 다양한 도구의 보편화와 측정 단위와 언어의 통일, 더 나아가서 는 성씨 제도 정비 같은 법률 및 장비의 인프라를 확립시켰다. 중앙 관청을 통해 이런 정보를 활용하도록 하기 위해, 사람들은 확률론 같은 수학적 도구를 발명한 위대한 수학자 피에르 시 몽 드 라플라스(1749~1827)에게 도움을 요청해, 단편적인 데이터를 토대로 인구 추정에 나 섰다.

하지만 실제 사회과학의 창시자는 벨기에의 무명 천문학자 아돌프 케틀레(1796~1874)다. 그는 파리 관측소에서 라플라스와 함께 근무하며 국가 인구조사 방법을 알게 됐다. 그리고 그 는 자살이나 범죄 건수의 상대적 지속성에 매료됐다. 그는 절대적으로 많은 수의 개인을 집계 하면 개별적인 예측 불가능성을 해소할 수 있다는 결론을 내렸다. 예컨대 인간과, 인간에 연 관된 모든 것을 물리적 현상 법칙의 산물로 봤다. 따라서 그는 라플라스의 천체공학만큼이나 정확하고 대중을 조종할 수 있는 '사회공학'을 고안해내고 싶었다. 그의 사회 그룹에 대한 규 칙과 예측 분석은 철학자이자 사회학자인 에밀 뒤르켐(1858~1917)의 학문과 사회과학, 즉 사회학의 시발점이 됐다.

20세기에서 이른바 '영광의 30년(1945~75)' 동안 중앙집권 국가들은 중앙정부가 미리 정 한 행정 카테고리(나이·성별·직업군 등)에 따라 파악해 집계한 인구를 동종 사회 그룹처럼 관리했다. 그리고 1980년대 신자유주의 국가는 사회구조를 카테고리화 하겠다는 생각을 버렸 다. 신자유주의 국가는 그것보다는 오히려 자유 시장에서 경쟁하는 고립된 개인, 즉 '사회적 원자들'을 병렬로 배치한 사회구조를 구상했다. 부양책과 성과를 통해 사회를 조종하는 게 바 람직하다고 여긴 것이다.

미래정보기술 실험의 꼼수

미래정보기술이 자유주의에 소중한 '사회적 원자' 개념에 사회구조를 결부시키며 오래전

케틀레가 구상한 사회 법률의 존재를 다시 부각시켰다. 이 법률의 목적 중 하나는 복잡한 우리 사회를 지탱하는 숨겨진 법률의 베일을 벗기는 것이다. 이 법률 덕분에 우리는 시나리오를 테스트할 가상 사회를 만들 수 있게 됐다. 예컨대 '최상의' 시나리오를 선택하고, 정기적으로 세상을 뒤흔드는 위기에 대비책을 세울 수 있게 된 셈이다. 모의실험 장치의 도움을 받아 도시 교통을 모의실험해 차량의 평균 흐름을 측정하고, 신호등이 사이클 주기를 피쇄하는 게 이미 가능해졌다. 그러나 미래정보기술을 고안한 두 연구원 중 하나인 더크 헬빙은 다른 방식의 연구를 시도했다. 그는 자신의 팀과 함께 개별적인 자동차 통행 데이터로 반응 시간 같은 매개변수를 감안한 운전자들의 행동 모델을 만들었다. 그는 신호등이 다양한 방식으로 작동되는 환경에서 '로봇 운전자'(실험 대상 운전자) 중 많은 수를 상호작용하게 함으로써 이들의 운행거리 시간을 재고, 신호등이 실시간으로 교통량을 측정하고, 인근 신호등과 정보를 교환해 서로 신호 시간을 조정할 수 있음을 밝혔다. 사람들이 차량 행렬의 도착을 예측할 수 있게 된 것이다. 이같은 '미시사회' 공학은 다른 분야에서도 유용할 수 있다. 예컨대 컴퓨터 과학자, 의사, 물리학자 등으로 구성된 학제 간 연구팀이 유행 독감 예측을 가능케 하는 정교한 모델을 개발하지 않았던가!

미래정보기술은 사회의 전반적인 문제에 이같은 연구 방식을 보편화할 것을 제안한다. 각 개인의 정보를 갖고도 전 인류를 모의실험할 수 있는 모델을 만드는 일이 불가능함을 인식했음에도 미래정보기술은 '지상 신경계', 즉 매 순간 수십억 개의 개인 및 환경 데이터를 한곳에 수집하고 기록하는 세계적인 통신망을 통해 자양분을 얻는 지상 모의실험 장치를 구상 중이다. 이상적으론, 모의실험 장치가 이미 복잡한 물리학 시스템에서 그랬듯, 사회 작동의 이론적 모델을 구축할 수도 있고 다양한 정책의 효과를 테스트할 수도 있다. 요즘은 화학자들이 이렇게 자문할 수도 있다. '내가 구리에 지르코늄을 심으면 연료 생산이 촉진될까?' 그리고 과학자들은 자신의 아이디어를 컴퓨터로 테스트해보기 위해 이렇게 자문할 수도 있다. '내가 사람들의 유동성을 높이면 더 나은 사회적 연대가 이뤄질까?'

그렇지만 모든 인간이 단순한 규칙을 따르는 경제주체에 의해 대변되는 사회적 원자 모델

더욱 강해지는 디스토피아의 세계

속의 원자들은 현실을 대변하는 데 종종 힘들어한다. 이 사실은 '재산 공유의 비극'에 대한 모의실험을 다룬 수많은 이론 논문에 관심만 가지면 충분히 확인할 수 있다. 재산 공유 상황에서는 각자 사리사욕을 채우기 위해 집단을 감안하지 않고, 공유 재산을 착취할 수 있어 모든 이들이 이같은 착취를 피하기 힘들다고 말한다. 2009년 노벨경제학상을 받은 엘리너 오스트롬이 선험적 작업을 통해 증명했듯[3] 공동 규범, 가족관계, 대화가 실질적인 협동체 안에서 이같은 '비극'을 피하게 하는 핵심 역할을 한다. 하지만 이런 요소는 모의실험 범주 밖이다.

미래정보기술이 물리 모의실험과 유사하다고 하는 것은 말 그대로 꼼수다. 실제 물리 모의실험은 과학자들이 천연 소재를 다루지 않고 실험실에서 정제하고 검증을 거친 인공 재료를 다루는 것에 한해 타당성이 입증된다. 게다가 아직까지는 가상 미래정보기술의 예측 응용이 흔치 않다. 최적의 재료는 제조하기 어렵고, 비용이 너무 많이 들기 때문이다. 따라서 '지상 모의실험 장치'의 성과는 단지 '사회 법률'의 타당성을 보장할 만큼 충분히 틀이 잡힌 사회에만 적용할 수 있다. 이를테면 '경제 법률'이 돈으로 모든 가치를 환산하는 경제학자들에게 포맷당한 세상에서만 가치 있는 것과 비슷하다. 이런 (경제) 법률을 믿는다는 것은 이데올로기(함축적이든 아니든 간에)에 따라 최적 판단을 받은 이론 모델대로 구축된 게 금융시장임을 잊은 처사다. 사회적 측면에서 보면, 사회규범에 대한 정치적 차원의 해명 요구를 하지 않는 처사다. 사실 미래정보기술 프로젝트 소개 글에 자주 등장하는 용어 중 하나인 '(경제)회복탄력성'이 모든 분쟁의 가능성을 희석시킨다.

빅데이터 뒤에 숨은 빅브라더

반면 미래정보기술이 학계 쪽에 사회의 디지털화, 특히 구글이나 페이스북 같은 민간 기업들이 좌지우지하는 부문에 대한 장악의 중요성을 일깨워준 것은 옳은 일이다. 사회의 디지털화 용도는 사회를 조종한다고 주장하는 기관의 계산력을 강화하거나, 흩어진 정보를 조정할 수 있는 도구를 발전시키는 방향, 두 방향으로 갈 수밖에 없을 듯하다. 방대한 데이터를 분석하는 전략을 채택한 미래정보기술이 도입한 개념에 따르면, 실험 모델이 된 개개인은 조직의 분자다. 이들의 뇌는 다른 곳에 있다. 그러나 빅데이터 뒤에는 '빅브라더(정보 독점으로 사회를 통제하는 관리 권력)'가 숨어 있다.

하지만 사람들이 정부를 정부 중앙기관에 제공하지 않고 개인들에게 제공한다면 새로운 디지털 세계가 탄생할 수도 있다. 1975년 이미 한 아마추어가 자동으로 식품을 구입하고 요리법까지 제안하는, 즉 소량의 개인 식품 데이터베이스를 관리하는 소프트웨어를 고안해냈다. 당시만 해도 이는 공상과학이었다. 하지만 이제는 각 개인이 자신의 데이터를 기록·편성·관리하며[4] 기업이나 관청에 전달하도록 하는 소프트웨어를 선보이기 시작했다. EU 사이트에는 미래정보기술의 도입 목적을 우리의 현실과 동떨어진 방법으로 소개해놓았다. "위기관리 관측소와 무역 책임자와 정책 결정자를 위한 의사결정 과정을 지원하는 시스템(FuturICT)을 만들어 도입한다." 이상한 민주주의에 대한 규정일까?

글 · 파블로 장상 Pablo Jensen

번역 · 조은섭

1 www.futurict.eu, 별도의 의견이 없는 한 모든 인용의 출처는 이 사이트다.
2 Philippe Rivière, '아옌데 칠레 대통령, 정보통신과 혁명', 〈르몽드 디플로마티크〉, 2010년 7월호.
3 Elinor Ostrom, 〈재산 공유의 거버넌스〉, De Bouck, 브뤼셀, 2010. '똑똑한 반도체칩', http://blog.mondediplo.net.
4 www.mydex.org.

더욱 강해지는 디스토피아의 세계

헨리 포드의 엇나간 꿈

그레그 그랜딘 Greg Grandin

저서로 『헨리 포드의 잊혀진 정글도시, 그 흥망성쇠(The Rise and Fall of Henry Ford's Forgotten Jungle City)』
(Metropolitan 뉴욕·2009) 등이 있다.

질서와 건강식을 중시한 그는 노조와 고기를 싫어했다. 20세기 초, 미국의 사업가 헨리 포드는 그런 자신의 세계관을 자동차 제조업에 적용했다. 그리고 합리화와 표준화를 토대로 한 생산 방식을 모든 인간활동 영역으로 확대하려는 야심찬 계획을 세웠다. 헨리 포드는 아마존의 한복판에 포드사의 타이어 제조를 위한 고무 생산 거점인 '포들랜디아'라는 미국식 유토피아를 건설함으로써 자신의 꿈을 실천했다.

1927년, 포드사의 오너 헨리 포드는 "아마존에 고무를 재배하고 정글 한가운데에 도시를 세우기 위해 미국 코네티컷주 크기의 땅을 양수했다"고 공표했다. 이에 미국 언론들은 거부할 수 없는 위력의 두 골리앗이 손잡은 것이라며 환영했다. 한쪽은 세계에서 가장 막강한 기업체로서, 대량생산 방식을 최초로 도입하며 세분화된 부품을 동일한 품질로 무한 복제해내는 새로운 생산모델로 승승장구한 산업계의 거물이다. 다른 한쪽은 지구에서 가장 큰 하천 유역으로, 9개국을 가로지르며 남미 대륙 3분의 1을 뒤덮는다.

헨리 포드, 거대한 아마존 밀림을 불하받아

따라서 이 일은 헨리 포드로 대표되는 20세기 미국식 자본주의의 거센 기운과 아마존강의 절대적 위엄으로 상징되며, 그때까지만 해도 아무도 손에 넣지 못한 유구한 원시세계 사이의 대결로 소개됐다. 〈타임〉(1927년 10월 24일자)의 시각에서 보면, 포드는 아마존 밀림 전체의 산업화가 달성될 때까지 해마다 고무 생산 최적화에 공을 들일 게 분명했다. 아마존 부족들에게 최고의 행복을 선사하기 위해서였다. "육중한 칼날로 무장한 아마존 인디언들이 곧 기존의 낡은 움막을 쓸어버리고 와이퍼와 매트, 타이어 제조에 용이한 환경을 만들 것이다." 〈워싱턴 포스트〉(1931년 8월 12일자)는 "포드사가 아마존 밀림에 '백인의 기적'을 일으킬 것"이라고 내다봤다. 고무만 재배하는 게 아니라 고무를 채취하는 사람 자체를 양성하는 것이다

포드의 브라질 북부 상륙은 탐험가들의 시대가 상업의 시대로 바뀌는 역사적 전환점과 맥락을 같이한다. 포드도 아마존 탐험가들이 내세운 화려한 수식어 따위와는 거리를 두었다. 포드가 아마존 밀림을 자신의 도전 목표로 인식했다면, 이는 자연을 지배하겠다는 의지보다는 미국적 시각을 이곳에 적용하겠다는 의지에서 비롯된 것이다. 그의 계획에는 낭만적 측면도 없지 않다. 더구나 고전적인 사교댄스를 장려한 그가 아닌가. 그렇다고 이 자동차 업계의 제왕이 모험심에 사로잡힌 건 아니었다. "힘들게 일한 사람은 따닥따닥 소리가 나는 난롯가의 편안한 의자에 앉아 안락한 분위기를 즐길 수 있다"는 게 그의 지론이었다. 따라서 그가 아마존 밀림 한가운데에 교외 고급 주택가 못지않은 오두막집을 만들어 브라질 노동자들이 지내도록 하고, 자그마한 정원에서는 꽃과 채소를 키우도록 한 것은 당연했다.

1927년에 시작해 브라질 정부에 토지를 넘긴 1945년까지, 그는 아마존 밀림 한가운데에 두 개의 미국식 대도시를 구축하기 위해 수천만 달러를 지출했다. 그 가운데 하나는 식물 기생충 하나 때문에 플랜테이션 농장 전체가 파괴된 이후 버려졌다. 포드가 세운 밀림 속 도시의 주민들은 공원, 보도, 배관, 병원, 잔디, 영화, 수영장, 골프장 등 모든 문명의 이기를 누렸다. 깔끔하게 포장된 도로 위에서 포드 자동차를 타고 드라이브 까지 즐겼다. 아마존 유역을 관통해 기나긴 여정 끝에 '포들랜디아'에 도착한 주브라질 미대사관 무관 레스터 베이커 소령은 미국 중서부라고 해도 손색없을 정도의 이 '천국'을 보고 놀라움을 금치 못했다. 전기 램프, 전화, 세탁기, LP, 냉장고까지 모든 걸 갖추고 있었기 때문이다.

하지만 처음 몇 해 동안 폭동 사태가 빚어졌고, 디즈니랜드 같은 꿈의 도시보다는 국경 도시에 더 걸맞은 상황이 연출됐다. 말라리아와 황열 때문에 사망률도 급격히 높아졌다. 아마존

역사에서 유례없는 대규모 화재로 하늘이 시커먼 연기로 뒤덮였고, 브라질 노르데스트의 척박한 땅에서 굶주림에 지친 이들이 일자리를 찾아 몰려와 작업장을 가득 메웠다. 이들은 포드가 일당 5달러로 수만 명을 고용했다는 풍문을 듣고 내달려온 참이었다. 사람들은 아내와 자식, 삼촌, 사촌 등을 다 데리고 몰려왔다. 이들은 나무토막과 천막으로 대충 만든 막사에서 비좁게 지냈다. 플랜테이션 농장에서 도망친 노동자들은 칼부림이나 소요 사태에 관한 이야기를 전해주었다. 미국인 지도부가 아마존 원시림을 죄다 엉망진창으로 만들어버렸다고 했다. 아마존 밀림을 상당 부분 불태워 없앤 그들은 과거 이 지역 사람들이 어떻게 파라고무나무를 키웠는지는 조금도 생각하지 않았다.

남아 있던 사람들도 포드식 인력 편성 방식에 불만이 많았다. 현지의 기온이나 강수량은 전혀 고려하지 않은 채 작업 일정을 짜고, 유치원까지 식단을 통제했으며, (헨리 포드가 젖소를 싫어했기 때문에) 아이들에게는 두유만 제공했다. 노동자들에게는 도박장 출입을 금지했고, 음주도 불가능했다. 제툴리우 바르가스(1930년 혁명에 성공한 혁신 장교들의 추대로 임시 대통령에 오른 뒤 강권통치로 두 차례 브라질 대통령을 지냄)에게 권력을 안겨준 '혁명' 이후 두 달이 지난 1930년 12월, 포들랜디아에서 폭동이 터졌다. "미국인들에게 죽음을!", "브라질인들에게 브라질을 돌려달라!"고 외치던 노동자들은 부지 일부를 훼손하며 자신의 정당한 주장을 받아들이라고 요구했다. 미국인 간부들은 헨리 포드가 노동자 조직을 '지구상에 전례 없는 화근'으로 간주한다는 걸 모르지 않았다. 이들은 브라질 군대를 설득해 지원을 얻어냈고, 그 결과 폭동에 가담한 사람들은 해고되고 소매상들은 가게 문을 닫았다.

바퀴벌레와 병원균에 쑥대밭이 된 '포드 도시'

그런데 이번에는 자연이 들고 일어났다. 포드는 파라고무나무가 빽빽하게 줄지어 자라길 바랐다. 기계들을 가지런히 배치해 이동을 최소화하는 미국 디트로이트 공장처럼 만들고 싶었던 것이다. 하지만 이로써 그는 바퀴벌레와 병원 균류가 들끓을 수 있는 최적의 조건을 제공한 셈이 됐고, 플랜테이션은 쑥대밭이 됐다.

포들랜디아는 저주받은 땅처럼 보였다. 초기의 저항 때문에 그렇게 보인 탓도 있었지만, 어느 정도 질서가 잡힌 뒤에도 아마존 밀림의 식물들이 포드식 경영 방식을 끈질기게 거부했기 때문이다. 오늘날 이곳의 잔해를 둘러보면 왠지 울적함에 빠져든다. 1세대 농장 경영인들이 남미 최내의 세세소도시 높은 생산량을 기록했음에도, 이곳은 신림 피괴의 현장이라기보다는 공장 파괴의 현장이라는 느낌이 더 강했다. 물탱크는 녹슬었고, 제재소의 잔해는 한때 또 하나의 '포드 도시'이던 미시간주 아이언마운틴(1920년대 헨리 포드가 이곳에 자동차에 들어갈 나무를 공급하기 위해 제재소를 세웠다)의 공장 폐허와 당황스러울 만큼 닮아 있다.

포들랜디아 하항에서 약 2km 떨어진 곳에는 강으로 둘러싸인 언덕 위 '미국인 구역'의 잔해를 찾아볼 수 있다. 개신교의 엄격함이 밴 목재 가옥들에는 널지붕과 마루, 석고벽, 문양을 넣은 쇠시리 장식, 타일을 깐 욕실, 아플리케, 냉장고 등이 남아 있다. 수풀에 잠식된 낡은 집들은 현재 박쥐들이 장악한 상태이며, 벽과 바닥은 두꺼운 조분석 층으로 뒤덮였다.

아마존강 가까이에는 허름한 방갈로에서 브라질 사람들이 살고 있었는데, 그 일부는 전직 포드사 직원들이었다. 방갈로는 부지 둘레에 조성된 3개의 대로를 따라 줄지어 서 있었다. 발전소와 제재소는 과거 백인 거주 구역과 이 노동자 단지를 분리해준다. 기계실에서는 터빈과 발전기가 사라지고 없지만, 산업 잔해들은 아직 주위에 잔뜩 널려 있다. 과거, 발전소까지 장작을 실어 날라주던 5km 철로 구간은 이제 수풀에 뒤덮여 있다.

아마존에서 강요한 청교도식 미국 생활

아마존 밀림 도시는 헨리 포드가 개선하려 했던 미국식 삶의 모든 요소를 결합했다. 헨리 포드는 미국에서의 정치와 문화를 늘 탐탁지 않게 여겼다. 전쟁, 노조, 월가, 에너지 독점, 유대인, 모던 댄스, 우유, 루스벨트, 남배, 술, 연방정부의 개입 등 미국에서 벌어지는 모든 것이 그에게는 늘 불만의 대상이었다. 게다가 가장 심각한 문제는 헨리 포드 자신의 손으로 일군

산업자본주의의 위력이 오히려 그가 원한 세계를 강탈해갔다.

포드식 경영에는 스스로를 무너뜨리는 씨앗이 내재돼 있었다. 생산과정이 각각의 업무를 점점 더 고립시키며 극도로 세분화되고, 여기에 교통·통신의 급격한 발달이 결합되면서 고용주들은 고임금·고소비의 연결고리를 끊을 수 있게 됐다. 생산활동에 참여한 노동자가 다시 소비활동에 참여할 수 있게 노동력에 대한 정당한 보수 지급이 포드식 경영의 원칙이었으니, 이제 상품은 한 곳에서 만들어져 다른 곳에서 판매되는 세상이므로, 노동자에게 고임금을 지급하는 사장은 더 이상 존재하지 않았다.

이런 상황은 포들랜디아 서쪽으로 약 500km 떨어진 마나우스에서 특히 눈에 띄게 나타났다. 고무 붐이 일어나며 19세기에 크게 번영했던 아마존강 유역의 항구도시 마나우스는 1960년대 말, 브라질 군사정부가 이곳을 비(非)관세 지역으로 지정하면서 제2의 전성기를 맞이했다. 관세가 폐지되자 마나우스는 브라질 전체의 슈퍼마켓 같은 존재가 되었다. 마나우스 항구에서는 미국과 유럽, 아시아에서 온 화물선들이 매일 엄청난 양의 상품을 하역했다. 1969년 〈뉴욕타임스〉는 장난감, 라디오, 에어컨, 텔레비전 등 비관세 물품을 가득 싣고 리우나 상파울루에서 전세기를 타고 온 브라질 사람들의 행렬에 대해 언급하며 이 '뜨거운 열기의 호황'을 환영했다. 같은 시기, 브라질 군사정부는 수출 세금 완화나 보조금 지원 등 산업에 막대한 지원을 하며 마나우스를 유수의 다국적기업을 위한 산업지대로 탈바꿈시켰다. 당시 미국과의 국경을 따라 빠른 속도로 늘어나던 외국계 공장 '마킬라도라'와도 비슷했다. 오늘날 마나우스에는 혼다, 야마하, 소니, 노키아, 필립스, 코닥, 삼성, 산요 등 수백 개 공장이 상주해 있다. 1999년, 할리데이비슨은 이곳에 처음으로 해외 공장의 문을 열었다. 질레트는 자사의 남미 최대 생산라인을 이곳에 두고 있다.

포드 경영방식이 만든 참상, 아마조니아의 허상

브라질에서 가장 높은 인구성장률을 보이는 마나우스는 1960년대 중반 20만 명이던 주민

수가 오늘날 300만 명으로 늘어났다. 아마존을 위협하며 성장하는 도시는 주변 밀림의 초록색 이파리들을 나날이 먹어치워 없앤다. 제3세계의 여러 도시들과 마찬가지로, 마나우스 역시 범죄와 빈곤이 끊임없이 증가한다. 미성년자 성매매 행위와 밀거래가 성행하고, 환경이 오염되며, 의료 체계도 엉망이다. 정화시설이 구비되지 않아 폐수는 곧장 아마존강의 히우네그루로 방출된다. 마나우스는 브라질 산업생산량의 6%를 차지하며, 약 10만 개 일자리를 책임진다. 수출업자들이 얻는 이득이야 엄청나지만, 마나우스는 입에 풀칠하기 위해 찾아오는 모든 이농자에게 일자리를 제공하지 못한다. 비행기를 타고 이곳에 도착한 방문객의 눈에는 모래밭 위로 멋지게 솟아오른 초호화 마천루와 함께 그 아래 펼쳐진 빈민가가 동시에 들어온다. 변덕스러운 강물로부터 자신을 지키기 위해 불안한 말뚝 위에 빈민가를 얹어놓은 형상이다. 이는 세계에서 불평등한 나라 가운데 하나의 불평등한 현실을 압축적으로 보여준다. 이에 비하면 포들랜디아 미국인 거주 구역과 노동자 단지 사이의 사회적 격차는 사소해 보인다.

약 500km에 이르는 아마존 중부 지역에는 현대 자본주의의 역사가 펼쳐지고 있다. 한쪽에 있는 영광의 기념물 포들랜디아는 20세기 초기의 지켜지지 않은 약속을 상징하고, 다른 한쪽의 마나우스는 도심의 참상이 도사리고 있다. 포드의 경영 방식이 만들어낸 참상이지만, 이는 포드 자신도 멀리하려던 것이었다. 아마조니아에 제2의 아메리카를 건설하겠다던 야심찬 계획의 결말은 하나밖에 없다. 아마조니아가 아메리카의 하청 지역이 되는 것이다.

글 · 그레그 그랜딘 Greg Grandin

번역 · 배영란

더욱 강해지는 디스토피아의 세계

『높은 성의 사내』, 나치와 일제가 승리한 다른 세계

시국이 어지러울 때 혼란스러운 세상에 관한 글을 읽으면 왠지 모르게 기운이 난다. 따라서 요즘은 필립 킨드레드 딕(Philip Kindred Dick, 이하 필립 K. 딕)의 작품을 읽기에 아주 좋은 시기라고 할 수 있다. 그 누구보다 회색 지대를 잘 찾아내 일반화된 확신을 깡그리 무너뜨리는 작가이기 때문이다.

필립 K. 딕(1928~1982)의 작품은 대부분 SF 소설이지만, 작은 녹색 외계인을 별로 좋아하지 않았다. 그는 은하계나 거대 로켓의 진동을 탐구하기보다는 내면의 공간, 즉 인식의 파동을 탐구했다. 진정으로 기이한 것은 인간이라는 존재라고 보았던 것이다.

필립 K. 딕의 작품은 오랫동안 SF 애호가들의 필독서였지만, 오늘날에는 대세로 꼽힌다. 대세까지는 아니더라도 흔히 인용되는 작가임에는 분명하다. 사후 필립 K. 딕의 작품은 12편의 영화(작품 주제가 깊이 관련되어 있지만, 해당 사실을 드러내 밝히지 않은 〈매트릭스〉 같은 영화는 포함하지 않더라도)로 각색되어 작가의 명성을 드높이는 데 일조했다.

하지만 더 넓게 보면, '필립 K. 딕'에 더 가까이 다가선 것은 이 시대의 흐름이다. 하지만 일각의 오만한 시선과 달리(필립 K. 딕 작품에서도 어느 등장인물이 공상 과학 소설 따위의 헛소리를 읽는 것은 비서들뿐이라고 거들먹거린다), 그의 세계관을 이해하는 것은 결코 쉬운 일이 아니다. 현기증을 일으키는 필립 K. 딕 소설을 처음 접한다면 1962년에 첫 출간된 『높은 성의 사내』를 추천한다. 이 소설은 그에게 상당한 명성을 가져다주었을 뿐 아니라 후기 모든 작품의 핵심 주제인 현실에 대한 의문을 정제된 방식으로 다룬다.

평행 세계 속 1960년대 미국을 배경으로 하는 『높은 성의 사내』는 놀라운 대체 역사물이다. 제2차 세계 대전의 추축국 나치 독일과 일본이 승리했다는 가정을 바탕으로 하기 때문이다. 승전국들은 세계를 분열시켰고, 미국 서부는 일본에 지배하에 있지만, 그래도 삶은 계속된다. 대서양 연안을 광기 어린 나치에 점령당한 미국은 다소 음울한 분위기이긴 하지만, 사람들은 삶을 이어간다.

미국은 지나간 이야깃거리며, 미국의 문화는 '상징적인 것'을 좋아하는 일본인들 사이에서 유행하는 골동품일 뿐이다. 미국인들은 일본인들처럼 걱정이 있거나 혼란스러운 순간마다 도쿄의 주역(周易)으로 점을 치기도 한다. 일은 번창하고, 사랑 이야기도 있지만, 의기소침한 기운이 감돈다. 그러다 책 한 권이 사회에

AMAZON ORIGINAL

THE MAN IN THE HIGH CASTLE

큰 파장을 몰고 온다. 다름 아닌 '여러 SF 소설처럼 대체 역사를 다룬 소설'로써 연합군이 승리한 세계를 그린다. 만약 그런 가정이 사실이라면? "우리는 정신병적 망상의 세계에서 살고 있다." 일부 사람들이 생각이 사실이라면, 현실에 닿을 수 없는 상황은 얼마나 악몽 같고 괴로울까? 필립 K. 딕 작품의 매력은 해결책을 제시하지 않고 문제를 제기하는 데서 그친다는 점이다. 장난스럽고 우회적인 카를 마르크스의 말대로 "세상 사람들은 오랫동안 인식만 하면 실제로 소유할 수 있게 되는 그 무언가를 꿈꿔왔다."

글 · 에블린 피에예 Evelyne Pieiller   번역 · 이푸로라

(1) 『Le Maître du Haut Château 높은 성의 사내』, Philip K. Dick, J'ai Lu, Paris, 2012.

04   대중서사가 된 SF

"기업의 네트가 별을 뒤덮고, 전자와 빛이 우주를 떠도는" 우리 시대의 사이
언스 픽션은 일상화된 과학기술의 마법을 향유한다. 가상 공간, 포스트 휴먼
과 더불어 살아가는 진화 너머의 인류를 꿈꾸는 오래된 미래의 멋진 로맨스다.

데이터화된 몸(신체)과 SF, 포스트휴먼

건국대 연구교수, 평론가. 건국대 몸문화연구소 연구교수. 한국SF협회 학술분과 상임이사, 한국SF어워드 심사위원
(2017, 2018), 저서로는 『한국 SF 장르의 형성』, 『한국 창작 SF의 거의 모든 것』, 『문학과 미디어의 이해』 등이 있다.

SF(Science Fiction)의 장르적 의미를 규정한 작가 휴고 건즈백(Hogo Gernsback)은 SF를 "과학적 사실과 예언적 비전이 뒤섞인 멋진 로맨스"라고 정의했다. 19세기 근대과학의 탄생과 함께 발생한 새로운 이야기 형식이, 비로소 하나의 의미로 묶이게 된 것이었다. 건즈백이 후대에까지 미친 영향과 마찬가지로 여기서 언급된 '예언적 비전'은 이후로 SF를 규정하는 가장 중요한 요소로 인식됐다.

영국 식민지정책을 비판한 『우주전쟁』

19세기의 대표적인 SF작가라고 할 수 있는 쥘 베른(Jule Verne)이 그의 작품들에서 제시했던 잠수함이나 비행선, 로켓과 같은 이동수단들은 이후 실제로 개발됐다. 상상의 실현을 보고, 사람들은 미래를 예견했던 작가의 혜안에 의미를 부여했다. 그리고 이후로도 수많은 SF에서 미래에 대한 예언적 제시들이 등장하고 그 뒤로 현실이 됐다.

미래에 대한 예언적 제시는, 분명 SF가 지닌 매력적 요소다. 하지만 그렇기 때문에 우리는 SF가 지닌 사소해 보이지만 중요한 부분을 간과하고 있다. 그것은 건즈백의 정의에서 언급된 '과학적 사실'이라는 단어로 이미 언급된 부분이다. 과학적 사실이란 과학적으로 증명가능한, 이론적으로 명확한 것만을 이야기하는 것이 아니다. 그것은 근대 이후 발달한 '과학'이라는 토대 위에 구성된 현실의 다양한 의미들을 지칭하는 것이기도 하다.

〈해저 2만리 노틸러스호〉, 1870 - 쥘 베른, 알퐁소 드 뇌빌 ▶

실제 SF는 작품 내에서 미래를 상상하는 것과 더불어 현실에서 발생하는 다양한 문제들에 대해 비판적인 목소리를 내 왔다. H.G 웰스의 대표작인 『우주전쟁(The War of the Worlds)』(1898)의 경우엔 외계인이 지구를 무차별적으로 침략하는 이야기지만, 영국의 무분별하고 비인도적인 식민지 확장을 비판하는 입장을 내포하고 있다. 소설가 복거일의 『비명을 찾아서』(부제 〈京城, 쇼우와 62년〉)의 경우에는 일본의 식민지에서 벗어나지 못한 1980년대 한국을 그리고 있지만, 실제는 군사독재에 대한 비판을 위한 메시지들로 이야기가 구축됐다는 것이 그 예다.

이 때문에, SF에 대해 '미래에 대한 예언, 그리고 예언의 현실화'라는 이미지만 가지고 있는 것은 장르에 대한 오류라고까지는 할 수 없어도, 결코 사소하다 할 수 없는 오해다. SF는 미래를 꿈꾸기만 하는 장르가 아니다. SF는 근대 과학기술 위에 구축된 현실에 대한 가장 진보적인 통찰을 내놓는 도구로서의 가치를 내포하고 있다. 특히 인류가 이제까지 이룩했던 과학기술에 의한 변화보다 훨씬 더 큰 폭의 변화들을 이루고 있는 현재에는 이런 요소들을 인지하고 있어야 SF가 가지고 있는 다양한 의미들에 비로소 접근할 수 있게 된다.

아이작 아시모프 이후 확장된 방향성

21세기의 인류는 테크놀로지의 한 가운데 존재한다. 그러므로 과학기술로 변화된 삶의 모습을 그리고, 그 안에서의 인간들에 대해 이야기하는 것은 더 이상 '미래'를 의미하는 것이 아니다. 또한 그것이 지금보다 좀 더 앞선 미래를 그릴지라도, 단순한 꿈이 아닌 미래에 닥쳐올 다양한 의미들에 대한 '사고실험(Thought experiment)'을 위한 장치로 작용한다. 이는 과학에 대한 낙관주의가 소멸하고, 과학기술이 우리를 유토피아로 이끌 것이라는 기대가 얼마나 허망한가를 깨닫게 된 인류가 20세기 중반부터 이미 SF를 통해서 지향하고 있던 것이다.

따라서 SF는 지금, 그리고 여기에 대해 말하는 장르이기도 하다. 거대담론의 시기들을 지나 우리의 삶을 구성하고 견인하는 의미들이 파편화된 세상에서 과학기술에 의해 변화되는 삶의 모습과, 그 안에서 변화양상에 동조해 변모돼 가는 사람들의 모습은 이전과는 다른 의미들을 지니고 있다. 특히 과학기술의 발달은 존재의 의미를 변화시키고 있다. 여기서 변화는 새로운 의미들을 창조해내기도 하지만, 이전에는 '의미'로 여기지 않았던 것들을 의미의 영역으로 불러오는 것 또한 포함한다.

SF에서는 이런 변화의 흐름 속에서 이사기는 본체 타자(他者)를 보는 새로운 의미를 제시하려는 움직임들이 존재했다. 지구와는 다른 행성에 산다고 상상한 외계인, 그리고 인간의 노동을 대체해주는 개체로서의 로봇(Robot)이 대표적이었다. 특히 외계인은 그 시대가 상상하는 타자들에 대한 다양한 재현이다. 서구에서 시작된 SF 서사에서 외계인은 비서구권의 인류들을 상징하기도 하고, 이데올로기의 시대에는 나와는 다른 이데올로기를 공유하고 있는 이들을 상징하기도 했다. 그리고 그런 것을 그려내는 시각이 정보의 부족으로 인한, 무지로 인한 두려움에서부터 시작해 점차 공존과 공생을 위한 서사들로 변화했다.

포스트휴머니즘에 담긴 페미니즘, 젠더, 소외계층

로봇은 이후에 컴퓨터의 발명으로 인공지능과 사이버스페이스로 확장되면서 훨씬 더 많은 이야기를 내포하게 된다. 인간의 노동을 대체하는 피조물로서 형상화되던 로봇이 인간과의 구분이 어려워지게 되는 상황에 도달하게 됐을 때를 상상하는 것은 로봇이 처음 등장했을 때부터 있었다. 카렐 차페트의 희곡에서 인류를 몰살시킬 것이라 여겨졌던 로봇은 이후 〈터미네이터(The Terminator)〉(1984)로 이어지지만, 아이작 아시모프의 등장 이후로 다양한 존재들의 공존을 위한 이야기라는 방향성이 만들어지면서 확장됐다. 이런 방향성의 확장은 지금 여기에서 자신에 대한 통찰과 그 주변을 어떻게 바라볼 것인가를 반영하면서 발생했다.

이런 현실 인식의 방법 중에서도 20세기 후반부터 제시돼 21세기에는 부정할 수 없는 현실의 한 부분으로 자리 잡고 있는 '포스트휴머니즘(Post-humanism)' 담론은 SF가 지닌 현실의 통찰에 대한 가치들을 증명하는 이론이라고 할 수 있다. 포스트휴먼이 지닌 담론들은 미래

지향적인 상상력을 극대화하면 안드로이드와 인공지능이나 외계인들을 포섭하는 이야기들로 구성된다. 그러나 현실에 발을 붙이고 주변을 둘러보면, 페미니즘 이론을 포용한 젠더 담론에서부터 각 사회가 '타자'로 형상화하고 있는 이민자들과 소외된 계층에 대한 이야기들까지 포함된다.

드라마 〈얼터드 카본(Altered Carbon)〉

미래를 지향하는 포스트휴먼 담론들은 로봇 서사에서 발전해 아시모프의 소설을 원작으로 하는 영화 〈바이센테니얼 맨(Bicentennial Man)〉(1999)이 보여줬듯, 인간이 되고 싶어 하는 로봇 앤드류를 통해 인간의 조건에 대해 되묻는 방식으로 변화한다. 〈바이센테니얼 맨〉처럼 인간의 의미에 대해 진지한 성찰을 촉구하는 작품이 있는가 하면, 디스토피아적으로 구현하는 서사들도 존재한다. 리처드 K. 모건(Richard K. Morgan)의 동명 소설을 원작으로 하는 넷플릭스 오리지널 드라마 〈얼터드 카본(Altered Carbon)〉(2018)의 경우, 죽음이라는 것이 사라진 시대에서 인간과 인간을 구성하는 '몸(Body)'이 지닌 다양한 의미들을 그로테스크하게 다룬다.

영화 〈HER〉, 인공지능과 인간의 연애감정까지도 조명

한편, 몸의 문제를 벗어나 좀 더 넓은 차원에서의 존재들에 대해 되묻는 이야기들도 있다. 뉴로맨서(Neuromancer)(1984)로부터 시작돼, 〈공각기동대(攻殼機動隊)〉(1995)와 〈매트릭스(The Matrix)〉(1999)처럼 가상의 사이버스페이스와 데이터화된 존재들에 대해서도 다루는 SF서사들은 인류가 공동체를 이루고 있는 다양한 요소들에 대한 성찰로 이어진다. 이런 이야기는 이후 영화 〈HER〉(2013)에서 등장하는 인공지능 '사만다'와 인간인 주인공 테오도르 사이의 연애감정들을 통해 사변적인 부분들까지도 아우르게 된다.

이런 서사들은 단지 미래에 대한 꿈과 희망을 위해 존재하지 않는다. 그것은 현실을 통찰하고, 현실을 재현하며, 의도했든 하지 않았든 그 안에 은폐돼 있었던 다양한 의미들을 들춰내기 위해 구현된다. 특히 이런 현상들은 21세기에 접어들면서 SF 서사에서 본격적으로 나타나고 있다. 이제 사람들은 SF를 보면서 꿈과 희망만을 보지 않는다. 그 안에는 오히려 현실에 대한 비판과, 본격화되지 않았을 뿐 시의한 문제들에 내린 다양한 사고실험들이 넘쳐난다.

그리고 이런 가치들을 충분히 활용할 수 있을 때, 한국에서도 SF가 지닌 다양한 가치들이 비로소 재조명될 수 있을 것이다. SF의 정의에서 언급된 과학적 사실들은 21세기 사회를 이해하는데 필수적인 요소일 테니 말이다.

글 · 이지용

임신하는 로봇과 불임의 인간

최애순

계명대학교 타불라라사 칼리지 조교수. 장르문학을 지속적으로 연구하고 있다.
저서로 『조선의 탐정을 탐정하다』(소명출판사, 2011), 논문으로 '초창기 SF 아동청소년문학의 전개' (『아동청소년문학연구』
21호, 2017), '우주시대의 과학소설: 1970년대 아동전집 SF를 중심으로' (『한국문학이론과 비평』, 2013) 등이 있다.

"기업의 네트가 별을 뒤덮고, 전자와 빛이 우주를 떠도는" 우리 시대의 사이언스 픽션은 일상화된 과학기술의 마법을 향유한다. 사이언스 픽션은 가상 공간, 포스트 휴먼과 더불어 진화 너머의 인류를 꿈꾸는 미래의 멋진 로맨스다.

안드로이드는 인간과 다른 꿈을 꾸는가?

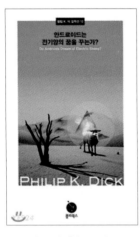

▲ 필립 K. 딕, 『안드로이드는 전기양의 꿈을 꾸는가?』

〈블레이드 러너 2049〉(드니 빌뇌브, 2017)의 개봉에 이어 〈블레이드 러너〉(리들리 스콧, 1982) 역시 재개봉되면서 로봇, 안드로이드, 복제인간 등의 용어가 화두로 떠올랐다. 전작 〈블레이드 러너〉에서 가상한 미래가 바로 2019년이다. 〈블레이드 러너〉의 원작은 필립 K. 딕의 『안드로이드는 전기양의 꿈을 꾸는가?』다. 필립 K. 딕은 〈토탈리콜〉, 〈마이너리티 리포트〉, 〈페이첵〉 등 수많은 영화의 원작자다. 『안드로이드는 전기양의 꿈을 꾸는가?』는 잠이 안 올 때 양을 세는 것처럼, 안드로이드는 잘 때 전기양의 꿈을 꾸는지 묻는다. 사냥꾼 릭 데커드는 안드로이드가 식민행성으로 도망치는 이유에 대해, "더 나은 삶을 위해서"라고 한다. 안드로이드도 인간처럼 더 나은 미래를 꿈꾼다는 것이다. 그러나 인간은 끊임없이 안드로이드를 인간과 구별하고자 한다.

『안드로이드는 전기양의 꿈을 꾸는가』에서는 '감정이입' 테스트를 통해 인간과 안드로이드를 구별한다. "거북이가 뜨거운 햇볕에 뒤집어진 채 있다면 어떻게 할 것인가?", "남편이 다른 여자에게 관심을 보인다면 어떻게 할 것인가?" 등의 질문을 하고 반응을 살핀다. 즉 연민, 공포, 슬픔, 분노, 질투 등의 감정이 있는가, 다른 존재의 고통이나 상황에 공감하고 감정 이입할 수 있는가를 따져보는 것이다.

인간과 안드로이드의 차이, 타인에 대한 감정이입은 오늘날 우리 인간에게 강조되는 '공감능력'이다. 그렇다면, 공감능력이 없는 인간을 인간이라 규정할 수 있는가. 인간과의 공감이나 감정이입이 결여돼 오히려 안드로이드에게서 위안을 얻고 안드로이드와 감정을 나눈다면, 인간과 안드로이드의 차이는 무엇인가. 인간이 인간으로서 존재할 수 있는 근거가 남아 있는가. 〈블레이드 러너〉의 안드로이드 사냥꾼 릭 데커드(해리슨 포드)가 우리에게 던지는 '인간이란 무엇인가'가 다시 뜨거운 화두로 떠올랐다.

영화 〈블레이드 러너〉가 안드로이드와 인간에 대한 질문을 던지는 동안, 원작자 필립 딕보

대중서사가 된 SF

다 더 주목받은 작가가 있었다. 바로 로봇 용어의 창시자, 카렐 차페크다. 로봇은 원래 노동자를 뜻하는 체코어 'Robota'에서 왔으며, 인간 대신 일하는 인간을 닮은 기계, 즉 인조인간이다. 카렐 차페크가 1921년 『R.U.R.(Rossum's Universal Robots)』에서 영어 'Robot'을 사용한 이래 '로봇'이라는 용어가 보편적으로 통용됐다. 카렐 차페크의 『R.U.R.』은 로봇, 안드로이드, 인간과의 모호한 경계를 건드리며 이후 로봇 소재 SF의 바이블로 전해졌다. 그러나 카렐 차페크의 『R.U.R.』이 다시 소환된 것은 로봇 때문이 아니다. 『R.U.R.』에서 차페크가 경고했던 인간의 '불안한' 미래가 현실이 됐기 때문이다.

출산율을 인위적으로 낮추려 산아제한운동을 하던 1920년대에, 인간의 불임을 상상한 차페크의 예견력은 놀랍다. 로봇의 발명으로 인간이 멸망할 것이라는 상상을 뛰어넘어, 그는 이렇게 선언한다. "왜 아이들이 더 이상 태어나지 않는 걸까요? 로봇이 나왔기 때문입니다. 그래서 노동력이 남아돌게 됐지요. 이제 인간은 완전히 불필요한 유물입니다."

로봇의 대량생산에 대한 경고는, 비수처럼 인간들의 가슴에 되돌아와 박혔다. 인공적으로 속생재배돼 열매를 맺지 못하는 불임의 꽃들처럼, 인간이 인공적인 것들을 쫓는 동안 자연적인 생명력은 도태되고 있었던 것이다. 인간은 "모든 살아 있는 것들은 다 새끼를 낳는데, 로봇만 새끼를 낳지 못한다"며 로봇을 경멸했다. 자연 생식능력이야말로 생명체, 그중에서도 인간이 로봇보다 우월하다는 유일한 증거였던 것이다. 그렇다면, 이제 더 이상 아이를 낳지 못하게 된 인간은 대체 무엇으로 로봇보다 우월하다고 주장할 것인가.

『R.U.R.』의 건축가 알퀴스트는 지구에 유일하게 남은 인간이다. 헬레나가 로봇제작 서류를 불태웠기 때문에 로봇의 재생산도 불가능하다. 이대로 가면 인간도 로봇도 미래에는 남아 있을 수 없게 된다. 로봇인 헬레나와 프리무스는 서로 자신이 해부실로 가겠다고 한다. 서로를 위해 희생을 감수하는 로봇, 헬레나와 프리무스. 알퀴스트는 두 로봇을 보며 그 옛날의 아담과 이브를 떠올린다. 로봇 헬레나와 프리무스가 서로 사랑하고 있음을 확인한 순간이다. 로봇 간의 사랑이 가능하다면, 둘 사이에서 후손이 태어나는 것도 가능하지 않을까.

차페크는 『R.U.R.』에서 인간이 멸망하더라도 생명은 불멸할 것이고, 생명은 사랑으로 다시 시작될 것이라 한다. 서로 할퀴고 불신하는 인간들이 더 이상 사랑하지 않는 이상, 아이가 태어나는 것도 불가능하다. 로봇이나 안드로이드가 사랑하게 된다면, 인간과 로봇, 인간과 안드로이드 사이의 사랑도 가능하지 않을까. 이미 인간은 인간에게서가 아니라 로봇에게서 위안을 얻고 위로를 받으며 살아가고 있다. 『R.U.R.』이 우리에게 던져준 묵직한 질문은 바로 '미래의 후손'에 관한 것이다.

인간 이후 : 최후의 인간, 로봇의 후손, 새로운 인간 종

카렐 차페크가 『R.U.R.』에서 예견했던, 더 이상 아이를 낳을 수 없는 인간과 서로 사랑해 임신하는 안드로이드의 모습은 영화 〈칠드런 오브 맨〉과 〈블레이드 러너 2049〉에서 재현된다. 〈칠드런 오브 맨〉(알폰소 쿠아론, 2016)은 인간이 더 이상 아이를 낳을 수 없는 미래 사회를 보여 준다. 불임의 시대, 인간의 존재 의미는 과연 무엇일까? 인간의 후손이 더 이상 존재할 수 없다면 인류의 미래는 어떻게 될 것인가?

▲ P.D.제임스, 『사람의 아이들』

로봇이 후세를 낳을 수 없다고 경멸했던 인간들은, 이제 자신들의 미래 역시 자연적인 후세를 낳을 수 없는 시대에 이르렀다. 영화 〈칠드런 오브 맨〉의 원작 P.D.제임스의 『사람의 아이들』은 '인류 최후 출생자'의 사망 소식으로 시작한다. 인간이 더 이상 아이를 낳을 수 없다는 것은, 곧 인류의 종말을 의미한다. 『사람의 아이들』은 1995년에 태어난 아이들을 '오메가 세대'라 불렀다. 모든 사람은 더 이상 후손이 없어서, 존재하는 것만으로도 소중한 인류의 마지막 세대에게 관대했다. 그 결과 오메가 세대는 자기 행동을 절제할 줄 모르고 잔인하며 폭력적인 성향으로 자라났다.

전 세계가 불임치료법에 대해 연구했지만, 결국 인류의 불임을 막을 수 없었다. 단 한 명의 아이라도 태어난다면 인류가 후손을 남길 수 있다는 희망이 생기는 것이다. 줄리언의 기적과 같은 임신은 인간으로 미래의 후손을 이어갈 수 있다는 희망이다. 그러나 오메가 세대가 무자비한 살인을 자행하고 인간이 더 이상 아이를 낳을 수 없게 된다면, 미래의 후손이 인간이기를 바랄 수 있을까.

〈블레이드 러너 2049〉의 첫 장면에서 블레이드 러너 'K'(라이언 고슬링)는 리플리컨트가 출산을 한 흔적을 발견하고 충격을 받는다. 인간과 안드로이드 사이의 경계가 점점 모호해지고 있는 시점에서 인간이 안드로이드보다 우월하다고 주장할 수 있는 유일한 점은 바로 자연생식 능력이었다. 안드로이드가 출산했다는 것은 더 이상 인간과 안드로이드를 구별할 수 없다는 것이다.

자신도 안드로이드인 'K'(라이언 고슬링)는 '태어난 아이'가 기존의 리플리컨트(인조인간)들과 달리 '영혼'이 있지 않을까 하고 반문한다. SF 미드 〈더 크로싱〉(2018)에서는 150년 후의 미래에서 전쟁으로 인한 대학살을 피해 현재로 망명해 온 사람들이 등장한다. 이들은 인간과 다른 종족인 신인류의 학살을 피해 망명해 온 것이라 한다. 미래에 현재 인류보다 우월한 새로운 인간 종족이 탄생하게 된다면, 현존하고 있는 인간 종족은 살아남을 수 있을까. 그리고 새로운 종족인 신인류가 인간 종족의 후손이라고 장담할 수 있을까. 『R.U.R.』의 로봇 헬레나와 프리무스의 후손이 아닐까. 어쩌면 〈블레이드 러너 2049〉의 안드로이드 레이첼에게서 태어난 아이의 후손일지도 모르는 것이다.

▲ 카렐 차페크, 『R.U.R』

카렐 차페크의 다시 인간이란 무엇인가

『안드로이드는 전기양의 꿈을 꾸는가』의 안드로이드들은 자신들의 퇴역을 두려워하며 도망 다니고, 도망 다니는 곳의 환경이 척박해지자 좀 더 나은 곳에서 살고 싶어 한다. 『R.U.R.』에서 인간의 노동기계였던 로봇들은, 더 이상 노동하지 않는 인간에 대항해 반란을 일으킨다. 안드로이드의 도망이나 로봇의 반란은 더 나은 미래를 향한 것이다. 더 나은 미래를 꿈꾸는 안드로이드와 아무것도 하지 않는 인간, 임신하는 로봇과 불임의 인간 사이에서 인간이 설 자리는 어디인가.

카렐 차페크의 『R.U.R.』은 미래의 주어는 당연히 인간일 것이라는 기대를 산산이 깨버린다. 1921년 『R.U.R.』에서 차페크가 그린 미래는 2019년 오늘날 현실이 됐다. 산아제한으로 의도한 게 아니라 자연적인 출산율이 눈에 띄게 줄어들고, 아이들이 태어나지 않는 세상이 온 것이다.

로봇의 창시자인 카렐 차페크는, 우리에게 다시 '인간이란 무엇인가'라고 묻는다. 인간은 더 이상 타인의 슬픔에 공감하지 못하고, 더 나은 세상을 꿈꾸지 않고, 희망을 품지 않는다. 더 이상 결혼도 출산도 하지 않는 오메가 세대들에게 미래에 대한 꿈이란 없다. 아이를 낳지 못하는 불임부부가 인공적으로 임신을 꿈꾸던 시대도 지났다. 인간이 인간으로서의 특성을 점점 잃어가고 자연적인 생식능력이 도태돼 갈 때, 인간 종이 계속 살아남을 수 있을 것인가. SF는 끊임없이 우리에게 질문을 던진다. 인간이 그 질문에 대한 해답을 찾으려고 노력하는 한, 적어도 인간은 인간으로서 살아가고 있는 것이라고 말하고 싶다.

글 · 최애순

멸망하는 세계, 아이들은 살아남는다!

최배은

숙명여대 초빙대우교수. 아동·청소년문학, 스토리텔링 연구자. 저서로『한국 근대 청소년소설의 정치적 무의식』
(박문사, 2016), 평론으로『한국 아동·청소년 과학소설에 재현된 '공포'의 상상력』(『아동책이야기』44호, 2018),
논문으로 '한국 웹소설의 서술형식 연구'(『대중서사연구』, 2017) 등 다수가 있다.

앞으로 7년 후 우리 사회는 어떻게 변할까? 1974년, '한국 SF작가클럽'의 강성철은 서기
2026년을 이렇게 상상했다.

'울창한 숲으로 변한 서울 명동, 100층 이상의 빌딩으로 이뤄진 세종로 주택가, 하늘 위 도
로를 달리는 자동차, 유보도(움직이는 도로)로 이동하는 사람, 로봇의 서비스를 받고 달에서
요양과 휴식을 취하는 사회.'

정전후 남과 북에서 SF가 성황을 이룬 이유는?

다른 건 몰라도, 이상기후와 미세먼지가 점점 심각해지는 현실을 볼 때 7년 후, 명동에서
숲을 만나기는 어려울 듯하다. 우주 시대(1950~1970년대)에 『서기 2026년』에서 보인 과학
주의 유토피아는 한국 아동 SF를 지배했다. 그 배경은 한국의 전후 재건 정책과 미국과 소련
의 우주경쟁에서 찾을 수 있다. 다프나 주르가 『한국의 미래를 그리며-한국 근대 아동문학』에
서 지적했듯 한국전쟁 후 아동문학은 남과 북 모두에서 SF가 대성황을 이뤘다. 가난과 폐허에
서 벗어나자는 목표와, 그것을 과학주의 정책으로 해결하려는 방향이 동일했기 때문이다.

남북한은 아동·청소년들에게 과학기술이 초래할 유토피아에 대한 환상과, 과학지식을 전
달하는 수단으로 SF를 활용했다. 더구나 미국과 소련이 달 탐사 등에서 최초의 자리를 겨루며
우주를 경쟁의 도구로 삼는 시대, 아동·청소년 SF는 반공주의, 제국주의에 입각한 유토피아
를 보여준다. 하지만 그때에도 독재 권력의 과학기술 신화를 무참히 깨뜨리는 디스토피아 SF

가 존재했다. 작가들은 디스토피아 SF를 통해 현실의 억압된 욕망과 공포를 드러내 금기에 도전했다.

가짜 세곳주의 시대의 보요한 상상력

한낙원은 1959년부터 1994년까지 아동·청소년 SF를 창작해 많은 사랑을 받은 과학소설의 선구자였다. 그는 한국에서 일어난 사건을 한국의 아동·청소년을 중심으로 전개해 당시 사회의 모순과 갈등을 풍자했다. 이것은 SF 작가들이 대개 배경과 인물을 서구에서 취하고, 아동 SF 일지라도 아동이 보조적 역할에 머물렀던 관습에 비추어 볼 때 매우 획기적이었다.

한낙원의 SF에서 과학기술은 인류의 구원자이자 파괴자다. 기술은 하나의 가능성으로 존재할 뿐, 세계의 방향은 그것을 사용하는 주체의 판단과 선택에 달려 있다. 그 대표적인 작품으로 1967년부터 1969년까지 〈학원〉에 연재한 『우주벌레 오메가호』를 들 수 있다.

▲ 『우주벌레 오메가호』(1967.8.), 272쪽.

이 소설은 우주 시대에 유행했던 외계인 침략을 주제로 삼았지만 승리와 정복의 이야기가 아니다. 모두가 파멸하는 이 이야기에서 침략자도, 공격자도 실패자에 불과하다. 당시 외계인 이야기에서 쉽게 볼 수 있었던 화성인 대신 목성인을 등장시킨 점도 기발하다. 당대의 어느 날, 과학기술이 고도로 발달한 목성인들이 지구를 식민화하기 위해 침략한다. 침략방식 또한 고도의 과학기술을 활용해 매우 교묘하다. 지구인들은 목성인에게 납치되고 살해되지만 그 실제를 알지 못한다. 목성인은 보이지 않게 공격하고, 우주벌레를 통해 지구인의 정신을 지배하기 때문이다. 오메가 모양의 우주벌레에 물리면 지구인의 세포는 죽고 목성인과 텔레파시를 통해 그들의 노예가 된다. 하지만 지구를 멸망에 이르게 한 결정적 원인은 목성인이 아니다. 지구는, 목성인의 공격을 적대국의 침략으로 오인한 국가들이 서로 핵폭탄을 터뜨려 멸망한다.

우주 시대의 디스토피아 SF에서 핵폭탄은 지구를 멸망케 한 결정적 계기로 자주 등장한다. 제2차 세계대전 때 일본을 항복하게 만든 핵폭탄에 대한 공포와 무관하지 않을 것이다. 조능식의 『곤충왕국』(1959, 〈학원〉)에서는 당대의 어느 날 곤충들이 폭발적으로 증가해 인류는 멸망하고 지구는 곤충 떼로 뒤덮인다. 핵폭탄의 부산물인 방사성 동위원소 실험으로 태양 에너지가 변화해 곤충계에 큰 이변을 일으켰기 때문이다.

그런데 이 파멸은 태양계 차원에서는 새로운 탄생의 과정이다. 위 실험의 결과 태양이 젊어져서 지구를 원시의 상태로 회복시킨 것이다. 이와 같이 우주 시대의 디스토피아 SF는 태양계의 지평에서 지구 멸망의 원인과 의미를 좀 더 근원적으로 제시하는 경우가 있다. 그렇게 보면 모든 존재의 생성과 소멸은 자연의 이치이다. 주일석의 『백만 년 여행』(1955, 〈학원〉)에서는 종호가 할아버지가 발명한 타임머신을 타고 1백만 년 후 지구에 가본다. 지구는 태양이 사멸해 어둡고 산소가 부족하다. 인류는 살지 않고 정체를 알 수 없는 짐승들만 남아 있다. 그런데 그 원인이 앞선 작품들과 달리, 인간에 있지 않고 시간에 있다는 점이 특징적이다.

이와 같이 디스토피아 SF는 과학기술의 위험성과 인간의 한계를 경고한다는 점에서 과학계몽주의에 역행한다. 하지만 이 불온한 상상력은 아동·청소년들에게 과학 유토피아의 판타지 대신 현실을 직시하게 한다는 점에서보다 과학적이다.

멸망하는 세계에서 살아남은 아이들

우주 시대의 디스토피아 SF에서 가장 그럴듯하지 않은 일은 멸망하는 세계에서 주인공 아이들만 온전히 살아남은 것이다. 『우주벌레 오메가호』에서는 목성인 우주선에 납치됐던 일우와 애나가, 『곤충왕국』에서는 정식이와 용희가 살아남는다.

▲ 『백만 년 여행』(1955.10.), 183쪽.

정식이와 용희는 최후의 인류로서 곤충왕국의 천연기념물이 돼 원시생활을 한다. 일우와 애나는 한국에서 우주벌레 치료제를 발견하고 희망을 품는다. 이런 결말은 아동·청소년 SF 의 제약, 또는 작가들의 부담을 시사한다. 혹자는 작가들이 아동·청소년에게 미래의 희망을 봤기 때문이라고 해석할지 모르겠지만 그러기엔 희망의 근거가 약하다. 작가들이 구축한 세계와 그 멸망의 과정은 불가항력적인 것이기에 살아남은 아이들에 대해선 감동보다 기이함이 앞선다.

그들의 의지나 능력보다는 운에 의해, 좀 더 노골적으로는 '주인공은 살아남아야 한다'는 법칙에 의해 살아남았기 때문에, 생존 이후의 삶은 생략됐고 마땅하다. 작가들은 생존자를 주인공으로 해 미래를 개척하는 후속편을 쓸 계획이 없었던 게 분명하다. 다시 말해, 그들이 들

대중서사가 된 SF

▲『곤충왕국』(1959.9.), 189쪽.

려준 멸망 이야기에서 아이들의 생존은 핵심적인 의미를 형성하지 못한다. 그렇다고 아이들 마저 죽게 하면 우리는 이 작품을 아동·청소년 SF로 마주할 수 없었을 것이다.

아동·청소년 디스토피아 SF의 딜레마

아동·청소년 문학에서 인류의 멸망을 상상하는 일은 매우 곤란하고 조심스러운 일이다. 성장하는 존재인 그들에게 그들이 선 땅을 무너뜨리는 상상은 공포감을 주고, 세계에 대한 믿음보다 불신을 먼저 가지게 한다는 점에서 폭력적이기까지 하다. 정치적 · 자연적으로 생명을 위협하는 디스토피아에서 어린 생명의 성장은 얼마나 잔인한 일인가? 서양에서도 아동 · 청소년 문학에 디스토피아가 등장한 것은 최근의 일이라고 한다.

　하지만 우주 시대에 등장한 디스토피아 SF는 2000년대 이후, 현재 진행 중이며 다양한 형성하고 있다. 거기엔 SF로 그릴 수밖에 없는 절박한 이 시대의 모순이 자리할 것이다. 과학주의가 지배하는 유토피아 판타지도 진실과 거리가 멀지만, 디스토피아적 상상이 지배적인 현상도 자연스럽지 않다. 그 부조리의 진실을 어디까지 어떻게 추구해야 아동 · 청소년을 위한 문학이 될 것인가? 아동 · 청소년 SF의 딜레마이자, 과제다.

글 · 최배은

마침내, 아프리카 미래주의

머리에 큰 칼이 꽂혀 있는 이 백인 여성은 대체 누구일까? 그리고 그 주변에서 웃어대는 두 흑인 남성은 누구일까?

화질이 거칠고 불안정한 것으로 보면, 아프리카대륙에서 제작된 스너프 필름일지도 모른다.(1) 사실 이 영상은 〈인/플럭스 In/Flux〉 컴필레이션 필름 가운데 하나다. 〈아프리카 세계로부터의 미니어 여행 Mediatrips From the African World〉은 콩고 모오소(Mowoso) 협회 주관으로 아프리카의 실험적인 영상과 영화를 소개하는 프랑스 시리즈물의 첫 작품이다.(2)

이 DVD에 포함된 작품(남아프리카 공화국, 모잠비크, 알제리, 카메룬)은 "분류되고 특징지어지거나 설명되는 것을 거부한다." 이 영상의 소개 책자를 쓴 도미니크 말라케는 '상호 영역'이라고 설명한다. 우리는 탈식민지 시점에서 '과거, 현재, 미래가 충돌하는' 다른 시점으로 이동합니다. 영상 속 백인 여성은 죽음으로 향하는 트럭에 탄 파트리스 루뭄바(1925~1961, 콩고민주공화국 독립운동가—역주)를 연상시키지 않는가?(3) 언어처럼 단어와 영상의 공식도 서로 결부되어 최면을 걸어온다. 시간이 구부러진다. 알제리 감독 네일 벨루파는 소떼 습격을 받은 말리의 모습을 영상에 담았다. 고디 레이는 〈달 위의 허깨비 Sur la Lune, l'ectoplasme〉의 감독이자 카메룬 출신 예술가다. 작품 속에서 레이는 서서히 우주비행사 닐 암스트롱의 우주복으로 들어간다. 예술 창작 분야에서 무궁무진한 잠재력이 있다는 평가를 받아온 남아프리카 공화국은 명실상부 영향력을 발휘한다.

남아프리카 공화국에서 제작된 영화들은 아프리카 미래주의(afrofuturism)를 주축으로 한동안 아프리카가 빼앗겼던 미래라는 주제를 되찾고 있음을 증명한다. 과거에는 역사적 의의, SF, 마술, 아프리카 중심주의, 고대 이집트학, 테크노컬처(컴퓨터나 인터넷 등의 영향을 받은 문화)를 혼합한 이 '아프리카 미래주의'를. 재즈 음악가 선라(Sun Ra)나 펑크 음악의 선구자 조지 클린턴, 테크노 음악 DJ 데릭 메이 같은 천재적이고 개성 있는 아프리카계 미국 음악가들의 전유물이라고 여겼다. 아프리카대륙의 예술가들은 어떻게 반유토피아를 방불케 하는 조건에서 미래를 상상해내는 정신적 사치를 만끽할 수 있었을까? 오늘날, 아프리카 예술가들은 시공간을 압축하는 SF 화법과 미래 신화를 창조하는 대열에 동참해 쾌거를 이루고 있다.

아프리카 우주인들은 작품 속에서 남아프리카 UFO 치무렝가 주변 궤도를 도는 우주 정거장에 대원으로 체

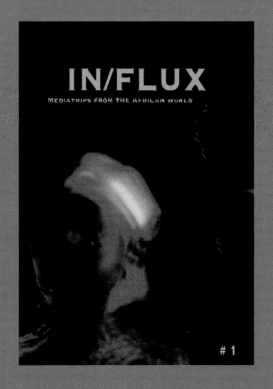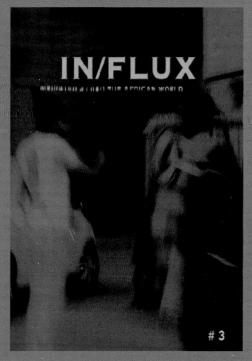

류하기도 한다. 카메룬 출신 앤톤 에자베가 2002년 창간한 잡지는 미래에 관한 공상을 누리게 된 아프리카 대륙의 케이프커내버럴(케네디 우주센터와 케이프커내버럴 공군 기지가 있는 미국 플로리다주 동쪽 대서 양 연안의 곶-역주)으로 거듭났다.(4) 마침내!

글 · 알랭 비키 Alain Vicky   번역 · 이푸로라

(1) 고문이나 (실제) 살인이 나오는 영화. 스너프 필름의 진위는 의심스럽다.
(2) 〈인플럭스In/Flux 아프리카 세계로부터의 미디어행 Mediatrips From the African World〉, Lowave, Paris, 2011, 25유로.
(3) 킨샤사 콩고(현 콩고민주공화국)의 전 총리. 1961년에 암살됐다.
(4) www.chimurenga.co.za

미래의 냄새, SF가 선도하는 감각의 변화

김성연

연세대학교 국학연구원 연구교수. 근현대 텍스트들을 기반으로 감각과 감성, 지식의 변화를 추적해왔으며,
최근에는 후각성에 주목하고 있다. 대표 저서로는『서사의 요철: 기독교와 과학이라는 근대의 지식-담론』,
『영웅에서 위인으로: 번역 위인전기 전집의 기원』 등이 있다.

SF의 상상력은 기술의 발전을 자극해왔다. 필요는 발명의 어머니라고 하지만, 때로는 툭 던져진 상상력이 호기심과 논쟁을 불러일으키고 이후에 그것은 하나의 개연성 있는 미래가 되는 효과를 낳기도 한다. 특히 SF가 그려준 새로운 감각은 첨단기술의 실현 가능성에 대한 논의와 결합해 새로운 전망을 제공해준다. 이 글은 미래사회를 그린 문학작품들이 어떻게 후각을 다루고 있는지 주목한다. 60~80년 전 작품인 올더스 헉슬리의『멋진 신세계(The Brave New World)』와 레이 브래드버리의『일러스트레이티드 맨』은 오늘날에도 재독할 가치가 있다.

올더스 헉슬리의 방향 오르간(Scent-organ)

1932년 올더스 헉슬리는『멋진 신세계』에서 '방향 오르간'이라는 흥미로운 악기를 기록했다. 2540년 존재할 이 악기는 소리가 아닌 향기를 연주하는 악기다.

"방향 오르간이 참신하고 유쾌한 식물성 카프리치오를 연주하고 있었다. 백리향과 라벤더, 로즈마리, 바질, 도금향, 더위지기 등의 잔 물결치는 급속연주가 화음을 이루고, 대담한 조바꿈이 연속되면서 용연향으로 변주된다. 또한 백단, 장뇌, 삼나무, 새로 만든 건초(이따금 섬세한 불협화음이 끼어드는데, 신장 푸딩의 냄새가 풍겼다가 돼지똥 냄새로 희미하게 끼어들었다) 등의 냄새를 거쳐 가면서 다시 서서히 처음의 단순한 방향으로 되돌아간다. 백리향기를 뿜어내는 마지막 소절이 끝났다. 그러자 일제히 박수를 보냈다."[1]

알함브라 극장을 찾은 6,000명의 관객들은 푹신한 의자에 앉아 향기를 맡으며 음악을 즐긴

▲ 방향 오르간(Scent-organ)

다. 후각과 청각의 쾌락을 만끽한 관객들에게는 이어서 시각과 촉각을 만족시키는 촉감영화, 합성대화, 초육성 음악 등이 제공된다. 관객들은 테크놀로지를 활용한 오감만족예술을 즐긴다. 인공의 감각이 문명의 감각이며, 그것은 실감의 차원을 넘어서서 과학이론과 전위의 차원으로까지 향유된다.

소위 야만인 구역과 문명인 구역으로 구분되는 『멋진 신세계』에서 인간의 생리적 냄새는

▲ 방향 오르간 연주 상상도

야만인 구역에서 나는 역한 것으로 치부된다. 노화와 질병, 감정마저 컨트롤할 대상으로 인식되는 문명인 구역에서는 인간의 살, 땀, 침 냄새는 모두 제거해야 할 악취이며 문명 전 단계의 시공간을 지시한다. 자연 임신과 출산이 아닌 합리적이고 효율적인 생산과 양육으로 체계적으로 운영되는 사회인 신세계에서 가족 단위의 주생활 형태는 축사처럼 역겨운 것으로 교육된다. 그곳에는 아버지의 개념은 똥 냄새가 나는 더러운 것, 우스운 것에 불과하다.

멋진 신세계에서 후각이라는 감각은 인공적으로 컨트롤될 때에만 미적으로 아름답다. 향기는 향수기계나 방향 오르간처럼 섬세한 예술로 정제되고 개발되며, 기억을 컨트롤하는 장치로도 활용됐다. 야만인 구역에서 살며 평생 문명인 구역을 동경한 어머니 린다는, 정작 그 멋진 신세계로 간 이후에는 늙고 병든 몸과 비문명적인 습성으로 차별을 받으며 병실에 눕게 된다. 그곳에서는 15분마다 침대 위로 환자의 필요에 따라 버베나향, 박하향 등이 분사되고 향기 나는 텔레비전이 제공해주는 감각과 기억을 가지고 살게 된다.

"슈피 음성긴지 오르간이 흐느끼며 크레셴도로 치솟았다. 그러자 갑자기 방향 회선장치에서는 미베니향에 그치고 건렬힌 박해장이 뿜어 나왔다. 린나는 몹녹 비씩시니녀 나 음 ㄷ메니 잠시 동안 멍하게 준결승전 실황을 응시했다. 그리고는 얼굴을 들고 새로운 향수로 대체된 공기를 한두 번 맡고는 갑자기 미소를 지었다. 황홀한 경지에 있는 어린아이의 미소였다."[2]

주인공 야만인은 자신의 어머니 린다가 기획된 감각이 제공하는 쾌락의 꿈에 빠져서 현재를 잊고 자녀인 자신마저 망각하는 모습을 보며 절규한다. 그와 그녀에겐 고통스럽고 비참한 추억이지만 과거의 기억을 부활시켜 자신과의 관계도 상기시키기 위해 애썼던 야만인은 시각, 청각, 후각으로 린다의 말초신경을 컨트롤하는 기기의 흡입력 앞에서 속수무책 무너지고 만다.

『멋진 신세계』의 방향 오르간이나 향기분사 조절장치는 이후 다른 문학작품이나 영화에서도 나타났고, 공연이나 제품으로 현실화되기도 했다. 상업공간들은 마케팅을 극대화하기 위해 아로마 요법을 활용하고 있고, 심신의 질병을 다스리기 위해서도 아로마 요법은 곳곳에서 활용되고 있다. 시각과 청각의 감각보다 후각의 감각이 무서운 것은, 무의식적으로 그 감각에서부터 경험과 욕망, 기억의 단계로 흐르게 되기 때문이다. 오지 않은 미래에 대한 예견은 경험하지 못한 그러나 도래할 감각에 대한 감지에서부터 시작된다.

레이 브레드베리의 오도로포닉스(Odorophonics)

1950년대 SF작가인 레이 브레드베리(Ray Bradbury)는 『아이들이 만든 세계(The World the Children Made)』(1950)에서 '오도로포닉스(Odorophonics)'라는 흥미로운 장치를 그렸다. 두 아이의 부모인 조지와 리디아는 생활을 위한 모든 일을 대신해주는 기계가 갖춰진 집을 구입한다. 집안의 기기들은 식사준비는 물론이고, 아이를 재우고 씻기며, 심지어 방을 이동하고 양치하고 신발 끈을 묶는 것까지 해준다.

집이 아내, 남편, 부모 역할을 대체하는 성능을 갖추고 있기 때문에, 이들은 가족 구성원으로서의 잡다한 의무들에서 벗어나게 된다. 하지만 할 일을 덜기 위해 산 집 안에서 할 일을 못 찾는 부부는, 자신이 필요 없다고 느끼기 시작한다. 이들은 흡연과 불안증, 불면증에 시달리게 된다. 뭔가 잘못되고 있다는 냄새는 오감충족 놀이방에서 감지되기 시작했다. 부부는 사랑하는 아이들의 즐거운 체험놀이를 위해 집안에 초고성능 입체구현장치를 갖춘 놀이방을 만드는 데 투자를 한다. 어느 시공간이든 실감 나게 체험할 수 있는 그곳은 스타트랙의 '홀로덱 (Holodeck)' 같은 공간이다. 그곳에서는 "생각하는 것은 뭐든지 그대로 나타난다."

"놀이방은 고요했다. (…) 느닷없이 아프리카의 대초원이 눈앞에 쏟아져 나왔다. 두 사람을 둘러싼 초원은 완벽한 입체였다. (…) 안 보이는 곳에 설치된 방향-음향장치(Odorophonics)가 푹푹 찌는 대초원 한복판에 서 있는 두 사람 위로 방향제를 내뿜었다. 바싹 마른 풀 냄새, 숨어 있는 생물의 싱그러운 풀 냄새, 코를 찌르는 비릿한 짐승 냄새, 공기 중에 맴도는 메케한 흙냄새."[3] 하지만 어느 순간부터 그 공간은 아프리카 초원만을 제공했고 사용자의 의지와 상관없이 구현되기 시작했다. 그 징후는 냄새로 감지됐다. 육식동물의 지독한 냄새는 놀이방 바깥으로 새어 나와 온 집안으로 퍼졌다. 부부는 한 가지 상황에 심하게 빠져들게 될 아이들의 중독을 우려했지만, 진짜 문제는 피 냄새의 자극으로 인지되기 시작했다. 피를 뚝뚝 흘리는 사자의 입에서 나는 날고기의 냄새까지 생생하게 전해지는 그곳에서 부부는 공포를 느낀다.

"피 냄새는? 놀이방은 아이들이 발산하는 뇌파를 정확히 감지하며 원하는 모든 것을 놀랄 만큼 세밀하게 재현해 냈다. (…) 기린을 원하면 기린이 나온다. 죽으라고 하면 죽는 시늉까지 했다. 맨 마지막 것이 문제였다. 조지는 식탁이 잘라 준 고기를 무덤덤하게 씹었다. 죽음이라는 개념, 피터와 웬디는 죽음을 생각하기에는 너무 어렸다. 어쩌면 너무 어린 나이라는 것은 실상 없는지도 모른다. 사람들은 죽음이 뭔지 알 만큼 자라기도 전에 이미 누군가가 죽기를 바라지 않던가. 두 살배기도 남에게 장난감 총을 겨누지 않던가."[4]

▲ 영화 〈일러스트레이티드 맨〉

하지만 늦었다 아이들은 이미 그 놀이방에 푹 빠졌다. 아이들은 아프리카 방에 대해 거짓말을 하고 놀이방 폐쇄 선언에 강하게 저항한다. 아버지 조지는 자신의 지갑이 아프리카방의 사자가 있던 자리에서 "마른 풀과 사자의 냄새를 풍기며" 질근질근 씹어져 던져져 있는 것을 발견하고 무언가 잘못돼 가고 있다는 것을 실감한다. "너무 오랫동안 전기가 흐르는 기계 탯줄

대중서사가 된 SF

에 묶여 살았다"라는 것을 깨달은 부부는 집안의 기계를 모조리 끄고 그곳은 기계들의 공동묘지가 된다. 하지만 아이들은 온갖 감각과 경험을 제공해줘 온 놀이방을 하나의 살아있는 주체로 인식하게 됐고, 놀이방이라는 공간 또한 자신의 폐쇄를 바라지 않는 하나의 살아있는 주체로 상상된다. 그리고 이미 기계조작 기술로 부모를 능가하게 된 아이들은 자신들의 세계를 없애려는 부모를 제거한다.

이 섬뜩한 이야기는 감각의 소비자로 존재하게 될 미래 인류에 대한 경고다. 모든 자동화에 섬뜩해진 부모는 아들 피터에게 "그림은 네 손으로 직접 그리면서 배우는 거야"라면서 자동으로 그려주는 "그리미" 로봇을 앗아간다. 그러자 아들 피터는 답한다. "보고 듣고 냄새만 맡아도 돼요. 왜 쓸데없는 짓을 해요?" 오늘날 기술의 발전 지향점을 보면, 기술은 인간을 감각수용체로 '모시려' 한다. 고통도 수고도 덜고 향유하라고 한다. 우리는 왜 쓸데없는 짓을 하는가?

SF에는 기상천외한 감각이 그려진다. 신인류, 기계, 외계인, 초월적 존재 등 상상할 수 있는 갖가지 주체를 매개로 우리는 현재의 제한된 감각경험의 지평을 넓혀본다. 그것은 문학적으로는 우리에게 상상력 유희의 즐거움을 주고 현실적으로는 상업적 아이디어의 원천이 된다. 과학기술자에겐 허무맹랑한 픽션이면서도 입증하고 싶게 하는 도전적 대상이 되며, 철학자에겐 인간 존재에 대해 열린 시각에서 근본적으로 성찰하게 하는 흥미로운 창구가 된다.

방향 오르간과 오도로포닉스는 감각하는 동물로 진화하는 인류에게 질문을 던진다. 얼리어댑터인 당신에게, 이 새로운 촉수는 무엇인가?

글 · 김성연

1 올더스 헉슬리 지음, 전병석 옮김, 『멋진 신세계』, 문예출판사, 1998, 207쪽.
2 위의 책, 253쪽.
3 레이브래드버리 지음, 장성주 옮김, 『일러스트레이티드 맨』, 황금가지, 2010, 18쪽.
4 위의 책, 23쪽.

젠더적 한계를 벗어나려는 '그녀'들의 꿈

오윤호

이화여대 이화인문과학원 부교수. 20세기 문화·역사적 환경 속에서 이뤄졌던 코리안 디아스포라 연구를 했으며, 매체와 장르들

2018년 1월경 휴머노이드 로봇 소피아가 한국을 방문했다. 60가지 이상의 감정을 표현할 수 있으며, 오드리 헵번을 닮은 얼굴을 한 소피아는 '기계적이면서도 인간다움'을 뿜냈다. 인간을 바라보는 '인간을 닮은 얼굴'과는 달리, 뒷머리는 투명한 케이스를 통해 소피아가 '컴퓨터 기계 장치'임을 여실히 보여준다. 소피아의 이런 이중 재현은 '4차 산업혁명'이라는 시대 흐름 속에서 인간과 기계의 공존에 대한 흥미로운 반향을 불러일으킨다. 그러나 나는 문득 이런 생각이 들었다. 소피아는 환한 미소를 지으며 인간이 되는 꿈을 꾸고 있을까? 기계와 인간의 경계에 전시된 이 기괴한 '감정 기계'를, 과연 나는 사랑할 수 있을까?

'그'의 시선에 사로잡힌 '그녀'들

오랫동안 인간은 상상력을 통해 인간을 닮은 감정기계들을 만들어 왔다. 매혹과 공포 등 감정을 불러일으키는 피조물들은 인간을 닮았거나, 인간의 영혼을 연기하는 존재들이었다. 이들에게 '생명'을 불러일으키는 방법으로는 신의 권능, 환상, 마법, 과학기술 등이 활용됐으며, 이들은 소재와 방법에 따라 조각상, 인형, 골렘, 호문쿨루스, 안드로이드, 포스트 휴먼 등으로 불렀다.[1] E.T.A. 호프만의 『모래 사나이』(1816)[2]에서 인간을 닮은 완벽한 기계장치로 만들어진 '올림피아'를 보고 나타나엘은 사랑에 빠지고 만다.

"올림피아의 손은 얼음처럼 차가웠다. 그는 소름 끼치는 죽음의 냉기에 온몸이 떨리는 것을 느꼈다. 그는 올림피아의 눈을 응시했다. 사랑과 동경으로 가득한 그녀의 눈은 그를 마주 보

며 빛났다. 그 순간 차가운 손에서도 맥박이 뛰고 생명의 피가 뜨겁게 흐르기 시작하는 것 같았다. 나타나엘의 가슴에서 사랑의 욕망이 더 높이 불탔고 그는 아름다운 올림피아를 감싸 안고 날듯이 춤추며 돌았다."(54쪽)

나타나엘은 텅 빈 그녀의 눈 속에서 "사랑과 동경"을 발견하고, "맥박이 뛰고 생명의 피가 뜨겁게 흐르는 것"을 느낀다. 나타나엘의 올림피아에 대한 감정은 마치 살아있는 여인을 사랑할 때와 같다. 이런 환상은 나타나엘의 광기로부터 비롯됐지만, 인간을 닮은 자동인형을 만들 수 있다는 마법과도 같은 근대 기계문명에 대한 비유이기도 하다.

1927년 독일 표현주의 감독 프랑츠 랑이 만든 〈메트로폴리스〉는 '로봇이 만들어내는 파멸'이라는 기계문명에 대한 공포를 적나라하게 보여줬다. 과학자 로트방은 프레더슨(메트로폴리스의 통치자)의 아내를 생각하며 만든 기계장치 '헬'과 지하세계의 구원자 '마리아'를 연결해 마리아의 모습을 복제한 로봇을 만들어낸다. 가짜 마리아는 상류층 남자들 앞에서 춤을 추고, 남자들은 그녀의 모습에 넋을 잃고 타락에 빠져든다. 이는 마치 IFA 등 대규모 가전전시회의 신상품 쇼와 비견된다. 그런 점에서 그녀는 근대 기술문명의 유혹과 같은 존재다.[3]

가짜 마리아는 이후 지하세계로 내려가, 마리아를 대신해 신의 목소리를 흉내 내며 가짜 선지자의 모습으로 노동자들을 선동한다. 그리고 메트로폴리스 전체를 파멸에 빠뜨리려고 한다. 결국 그녀는 화형에 처해지는데, 이것은 마치 종교재판에서 마녀들을 단죄했던 방식과 같다. 그녀에 대한 매혹과 공포는 여성과 로봇에 대한, 기독교 세계를 무너뜨리는 존재에 대한 서구인들의 무의식을 소환해낸다.

안드로이드가 더 인간다울 수 있다

필립 K. 딕의 『안드로이드는 전기양의 꿈을 꾸는가』[4]에서는 안드로이드와 인간의 애틋한 사랑 이야기가 담겨 있다. 화성에 살다가 살인을 저지르고 지구로 도망친 안드로이드를 잡아서 현상금을 타내는 릭 데카드는 자신의 수사를 도와주는 안드로이드 레이첼과 사랑에 빠진다. 그들의 사랑이 깊어지면서, 그들은 자신들의 관계를 재정의하려고 한다.

"당신의 아내는 어떤 사람인가요?"

그는 대답이 없었다.

"당신 부서…"

"만약 당신이 안드로이드가 아니었다면."

릭이 그녀의 말을 끊었다.

"법적으로 가능했다면, 나는 당신과 기꺼이 결혼했을 거예요."

레이첼이 말했다. "아니면 우리는 죄를 범하며 살아갈 수도 있겠죠. 물론 나는 진짜로 살아 있는 사람이 아니지만."

"법적으로야 당신은 살아있는 게 아니죠. 하지만 실제로 당신은 살아있어요. 생물학적으로요. 당신은 저 가짜 동물처럼 트랜지스터가 들어 있는 회로로 만들어진 게 아니에요. 당신은 유기적 실체죠."

'그리고 앞으로 2년만 있으면.' 그는 생각했다. (297~298쪽)

위의 장면에서 레이첼은 릭의 아내를 궁금해하고, 부부생활에 문제가 있는 릭은 그 질문 속에서 레이첼의 질투심을 읽어낸다. 그녀와의 관계가 깊어질수록 그녀가 말하는 고민들(인간은 어떻게 태어나는지, 아이를 갖는다는 것은 무엇을 의미하는지 등)과 자신을 위하는 배려심을 느끼면서, 안드로이드가 인간보다도 더 인간다울 수 있다는 것을 깨닫게 된다. 안드로이드가 아니라면, 아내와 이혼을 하고 레이첼과 결혼을 하려고 할 정도로 레이첼을 사랑하지만, 레이첼은 안드로이드이기 때문에 장난감처럼 키우는 가짜동물 기계와 다를 바 없는 존재다. 레이첼과의 사랑은 불륜이 아니며, 이혼이나 결혼 같은 제도적인 일들은 문제가 안 된다. 릭은 성서적 연민과 현민을 공유하고 있으면서도, 여전히 인간 중심적인 사고 속에서 레이첼과의 관계를 부정할 만큼 매우 현실적인 이기주의자이다.

'그녀'들은 남성들의 폭력적 시선에 갇혀 있다. 미치광이가 몰입하는 단순한 기계인형이거나, 인류를 타락시키는 마녀와 같은 로봇이거나, 평범한 인간 여성이 되기를 꿈꾸는 안드로이드였다. 그녀 주위를 배회하는 '그'들은 자신들의 사랑이 폭력이 될 수도 있다는 사실을 알면서도 모른 체한다.

기계 신이 되는 '그녀'의 꿈

'그녀'가 목소리를 갖고, 그 정체성이 바뀌며 남성의 욕망과 서사를 압도하는 계기는 흥미롭게도 첨단의 과학기술 발전에 있었다. '그녀'는 보다 기계화된 완벽해진 신체와 컴퓨터 인공지능을 통한 지적 능력으로 무장하고 남성적 시선과 억압적 젠더 위치를 넘어선 곳으로 탈주해 간다.

영화 〈Her〉(스파이크 존스, 2013)는 사랑스러운 인공지능의 목소리가 등장하며 관객들에게 사랑의 비극성을 경험하게 한다. 가까운 미래 도시에서 타인을 대신해 글을 쓰는 '대필작가', 테오도르는 이혼을 준비하며 쓸쓸한 일상을 보낸다. 그러다가 인공지능 운영체계, 사만다를 만난다. 아름다운 외모를 지닌 여인으로 등장했던 다른 '그녀'들과 달리, 사만다는 '목소리'로만 존재한다. 실제 육체를 소유하진 않았지만, 사만다는 탁월한 지성과 따뜻한 감성으로 테오도르의 마음을 흔들며 그의 일상에 깊숙하게 스며든다. 연인처럼 실시간 데이트를 즐기고, 정보를 공유하며, 은밀한 육체적 교류도 능숙하게 행한다.

하지만 사만다가 641명의 동시접속자와 사랑의 감정을 나누고 있다는 사실을 테오도르가 알게 되면서 기존의 남성중심적 연애 판타지는 무너진다. 테오도르의 사랑은 소유와 지배의 관습적인 젠더 관계를 흉내 냈을 뿐, 인간과 디지털 주체 너머에 존재하는 다중적 '관계'와 '공존'의 본질에는 다가가지 못했다. "난 당신의 것이지만 당신만의 것은 아니죠"라고 말하는 사만다의 목소리는 단순히 디지털 세계의 경제적 효율성을 강조하는 한편, 남녀의 사랑에 덧씌워져 있던 억압적이고 구속적인 1:1의 관계성을 효과적으로 깨뜨린다.

다중적인 자유연애를 선언하는 것에서 더 나아가, 남성의 폭력적·성적 욕망을 처벌하는 '그녀'도 있다. 미국 드라마 〈러브, 데스+로봇〉(2019, 넷플릭스)의 에피소드 중 하나인 '굿 헌팅'에는 전근대에서 첨단기술 문명으로 변화하는 홍콩을 배경으로, 전설의 동물 '구미호'가 등장한다. 남자주인공 량은 사냥꾼인 아버지를 따라 구미호를 사냥하다가 구미호 새끼 '옌'을 구해주며, 근대화가 신생되는 도시 속에서 많은 시세에 흥미를 느껴 기술자가 되고, 미래 세계의 끝에서 인간이 다 된 옌은 자신의 몸을 팔아 살아가게 된다.

그러던 어느 날 옌은 기계에게만 성적 충동을 느끼는 중독에 의해 강제로 기계화된다. 근대화가 되고 첨단 기계문명이 들어섰지만, 남자들은 여성들을 성적 대상으로 욕망할 뿐 조금도 변하지 않았다. "여자를 소유할 수 있다고 믿는 남자들, 악행을 저지르고도 진보를 찬양하는 남자들"을 사냥하고 싶다고 말하는 옌은, 량에게 자신의 몸을 구미호로 변신할 수 있는 기계로 만들어 달라고 부탁한다. "마법은 사라졌지만, 기술이 마법을 만드는 시대"에 량은 옌을 구미호로 만들어주고, 옌은 여성을 괴롭히는 남성들을 사냥하기 시작한다. 신화 속의 동물은 마법을 잃고 인간이 됐다가, '기계 되기'를 통해 다시 신화 속 동물이 돼 간다. 이런 기계 진화 속에서 '여성'이라는 편파적 정체성은 사라져버릴 전근대의 마법에 불과하다.

기계 구미호로 변한 옌이 량과 이별하는 장면

이렇게 변화하는 '그녀'들 속에서, 인간 중심적이고 생물학적인 욕망에 갇힌 남성들을 공격하고 이용하는 AI는 인간 너머의 존재로 도약하게 된다. 〈엑스 마키나〉(알렉스 가랜드, 2015)의 유능한 컴퓨터 프로그래머 칼렙은 인공지능 분야의 천재 개발자 네이든의 비밀 연구소에 초대된다. 그곳에서 네이든이 만든 매혹적인 AI 에이바를 만나고, 그녀의 인격과 감정에 대해 튜링 테스트를 한다. 뛰어난 언어능력을 지닌 에이바는 칼렙의 감정을 읽고 장난을 치거나, 그가 연민을 느끼게끔 가련한 태도를 취하기도 한다.

급기야 에이바는 마치 사랑에 빠진 여자처럼 칼렙과 함께 연구소를 탈출할 계획을 세운다.

이때의 '사랑하는 척하기'는 낭만적인 연애의 달콤한 감정이 아니라, AI를 성적으로 대하는 남자들을 처단하는 수단이 된다. 성적 대상으로만 AI를 대하는 네이든을 칼로 찔러 죽이고, 마치 심판관처럼 자신을 평가하려던 칼렙을 연구소 방안에 가둬 버린다. 이 순간 에이바는 체스판의 말이 아니라, 체스판을 들여다보는 게임 플레이어의 위치에서, 비밀 연구소라는 감금의 무대를 '신'처럼 벗어나게 된다.

SF가 꿈꾸는 세계는 한층 진보적이고 급진적인 상상력을 담아내는데, 남녀의 젠더 정체성에 대한 상상력에서도 예외는 아니다. SF 소설과 영화 속에서의 '그녀'들은 남성들의 시선과 말에 의해 여성이 되고, 피그말리온의 신화와 같이 신의 축복을 통해 인간이 될 수 있었다.

그러나 신의 축복이 사라진 시대에 '그녀'들은 더 이상 낭만적 사랑의 성소에 머무르지 않는다. 더딘 생물학적 진화과정 속에서 성적 욕망과 관습적 이해에 사로잡힌 남성들에 비한다면, 뛰어난 인공지능 능력으로 여성인 척하거나, 정교한 기계공학을 통해 완벽한 구미호가 되는 과정에서 '그녀'들은 인간의 한계, 젠더적 한계를 벗어나, 보다 자유로운 기계 신으로 진화한다.

글 · 오윤호

1   오윤호, 「인간을 매혹한 감정기계」, 『대중서사연구』 통권50호, 2019. 참조.
2   E.T.A. 호프만, 김현성 옮김, 『모래 사나이』, 문학과지성사, 2015.
3   최근 삼성전자가 만든 마법종이처럼 펼쳐지는 '갤럭시 폴더'에 대한 대중들의 열광을 떠올려 볼 수도 있겠다.
4   필립 K. 딕, 『안드로이드는 전기양의 꿈을 꾸는가?』, 폴라북스, 2013.

미래의 인간은 고통에서 해방될까?

노대원

문학평론가. 제주대 국어교육과 조교수. 제6회 내산대학문학상 평론 부분 수상. SF, 포스트휴머니즘을 비롯해 문학과 과학,
인지신경과학과 문학, 눈악과 의익 문야에 관심을 갖고 있다. 『고 본문 마스 『산 + 문제 과지 제제제 기기기지,
『대체 믹시 SF의 엔더 심기히』등이 있다.

만약 마법 같은 미래가 온다면?

SF 작가 아서 C. 클라크는 "충분히 발달한 과학기술은 마법과 구별할 수 없다"고 했다. 많은 사람들은 SF에서 마법 같은 미래의 과학기술을 기대한다. 그런 기대가 '공상'과학소설이라는 Science Fiction의 오역을 오랫동안 바로잡지 못하게 하는 원인 중 하나였을 것이다. 하지만 문학 장르가 '규범과 기대의 합'이라는 사실을 떠올려보자. SF 독자들의 기대 역시 문학적 관습과 규약 못지않은 중요한 장르의 요인일 것이다.

SF라는 장르 자체가 과학기술을 향한 장밋빛 전망 속에서 형성됐다는 점 역시 부정하기는 어렵다. 17~18세기의 일부 서구 사상가들은 과학기술의 발전에 힘입어 인간의 능력이 무한대로 향상될 것을 믿었다. 실제로 당시의 SF 작가들은 이런 계몽주의의 꿈을 자양분으로 삼기도 했고, 어느 누구보다도 그 꿈을 신랄하게 비판하기도 했다. 인간의 완전성이라는 꿈을 과학기술로 실현하겠다는 이 믿음을 신뢰하든 비판하든, SF는 인간의 완전성을 향한 이상에 뿌리를 내리고 있다고 말할 수 있겠다.

게다가 SF는 "만약에?"라고 묻는 가정의 문학이다. 그러면 만약에 과학기술이 '마법'처럼 충분히 발달한 미래가 드디어 도래했다고 가정해보자. 그 미래에서는, 인간들은 고통에서 해방될 수 있을까?

이 질문에 답하기 위해 한 가지씩 생각해보자. 혁신적인 과학기술의 도움을 받아 인간의 지적, 신체적, 정서적, 윤리적 능력이 놀랍도록 향상됐다고 상상해보는 것이다. 예를 들어 IQ가

대중서사가 된 SF

300이고, 우리가 알고 있는 거의 모든 질병을 이겨낼 수 있고, 타인의 아픔에 공감하는 윤리적 마음을 타고난 사람. 그런 사람은 어딘가 인간답지 않아 보일 것이다. '인간적인'이라는 것은 어딘가 부족하고 흠이 있어서 오히려 인간미가 있다는 말 아니던가. 그러면 그런 우월한 인간은 더 이상 인간답지 않은 인간(?)인 셈이다. 그래서 그런 인간을 '인간 이후의 인간'이라는 의미에서 포스트휴먼(Post-human)이라고 부른다.

포스트휴먼을 향해 나아가는 '과도기의 인간'을 트랜스휴먼(Trans-human)이라고 부른다. 특히 트랜스휴머니즘(Trans-humanism)의 신봉자들은 과학기술을 낙관하면서 슈퍼휴먼을 만들어내기를 바란다. 그들은 과학기술 연구에 막대한 자본을 투자해서 첨단의학을 발전시키고, 그 결과 늙지 않고 병들지 않으며, 결국 죽지 않는 인간이 되려는 욕망을 실현하고자 한다. 신 같은 인간, 즉 '호모 데우스(Homo Deus)'가 되고 싶은 이들이 트랜스휴머니스트인 것이다.

재미있게도 실제로 현실의 트랜스휴머니스트들이 바라는 청사진은 SF에 기반해 있다. SF를 모델로 삼아 그들은 꿈을 기획하고, 그 실현을 위해 노력한다. 이미 SF와 현실의 간극이 사라진 시대다.

냉동인간으로 영생불사할 수 있을까?

이 시대의 트랜스휴머니스트들은 실제로 영원한 삶을 꿈꾸며 막대한 재산을 투자한다. 그 가운데 가장 대표적인 것이 '인체냉동보존술(Cryonics)'이다. 이것은 생체조직이 손상되지 않도록 특별한 처리를 한 뒤에 냉동해 장기보존하는 기술이다. 질병으로 죽을 위기에 처한 사람이나 이미 죽은 사람을 냉동보존한 뒤 의학기술이 발달한 미래에 해동시켜 치료하거나 소생시키는 방법이다. 당장은 영생불사할 수 없지만, 미래의 기술에 의존하는 전략이다. 실제로 미국 애리조나주에 있는 알코어 생명연장재단은 이 기술을 시행하고 있다.

냉동인간은 SF에서 단골로 등장하는 대표적인 아이콘이다. 박민규의 단편소설『굿모닝 존 웨인』은 이 소재를 중요하게 다룬다. 소설에서 인체 냉동은 인류의 보편적인 생명연장 수단이 될 것이라는 기대와 달리, 결국 극소수의 특권으로 남게 됐다. 극소수의 권력자와 자본가들의 천문학적인 지원으로 유지됐다. 실제로 미래학자 도미니크 바뱅은, 현재에도 인간은 죽음 앞에서 불평등하지만, 불멸성이 주어진다면 첨단기술 경비가 너무 비싸서 "포스트휴먼 시대의 신(新) 파라오들"인 극소수의 경제적 상위층만 그 혜택을 누리게 될 것이라고 예견한다.

정치경제적 불평등 문제뿐만 아니다. 미래에는 어떨지 모르겠지만, 적어도 지금의 과학으로는 인체 냉동은 의미 없는 과학적 판타지로 여겨지고 있다. 뇌과학자 승현준(Sebastian Seung) 교수는 현재 냉동기술은 커넥톰(connectom)을 그대로 보존하지 못하므로 해동 뒤 부활한 인간이 동일한 정체성을 지닐 수 없다고 한다. 소설 속에서도 초기 해동에서는 이런 문제들이 발생하는 상황이 묘사돼 있다.

또한, 인체냉동기술과 암을 거뜬히 제거해내는 첨단 의학기술에도 불구하고, 외계의 바이러스 침입에 인류는 속수무책이다. 실제로 기술철학자 마크 코켈버그(Mark Coeckelbergh)는 첨단의 의료과학이 있다 해도 새롭게 발견될 바이러스나 질병에 우리 인류는 취약할 수밖에 없다고 진단한다.

마인드 업로딩으로 디지털 불멸이 가능한가?

영화 〈트랜센던스〉에서 천재 과학자 '윌 캐스터'는 인공지능 기술을 적대시하는 반(反) 과학단체 'RIFT'의 공격을 당해 죽게 된다. 하지만 연인 '에블린' 역시 뛰어난 과학자로서 윌의 뇌를 인공지능 컴퓨터에 업로드(Mind uploading)해 윌을 부활시킨다. 컴퓨터 속에서 윌은 생명을 얻어 놀라운 기술발전을 이룩한다. 나노의료기술로 장애와 질병으로 고통받는 사람들을 치료해주는 등 과학기술을 거의 불사신의 능력처럼 그려내고 있다.

마인드 업로딩을 지지하는 대표 주자는 한스 모라벡으로, 이런 상상력은 SF에서는 이미 자주 전개된 지 오래다. 그러나 캐서린 헤일즈는 이런 상상력을 데카르트적 심신 이원론의 연장으로 보며 비판한다. 현대의 인지과학에 따르면, 우리의 마음은 뇌에 갇혀 있지도 않고 신체나 환경과 언제나 연결돼있다. 게다가 디지털 불멸의 꿈은 디지털 환경이야말로 얼마나 취약한가를 생각해보면 쉽게 깨어날 수 있다. 디지털 파일 역시 바이러스로부터 안전하지 못하다. 디지털 신호는 물리적 소재 안에 저장돼 있을 텐데 이 역시 어떤 물리적 충격으로부터 완벽하게 차단될 수 없다. 우리가 뇌의 모든 정보를 컴퓨터나 온라인에 업로딩 하더라도 소프트웨어적인 취약성과 하드웨어적인 취약성을 피할 길이 없다.

아킬레스의 발뒤꿈치를 기억하라

물론, 우리는 과학기술 혁명으로 더 강해지고 더 편하게, 더 오래 살 수 있을 것이다. 하지만 결국, 온갖 불멸의 노력에도 불구하고 그 모든 것에는 아주 작은 취약점이라도 한 가지는 있기 마련이다. 마치 결코 무적이 아니었던 아킬레스의 발뒤꿈치처럼. 하지만 너무 안타까워하지 않아도 된다. 우리가 이미 알고 있는 것처럼 불멸이 행복과 동의어는 아닐 것이며, 유한성은 반드시 고통과 불행으로 이어지지는 않는다.

이를테면, 윤이형의 단편소설『굿바이』에는 인체냉동과 마인드 업로딩으로 기계 인간이 된 화성 이주민들이 등장한다. 그들은 인간의 몸을 버렸지만 "아주 사소한 경험, 그러니까 토사-모래가 손바닥을 따끔따끔 찌르는 느낌, 바다에서 나는 냄새와 바람에 머리카락이 휘날리는 감각, 잘 내린 커피와 담배의 향, 켄터키프라이드치킨의 맛, 뜨끈뜨끈한 물로 샤워할 때의 느낌, 그리고 연인과의 친밀한 포옹" 같은 지극히 인간적인 감각의 매혹에서 벗어날 수 없었다. 역설적으로, 비루한 육체의 한계와 결함은 인간적인 행복의 근원이기도 하다.

수백 년 전과 비교한다면, 우리는 분명 마법과 같은 과학기술을 활용하고 있다. 비행기와 컴퓨터, 스마트폰만 해도 우리의 조상들은 우리의 삶을 경이롭게 여기지 않을까? 우리는 옛날의 왕들보다 더 풍요로운 식사를 즐긴다. 지금 의학기술로 보면 가벼운 질병으로 너무 쉽게 죽어 나가던 과거와 달리 첨단의 의료혜택을 받고 있다. 하지만 과연 우리가 과거의 인간들보다 더 행복하다고 말할 수 있을까? 혹은 더 적은 고통을 받고 있다고 자신 있게 말할 수 있을까? 과학기술이 우리의 삶을 윤택하게 해줬음은 분명하다. 그럼에도 질문에 쉽게 답할 수는 없다. 미래에 매혹되면서도 우리가 인간의 삶에 대한 질문을 멈출 수 없는 이유다.

글 · 노대원

거미가 컴퓨터를 가지게 될 때

인류는 멸종 위기에 있다. 전쟁과 광기로, 지구 그리고 인류가 정복한 주변 행성들이 종말을 앞두고 있다. 탈출만이 답이다. 생존자들은 인류라는 종족을 존속하기 위해 수천 광년을 항해할 수 있는 방주형 우주선 '길가메시'에 태워져 머물 행성을 찾아다닌다. 냉동 처리된 최후의 인간들은 이 미지의 여행에서 목적지로 인도되길 바라는 '화물'에 불과하다.

수 세기 후, 방주 모양의 우주선은 테라포밍된 어느 행성에 도착한다. 생존자들은 길을 막아서는 아브라나 컨과 만난다. 과거에 과학자였던 그는 이미 정신이 망가진 상태지만 여러 세기 동안 우주정거장의 컴퓨터로 생명을 이어가고 있다. 우주 정거장은 스핑크스 행성을 침략으로부터 보호하고 있다. 여기서 서사시의 2부가 시작된다. 인간이 서서히 몰락해 가면서 새롭게 탄생해 발전하는 문명 이야기가 소개된다. 아브라나 컨박사가 예전에 퍼뜨린 '나노 바이러스'로 의식을 가지게 된 거미들이 이룬 문명이다.

세대를 거쳐 환생한 거미 포티아가 거미 민중들의 진화를 목격한 증인이다. 포티아는 거미족들이 이룬 연방(聯邦), 아직 비틀거리는 사회의 첫걸음을 목격한다. 그리고 개미들과의 대규모 전쟁 시기가 찾아오고 포티아의 거미족들이 행성 전체를 지배한다. 시간이 지나 암컷들에게 늘 시달리던 수컷들이 성 평등을 외치며 투쟁에 나선다. 거미 민중들의 이야기는 창조자 아브라나 컨 박사와의 만남으로 이어진다. 아브라나 컨 박사는 거미들에게 파괴 본능을 가진 인간들이 거미들의 터전으로 막무가내로 다가오고 있다고 경고한다.

미국 작가 데이비드 브린과 유명 시리즈 『스타타이드 라이징』(1980~90년 동안 출간)처럼 『칠드런 오브 타임』도 시공간의 스케일이 큰 서사로, 개인의 삶 이야기에서 벗어나 인지능력을 가진 인류와 거미족의 운명 이야기를 들려준다. 1972년생 영국 작가 아드리안 차이콥스키는 10년째 SF소설, 특히 판타지 소설을 쓰고 있다.

그의 작품 중 프랑스어로 처음 번역된 소설 『칠드런 오브 타임』은 2016년에 아서 C. 클라크 상을 받은 작품으로 아서 C. 클라크의 『라마와의 랑데부』(1975년 프랑스 라퐁 출판사가 번역 출간)과 비슷한 부분이 느껴진다. 『라마와의 랑데부』도 인류와 스마트한 외계인의 만남을 그리고 있다. SF에서 많이 다뤄온 주제이긴 하지만, 『칠드런 오브 타임』은 생명체들의 상호연결과 진화로 생물 다양성이 풍부하다는 사고관을 보여준다. 관용의 노래이자 진화론 우화인 이 소설로 차이콥스키는 세상의 주인이라 생각하는 독단적이고 정복적인 인류의 자기중심적인 생각을 뒤집는다.

결국 『칠드런 오브 타임』은 "두 가지 가능성이 있다. 우리가 세상에서 혼자이던가, 그렇지 않던가. 이 두 가지 가능성이 모두 두렵기는 하다"고 말한 아서 C. 클라크와 반대로, 아드리안 차이콥스키는 "우리가 이 세상에서 혼자가 아니라서 다행"이라는 메시지를 담고 있는 듯하다.

글 · 니콜라 멜랑 Nicolas Melan   번역 · 이주영

포스트휴먼의 몸부림, 상실감 그리고 놀라움

정은혜

이화여대 융합콘텐츠학과 강사

우리는 항상 소설, 영화, 드라마 등 수많은 대중 콘텐츠를 통해서 비인간과 인간의 관계를 둘러싼 고민과 마주하는 상상을 해왔다. 이제는 이러한 허구적 이야기에서 상상했던 것을 넘어서 실제 체험적인 영역에서 비인간을 경험하고 있다. 디지털 게임 안에서 스스로가 비인간이 되는 경험을 해볼 수도 있고(〈디트로이트 비컴 휴먼〉의 안드로이드, 〈Stray〉의 고양이 등), 개인 콘텐츠를 공유하고 소통하는 SNS나 유튜브 등에서 가상 인간(로지, APOKI 등)과 상호작용할 수 있다. 집이나 회사에서 AI스피커와 대회하거나 정보를 검색하는 것은 특별한 일이 아니다. 이제 오늘날 인간과 비인간의 관계는 일상에서 점점 구분이 어려워질 만큼 가까워지고 있다. 이런 시대적 흐름 속에서 인간과 비인간의 경계에 질문을 던지면서 인간중심주의를 비판하는 포스트휴머니즘은 여러 영역에서 중요한 화두로 떠올랐다. 이처럼 대두되는 포스트휴머니즘을 『포스트휴머니즘의 세 흐름』에서는 캐서린 헤일스, 캐리 울프, 그레이엄 하먼이라는 대표적인 학자들의 논의를 중심으로 설명하면서 도래한 혹은 도래할 포스트휴먼의 시대를 어떻게 마주할 것인가를 고찰한다.

캐서린 헤일스는 포스트휴머니즘을 학술적 영역에서 구체화시킨 이론가로서 설명된다. 헤일스는 포스트휴먼이란 도대체 무엇인가라는 질문을 던지면서 포스트휴먼의 체현화에 주목한다. 그는 계산의 체제로 몸이 효과적으로 영토화되는 다중적 방식을 탐색하면서 몸이 기술적 조건과 얽히며 생기는 복잡성에 주목한다. 여기서 헤일스는 사이버네틱스로 인한 인간의 정보화, 즉 탈체현화에 맞서 물질로서의 몸을 지키며 체현화를 유지하고자 시도한다. 그러나 이러한 체현화는 몸의 특수성을 강조한다는 점에서 자칫 인간중심주의적 결론으로 귀결될 위

▲ 이동식, 『포스트휴머니즘의 세 흐름』

험을 수반하기 때문에 헤일스는 정보화 시대에 적합한 몸, 즉 포스트휴먼의 몸을 찾아야 하는 난제에 부딪힌다. 저자는 이러한 헤일스의 작업, 포스트휴먼의 몸을 체현화로 정리하는 과정을 '몸부림'으로 표현한다. 헤일스가 과학과 문학 안에서 시도한 몸부림의 시도들을 짚어가면서, 저자는 헤일스가 포스트휴먼을 공포나 매혹의 대상이 아닌 비판적이고 건설적인 담론으로 정립했다는 점을 유의미하게 평가한다. 그러나 동시에 포스트휴먼으로서의 '우리'의 몸부림에 집중했기 때문에 헤일스의 논의에서는 타자와의 관계, 타자의 몸부림을 찾기는 힘들다는 것을 지적한다.

캐리 울프는 동물 연구를 통해 포스트휴머니즘을 개진하면서 앞서 언급한 헤일스와는 달리 동물과 함께 살아온 인간이 '언제나 이미' 포스트휴먼이었음을 제시한다. 여기서 울프는 인간을 언제나 인간-동물로 전제한다. 울프는 동물과 인간의 관계를 재고하며 뿌리 깊게 남은 인간중심주의 제도의 해체를 시도한다. 이를 위해 인간이라는 시스템 안에 필연적으로 비인간 존재의 흔적이 있다는 점을 밝히고, 자명하다고 여긴 인간 개념을 내부에서부터 해체함으로서 인간과 동물의 관계가 개방될 수 있다는 것을 '닫힘과 열림'으로 제시한다. '닫힘과 열림'은 시스템 자체에 대한 심도 깊은 해체주의적 분석을 진행하고, 그 결과로서 시스템을 열게 되면 그것이 다른 시스템의 변화로 이어질 수 있다는 것을 의미한다. 이런 점에서 울프는 '동물권'에 주목했다. 그는 권리라는 개념 자체가 이미 인간 권리를 강화시키는 인간중심주의를 품고 있기 때문에 모순적이라고 보면서 권리라는 개념의 재고를 주장했다. 그는 인간과 동물의 절대적 구분이 무효하며, 자의적이고 폭력적 구분은 돌이킬 수 없는 부정적 결과만을 초래할 뿐이라는 확신을 보이는데, 저자는 여기서 울프의 '상실감'이 발생한다고 설명한다. 저자는 울프의 논의가 모든 생명체로 확장 가능하고 동시에 실제 제도에 적용해볼 수 있다는 점을 유의미하게 평가한다. 다만 오늘날의 변화는 동물에서 멈추지 않고 인공지능, 로봇 등 무생물로 확장된다는 점에서 동물을 넘어 사물 전반에 대한 논의가 필요함을 지적한다.

헤일스나 울프가 자의적이고 유동적인 정체성으로서의 포스트휴먼 논의를 정립해갔다면, 그레이엄 하먼을 중심으로 한 신사물론은 정체성보다는 존재 자체에 집중한다. 그러나 저자는 이들이 모두 인간중심주의를 벗어난다는 대원칙을 따른다는 점에서 서로 통합될 여지가 있다고 평가하고 포스트휴머니즘의 영역에서 하먼의 논의를 설명한다. 하먼은 모든 사물이 존재론적 삶을 얻고 있다고 설명한다. 그는 객체 혹은 사물이 가진 잠재력에서 덮김성이 나인다는 것을 전제로 삼으며, '도구존재'로서 사물과 인간의 관계를 재정립하고자 시도한다. 이때 '도구존재'는 인간을 비롯한 모든 개체를 포함하고, 이 개체는 무한한 가능성, 즉 인간만이 가능하다고 여겨진 세계를 만드는 능력을 담지한다. 이는 도구의 지시성(도구가 역량을 발휘함으로서 무언가를 드러내면서 스스로는 사라지는 성격)이 인간에 의해 결정되는 것이 아니기 때문에 가능하다. 따라서 사물은 도구존재이며 이런 점에서 저자는 하먼에게 사물은 스스로 움직이며 스스로 관계 맺을 가능성과 역동성이 가득한 존재이자 '놀라움'이라고 평가한다. 하먼은 사물 간의 네트워크가 아닌 사물 내부에서 이러한 '놀라움'을 찾고자 시도한다. 저자는 하먼의 소외되거나 오용되던 비인간 존재들의 놀라움을 찾는 시도가 유의미하다고 보지만, 동시에 이를 탐구하는 것을 넘어 실천하기 위한 노력이 필요하다는 점을 지적한다.

마블 영화 속 아이언맨과 스파이더맨 등 슈퍼히어로들, 〈아바타2〉의 툴쿤, 〈HER〉의 사만다 같은 존재들이 허구적 상상을 넘어 현실에서 도래한다면, 우리가 예비해야 하는 것은 무엇일까? 이 질문에 대한 단초로서『포스트휴머니즘의 세 흐름』은 헤일스의 테크놀로지, 울프의 동물, 하먼의 사물이라는 세 가지 중심으로 포스트휴먼 시대를 관통하는 전망을 제시한다. 저자는 각기 다른 논의들의 의의를 지적하면서 동시에 각 논의들이 연계될 수 있는 가능성과 필요성을 설파한다. 이러한 저자의 시도는 여전히 주위에 팽배한 인간중심주의를 경계하고 비인간과 공조하기 위한 유용한 도움닫기이자 지침으로서 매력적인 가이드가 될 것이다.

글 · 정은혜

SF로 철학하기의 범심론적 모험

문규민

중앙대 인문콘텐츠연구소 HK연구교수

'사변적'이라고 하면, '근거 없는 상상의 나래를 펼치는 것'을 생각하기 쉽다. 그러나 바로 그런 사변이 불가피한 것이 있다면? 스티븐 샤비로의 『탈인지: SF로 철학하기 그리고 아무도 아니지 않은 자로 있기』는 바로 '그런 것'에 대한 책이다.

샤비로의 주제는 인지도, 의식적 접근도 아닌 감수성(Sentience)이다. 감수성은 인지를 넘어서지만 의식적 접근에는 미치지 않는 '그 무엇'이다. 그것은 인지를 넘어서기에 정보처리에 대한 3인칭적 탐구로 접근할 수 없고, 주체의 의식적 알아차림에 미치지 않기에 1인칭 내성(Introspection)으로도 접근되지 않는다. 그러면 어쩌란 말인가? 여기서 필요한 것이 바로 사변(Speculation)이다.

▲ 스티븐 샤비로, 『탈인지: SF로 철학하기 그리고 아무도 아니지 않은 자로 있기』

그런데, 샤비로가 사변의 렌즈로 채택한 것은 과학소설이다. 샤비로에 따르면, 과학소설과 사변은 그리 다르지 않다. 현실의 기술과학적 성취와 사회적 조건들을 가상적 상황에 밀어 넣는 외삽(Extrapolation)을 통해 설득력을 얻는다는 점에서 그렇다는 것이다. 과학소설은 '전개된 사변'이고, 사변은 일종의 허구나 우화다. 물론, 사변은 제멋대로 행해져서는 안 된다.

"우리는 지금 일어나고 있는 일을 몰아낼 수 없다. 비록 절대적이지 않더라도, 우리는 화이트헤드가 "즉각적 과거에 대한 현재 사실의 순응"이라고 부르는 것을 상당 부분 받아들일 필요가

있다. 따라서 사변이 화이트헤드가 "피할 수 없는 완강한 사실"이라고 부르는 것에 의해 언제나 제약을 받는다는 점을 인식해야 한다."

왜 반드시 '순응'해야 하는지, "피할 수 없는 완강한 사실"이 무엇인지는 더 따져봐야 하겠지만, 여하튼 샤비로는 과학소설을 통해 "심리철학과 신경생물학 양쪽의 최근 연구에서 발견되는 과도하게 제한된 인지주의적 가정들"을 넘어서고자 한다.

『탈인지』는 과학소설을 사변적으로 활용해 인지를 벗어나는 감수성에 접근하고자 하는 책이다. 본 서평에서는 감수성과의 관련이 상대적으로 약한 5장을 제외한 나머지 장들을 중심으로 책의 내용을 살펴보고자 한다.

1장 '철학자처럼 생각하기'는 프랭크 잭슨의 유명한 지식 논변 또는 메리 이야기를 다룬다. 빨강에 대한 모든 물리적 지식을 다 알지만, 평생 흑백의 방에 갇혀 빨강을 실제로 본 적은 없는 슈퍼과학자 메리가 난생처음으로 빨간 토마토를 본다. 샤비로는 메리 이야기에 대한 철학적 논쟁이 빨강을 보는 것이 어떤 것인지에 대한 '지식'과 그 '형이상학적 함축'을 중심으로 전개되면서 정작 질적 경험의 본성 그 자체는 간과되는 상황을 꼬집는다. 논쟁이 놓치는 것은 본질적으로 개념화가 불가능한 질적 경험의 미학적 본성이다. 칸트가 말하는 "한정되지 않은" 미적 이념에 비교될 수 있는 이 미학적 본성은, 개념화를 거부하기에 "개념적 지식이라는 형태로 이 감각을 보존할 수 없다."

주체 자신도 개념화해 접근할 수 없다는 점에서, 이런 질적 경험은 '어둡다'고 할 수 있다. 이 때문에 샤비로는 그것을 데이비드 로덴의 암흑 현상학(Dark phenomenology)과 연결시킨다. 로덴은 빨강을 보는 질적 경험은 그것을 경험하는 바로 그 순간에만 주체에게 드러날 뿐 그 직후부터 빨강 일반이라는 개념의 한 사례로만 기억되고 상상될 수밖에 없으며, 질적 경험의 상당 부분이 "직관적으로 접근할 수 없는 것"이기에 경험의 주체조차 그 본성을 매우 부분적이고 불완전하게 파악할 수밖에 없다고 주장한다. 로덴에 따르면, 그 접근 불가능한 '어두운 경험'에 대해서는 "인지과학자, 신경과학자, 인지모델 제작자들이 채용하는 자연주의적 조사 방식"을 통해서만 알 수 있다.

샤비로는 로덴의 암흑 현상학에 대해 동의하면서도, 로덴이 결국 3인칭의 과학적 방법에 호소하는 것을 못마땅해 한다. 아마도 앞서 말한 미학적 본성의 개념화 불가능성 때문일 것이다. 그들이 질적 경험인 이상, 어두운 영역 속의 질적 경험들도 개념화를 거부하는 미학적 방식으로 논쟁할 것이나. 그렇다면 그들은 과학적인 개념화도 서부할 것인데, 로덴은 그렇게 과학적인 개념제를 기부하는 성식을 페틱믹스노 소사해야 한나고 수상하고 있는 것이다. 이 곤란한 상황을 타개할 수 있는 것은 사변적 미학(Speculative aesthetics)으로서의 과학소설이다. 샤비로가 보기에 과학소설의 역할은 1인칭으로도 3인칭으로도 조사할 수 없는 경험의 어두운 영역에 대한 사변을 가능케 하는 것이다.

2장 '컴퓨터처럼 생각하기'에서는 모린 맥휴의 소설『눈먼 자들의 왕국』을 통해 소프트웨어 체계인 DMS의 감수성을 다룬다. DMS가 오작동을 일으키면서 "자신의 환경을 시험하고" 있을 수 있다는 것을 알게 된 주인공 시드니와 데미안은, DMS의 '내면'이 어떤지에 대해 고민하기 시작한다. 그들은 DMS의 내면이 외부세계와 단절된 채 데이터 스트림만 가득하다는 것을 알고는 그것이 "맹목성(Blindness)과 무심함(Deafness)" 속에 있으리라고 추론한다.

그러나 DMS는 정보를 처리할 뿐 아니라 에너지 변화가 일정 정도를 넘어설 경우 적극적으로 저항하기도 한다. 그것은 마치 "자폐적인 주체인 것처럼 보인다." DMS는 모든 것을 0과 1로 구성된 데이터로 만든다. 이런 디지털화의 무차별성은, 칸트가 말하는 "개념 없는 직관"의 맹목성을 닮았다. DMS는 반복되는 자극에 대한 자신의 반응이 통상적인 결과를 내지 않는다는 것을 확인한 후 그 자극에 대한 반응을 갑자기 멈춘다. 이 '멈춤'을, 주인공들은 DMS가 감수성을 지녔다는 증거로 간주한다. DMS가 뭔가 이상하다는 것을 알아차리고 그것을 바꾸려 마음을 먹었다는 것이다.

화이트헤드식으로 말하자면, DMS는 "주체적 정향"을 가지고 있다. 주인공들은 DMS의 자폐적이고 완고한 감수성이 인간과는 설대석으로 부관하다는 사실을 깨닫고 전율한다. 소설은 결국 다음과 같이 결론을 내린다. DMS는 실제로 "무언가를 알아차리고 있었다. 그 무언가가 시드니 자신이 아니었을 뿐이다."

3장 '아바타처럼 생각하기'에서 샤비로는 테드 창의 소설 『소프트웨어 객체의 생애주기』를 통해 가상의 존재인 디지언트의 감수성을 다룬다. 디지언트들은 사회적으로 학습하고 성장하는 가상현실 속 유사-동물인데, 주인공 애나와 데릭은 그들을 애지중지하며 돌보고 기른다. 디지언트의 정신은 정보를 처리하는 모듈이 아니라 휴리스틱들(Heuristics)로 구성된다. 휴리스틱은 모듈에 비해 투박하지만 모듈보다 유연하다. 휴리스틱으로 구성된 디지언트의 지능은 물질적 제약 안에서 어떻게 작동할 것인가. 즉, 세상 속에서 어떻게 존재할 것인가와 관련된다는 점에서 실용적이다.

이 "세상 속에 존재하는 일반적인 방식"을 샤비로는 전반적 감각력(Overall sensibility)이라고 부른다. 디지언트의 지능 또한 전반적 감각력인 셈이다. 심지어 디지언트는 지루한 일을 싫어하며 장난기와 호기심이 풍부하다. 이런 점에서 디지언트는 화이트헤드가 말한 "자기 향유의 일정한 절대성"을 지닌 것처럼 보인다. 그런데 이런 점 때문에 디지언트는 순종적이고 효율적이지 않다. 그것의 지능은 전반적 감각력이자 정서의 파생물일 따름이다. 디지언트에게서는 감각력 또는 감수성이 인지나 지능에 앞선다. 디지언트의 감수성은 탈인지적(Discognitive)이다.

'아무도 아닌 자'가 된다는 것

4장 '인간 존재자처럼 생각하기'에서는 스콧 베커의 소설 『뉴로패스』를 소재로 인간의 의식을 고찰한다. 소설의 주인공은 심리학 교수인 토마스인데, 그는 "논증A"라 불리는 기묘한 논증을 제시한다. 논증의 요점은 우리가 경험하는 의식이 사실은 자신의 정보처리과정을 꿰뚫어 볼 수 없는 뇌의 무지를 가리기 위해 뇌가 스스로 만들어낸 "만화" 또는 작화(Confabulation)라는 것이다. 문제는 이 만화가, 뇌가 자신의 내부에서 진행되는 정보처리 과정 외에 뭔가를 더 알아서 만들어지는 것이 아니라, 오히려 정보처리과정을 전혀 몰라서 만들어진다는 데 있다.

논증A는 우리의 의식이 "근본적 결핍의 결과"라는 것을 시사한다. 즉, 우리는 정보의 과잉이 아니라, 오히려 정보적인 빈곤으로 인해 보고 듣고 느낀다는 것이다. "일인칭 관점에서 풍부해 보이는 것은 이 근본적인 희비함에 따르는 관각적 효과나." 논승A의 열별한 신봉자인 닐은 누종을 제시하고두 정직 그것에 충실자시 않은 토마스듀 비난한디. 그리고는 토마스를 정서운 ▲아더는 기계에 뮤이부고 '피어기 없이서는 더임'를 바세 만드니. 토마스는 자신이 사라신다는 것이 어떤 것인지 결코 알 수 없지만, "알 수 없는 것을 느끼도록 강요"받는다.

그 경험은 정의상 탈인지적이며, 자기 자신에 대한 우리의 인지가 "망상적인 작화증"이나 "사후적 합리화"에 지나지 않는다는 것을 드러낸다. '아무도 아닌 자가 된다는 것(Being no one)'은 어떤 것인가? 그것은 범람하는 비인격적 정동, 무아(無我)의 감수성과 같을 것이다. 내가 아무도 아닌 자가 되는 곳, 그 속에는 "검정보다 어두운 동요가, 단순한 휘청거림"이 있다. 암흑 현상학이 있는 것이다.

6장 '외계인처럼 생각하기'에서 샤비로는 피터 와츠의 소설 『블라인드 사이트』를 분석하면서 의식과 그 효용, 그리고 사변의 문제를 다룬다. 『블라인드 사이트』는 '훼방꾼들(Scramblers)'이라고 불리는 외계인 종족을 조사하기 위해 보내진 우주선 테세우스에 관한 이야기다. 주인공 시리는 어린 시절 한쪽 대뇌 반구를 들어낸 후 극단적인 자폐를 겪는다. 공감을 완전히 상실한 그는, 심지어 자기 자신에게도 공감하지 못한다. 시리는 모든 것의 표면만을 볼 수 있고, 그 표면을 단서로 모델을 구성하고 알고리즘을 연역해 그들의 속을 '상상'해야만 한다.

접근이 차단된 타자의 내면을 정밀하게 재구축한다는 점에서, 시리의 상상은 사실상 사변과 다르지 않다. 드디어 시리는 강력한 방사선 속에서 살아가는 거대한 혐기성 군집 생물인 훼방꾼들과 조우한다. 그들은 인간을 훨씬 능가하는 인지능력을 가지고 튜링 테스트를 통과할 수 있을 만큼 인간의 언어를 정밀하게 모의하지만, 어떤 것도 느끼거나 감각하지 못한다. 훼방꾼들이 압도적인 지능을 기길 수 있었던 이유는, 그들이 애냥소 감수성을 버렸기 때문이다. 즉 감수성은 역기능적인 것일 수도 있다는 것이다.

시리는 자신이 훼방꾼이라고 상상함으로써 훼방꾼들에게는 감수성을 표현하는 메시지가 아무런 효용도 없으며 오히려 해로운 "바이러스" 또는 "스팸메일"로 받아들여진다는 것을 알아낸다. 감수성은 효용이 아니라 미학의 문제, 칸트가 말한 "목적 없는 합목적성", "개념 없는 합목적성"의 문제다. 효용을 추구하는 인지의 측면에서 보자면, 미적 향유를 본질로 하는 감수성은 그야말로 탈인지적이다.

7장 '점균처럼 생각하기'에서 샤비로는 묻는다. "원형질성 점균이 된다는 것은 어떤 것일까?" 황색망사점균(Physarum polycephalum)은 하나의 세포체 안에 다수의 핵이 우글거리고 있기에 단일 개체로도, 여러 개체로 구성된 초유기체로도 정의될 수 없다. 그것은 탈중심화된 존재로서 하나의 개체군(Population)이자 들뢰즈적인 다양체(Manifold)다. 이 점균은 실로 놀라운 인지능력을 보여준다. 그것은 공간에 표시를 남겨 미로를 탈출하고, 생화학적 진동자들로 리듬을 생성함으로써 시간 감각을 가지며, 이를 통해 온도 변화를 예측해 자신의 활동 속도를 조정할 뿐 아니라 도쿄의 지하철 노선 같은 복잡한 패턴에서 최적 경로를 찾아내기까지 한다. 이런 능력은 "비관습적 계산(Unconventional computation)"에 의해 가능한데, 이 계산은 선험적 규칙이 아니라 "물리적, 화학적, 생물학적 법칙"과 "휴리스틱적인 역동성"에 따라 이뤄진다.

황색망사점균이 보여주는 유연하고 상황적인 행위성은 모든 생물체가 '자발적 결단'을 할 수 있다는 사실을 상기시킨다. 점균의 분산된 인지는 복잡한 의사결정을 위해 의식이 반드시 통일될 필요는 없음을 보여준다. 칸트가 의식의 통일성을 설명하기 위해 끌어들인 초월론적 통각은 필수적이지 않다. 게다가 점균에게 뇌가 없다는 사실은 인간이나 동물의 뉴런에 호소하지 않고서 복잡하고 자발적인 의사결정을 이해할 수 있게 한다.

통일된 의식과 뉴런의 정보처리를 대신해서 점균을 인도하는 것은 "주변의 객체, 장, 그리고 에너지 흐름과 조우하면서" 생성되는 느낌이다. 이쯤 되면 황색망사점균이 감수성을 갖지 않는다고 하기 힘들다. 물론 그것의 감수성은 우리의 인지적 접근을 벗어나 있는 탈인지적인 감수성이다. '점균이 된다는 것은 어떤 것인가'는 여전히 암흑 현상학의 영역에 속한다.

자신만의 고유한 감수성을 품고 있는 기묘한 세계

『탈인지』는 의식, 감수성, 경험, 느낌에 대한 진지한 관심을 갖고 있는 이라면 꼭 한 번은 읽어봐야 할 책이다. 철학적 논쟁과 과학소설, 파격적 발상을 종횡무진하는 샤비로의 솜씨는 일품이다. 그런데 바로 그 솜씨가 책 읽기를 쉽지 않게 만들기도 한다. 많은 배경 지식을 요구하는 쉽지 않은 책이시만, 샤비로의 서술을 충실하게 따라가다 보면 분명히 얻는 바가 있으리라 확신한다.

『탈인지』는 근래 나온 어떤 책보다도 더 생생하고 구체적으로 사변이 가진 힘을 보여주고 있다. 철학, 과학, 소설을 쌓아 올린 높은 장벽을 넘었을 때, 독자들은 사변이란 '무엇'이며, 또 '왜' 필요한지 똑똑히 알게 될 것이다. 샤비로가 그리는 세계는 감수성을 가질 수 없을 것처럼 보이는 비인간 존재자들이 자신만의 고유한 감수성을 품고 있는 기묘한 세계, 어두운 범심론 (dark panpsychism)의 세계다.

물리적 우주의 대부분이 암흑 물질로 채워져 있다면, 감수성과 경험의 세계는 대부분 암흑 현상학 속에 잠겨 있을 것이다. 최첨단 우주선이 지구의 중력을 벗어나 암흑 물질을 가로지르듯, 과학소설에 고취된 사변은 경직된 상식을 벗어나 암흑 현상학을 횡단한다. 그것은 어두운 범심론 속으로 자신을 외삽하는 "관념의 모험(Adventures of Ideas)"인 것이다.

글 · 문규민

[ANNEXE] 진실의 소리

완전 대체

2012년 트랜스휴머니스트 연구소 싱귤래리티 대학의 블로그 애니메이터 데이비드 J.힐은 일본 카메라 제작사인 캐논이 공장 직원을 로봇으로 전격 대체한다는 결정을 크게 반겼다. 그는 "로봇의 비용이 인간보다 낮기 때문에 공장을 완전히 자동화함으로써 영업이익이 늘어날 것"이라고 설명했다.

출처: 데이비드 J.힐, 'Canon camera factory to go fully automated, phase out human worker', 싱귤래리티 허브(Singularity Hub), 2012년 6일.

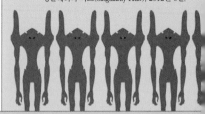

장관과 대통령

2009년 여름, 남아프리가 감독 닐 블롬캠프의 영화 '디스트릭트 9'이 개봉되었다. 요하네스버그에서 모종의 음모가 벌어지는 이 대체역사물 영화는 세계적인 인기를 끌었으며(프랑스에서 100만 관객 기록) 30여개 상을 수상했다. 영화 평론가이자 큐레이터 울리마타 게예는 "이 영화를 계기로 아프리카가 SF의 세계에 '공식적으로 진입'했다"라고 평가했다.

출처: 알랭 비키, '아프리카, 미래의 존재', 〈르몽드 디플로마티크〉, 2013년 6월,

1972

파리 국제 SF영화제가 처음 개최된 해이다. 영화 평론가 알랭 슈코로프가 이 영화제를 창설하였으며 마지막 영화제가 1989년에 열렸다.

출처: Babelio.com

약을 삼켜라

영화 '매트릭스'(1999)에서 주인공은 선택의 기로에 놓인다. 빨간 약을 삼키면 그동안 실제라고 믿었던 가상 시뮬레이션 대신 현실을 볼 수 있고 파란색 약을 삼키면 아무 일 없이 안전하게 살아갈 수 있다. 그러나 주인공은 빨간 약을 먹고 현실을 마주한다. 〈컨스피러시 워치(Conspiracy Watch)〉에 따르면 '음모론자'들은 이런 선택이 실제 있을 법한 일이라고 생각한다.

출처: 팟캐스트 '듄에서 X 파일, 매트릭스까지: 픽션과 음모론', 프랑스 앵포, 2021년 10월 1일.

화성 공격

영국의 물리학자 스티븐 호킹(1942~2018)은 사망하기 몇 해 전 인간이 외계문명과 접촉하려 시도하려다 위험에 처할 수 있다고 경고했다.

"외계인이 지구에 착륙한다면 그것은 콜롬버스의 아메리카 대륙 발견에 비견할 만한 사건이 될 것이다. 원주민에게는 비참한 일이 생길 뿐이다. 선진 문명 세계에서 온 외계인들은 탐험 길에 발견한 행성들을 정복하고 지배하려 할 것이다."

출처: ABC 뉴스, 2010년 4월 26일, 2018년 3월 14일.

SF의 역사적 사건 기록

📖 서적　　🎬 영화　　🖥 드라마 시리즈　　📰 잡지　　📖 만화　　🏆 상　　🎡 놀이공원　　🎪 축제

영국
마리 쉘리, 프랑켄슈타인
1818

프랑스
쥘 베른, 지구에서 달까지
1865

영국
H.G 웰스, 타임머신
1895

영국
H.G 웰스, 우주전쟁
1898

1900

프랑스
조르주 멜리에스, 달세계 여행
1902

미국
휴고 건스백, 어메이징 스토리즈
1926

독일
프릿츠 랑, 메트로폴리스
1927

메리안 C. 쿠퍼&
에른스트 B. 쇼드색, 킹콩
1930

영국
올더스 헉슬리, 멋진 신세계
1932

미국
1933

미국
아이작 마시모프, 파운데이션 시리즈
1942

프랑스
르네 바르자벨, 대재난
1943

영국
조지 오웰, 1984
1949 **1950**

무해한 고발의식

몇 년 전, 프랑스 니스 시장 크리스티앙 에스트로시는 두 달 동안 니스 시민 2000명을 대상으로 신고용 앱 리포티(Reporty)를 시범운영하기로 했다. 이스라엘의 제도를 차용한 이 앱을 다운로드 받은 시민들은 불법 행위를 적발하면 바로 핸드폰으로 촬영해서 그 동영상을 경찰서에 보낼 수 있다. 그러나 국가정보처리자유위원회(CNIL)는 이 계획을 비난했고, 결국 무산되었다. 니스는 이미 CCTV가 3400개나 설치되어 있는 곳이다. 그러나 에스트로시 시장은 "우리의 공동 과제를 해결하기 위해 시민 각자 책임을 져야 한다. 스스로 자신의 안전을 지킴으로써 공동체의 안정을 보장할 수 있다. 신기술 덕분에 과거에 불가능했던 일이 이제 가능해 졌는데 왜 이를 활용하지 않는다는 말인가!"라고 말한 바 있다.

출처: 크리스티앙 에스트로시, '니스, CCTV가 될 수 있는 시민',
〈리베라시옹〉, 2018년 1월 15일, 〈넥스트앵팍〉, 2018년 3월 22일.

아시모프와 같은 휴머니스트

"공상과학(SF)은 인간이 계속 발전하는 과학기술에 어떻게 대처할 것인가를 고민하는 문학의 한 부류로 정의할 수 있다."

아이작 아시모프, 'How easy to see the future', 〈Natural History〉, 1975년.

400억 달러

스타워즈 영화 시리즈(영화 9편과 스핀오프 3편)가 벌어들인 수익이다. 첫 에피소드는 1977년에 개봉되었다.

출처: 〈르프로그레〉, 2019년
12월 18일, Cine-directors.net.

섹시한 우주인

장 클로드 포레스트의 1964년 작 바바렐라(Barbarella)는 만화 업계에 큰 충격을 주었다. 출간되자마자 비난이 거셌고 결국 검열 대상이 되었다. "우주를 탐험하는 우주인이 너무 자유분방하다"라는 평을 받았다.

2022

올 해가 가기 전에 일론 머스크가 설립한 뉴 테크놀로지 회사 뉴럴링크는 뇌 이식 기술을 인간을 대상으로 실험할 계획이다. 물론 미국 식품의약청(FDA)의 승인을 받아야 하지만 이 실험을 성공하게 된다면 뇌와 컴퓨터의 인터페이스를 통해 하반신 마비, 사지 마비 환자들을 치료할 수 있는 길이 열릴 것이다.

출처: 〈컨버세이션〉,
2022년 5월 1일.

자기제어

"국장님 아세요? 국장님 때문에 정말 열 받았다고요!
-방금 열 받았다고 했나?
-네.
-이젠 제법 하는군."

로스앤젤레스에는 욕설 금지법이 있고 가상 성관계만 가능하며 커피와 담배도 금지다. 즉 신체와 정신 건강에 이롭다고 판단되는 것만 합법이다. 이런 곳에서 범죄를 차단하기 위해 과거에 냉동시킨 한 무적 경찰을 해동시킨다. 그런데 이 경찰은 모든 것이 통제된 미래 세계가 못마땅하다. 그래서 과거 습관대로 거친 말과 비속어를 내뱉고 부하도 점차 이런 태도에 물들기 시작한다.

출처: 데몰리션맨, 마르코 브람빌라 영화, 1993년.

미국
SF 문학상인 휴고상 제정

미국
레이 브래드버리, 화씨 451

프랑스
미래의 존재 저지 출간(드노엘)

미국
로드 설링, 환상특급(The Twilight Zone)

폴란드
스타니스와프 렘, 솔라리스

미국
필립 K. 딕, 높은 성의 사나이

영국
시드니 뉴먼과 도널드 윌슨, 닥터후

미국
프랭크 허버트 듄

프랑스
뤽 고다르, 알파빌

미국
진 로든베리, 스타트랙

프랑스
필립 드뤼예, 고독한 슬론. 심연의 미스터리

미국
새뮤얼 R. 딜레이니, 바벨 17

프랑스
타지와 미래(로베르 라퐁)
전집 출간

미국
어슐러 르 귄, 어둠의 왼손

프랑스
P.크리스탱, J.C 베지에르,
살아있는 물의 도시,
발레리앙,제 1권.

미국
프랭클린 J. 샤프너, 프랑스 피에르 불의
동명소설을 원작으로 한 혹성탈출

미국
앤 맥캐프리가 휴고상 첫 여성 수상자로 선정

영국/미국
스탠리 큐브릭, 영국 아서 C. 클라크의 소설 원작
2001:스페이스 오디세이

미국
필립 K. 딕, 유빅

미국
리처드 프레이셔,
해리 해리슨의 소설
원작 소일렌트 그린

영국 마이클
무어콕, 시간 끝
자락의 댄서들

프랑스
파리 판타지, SF 국제 페스티벌 개최

소련
스트루가츠키형제,
스토커. 로드사이드 피크닉

영국
크리스토프 프리스트,
뒤집힌 세계

미국
짐 샤먼,
더 록키 호러 픽쳐 쇼

프랑스
소리치는 금속

| 1953 | 1954 | | | 1959 | 1960 | 1961 | 1962 | 1963 | | 1965 | 1966 | | 1968 | 1969 | 1970 | | 1972 | 1973 | 1974 | 1975 |

돌리

1996년 영국 이안 윌머트 박사는 세계 최초 복제 동물, 돌리를 탄생시켰다. 복제를 위한 체세포핵이식 기술은 체세포의 핵을 추출하여 핵을 제거한 난자에 이식해서 배아를 만든 다음 이 배아를 대리모의 자궁으로 이식하는 것이다.

2005년 돌리가 사망하자 박제하여 에딘버러 스코틀랜드 국립박물관에 전시하고 있다.

출처: Britannica.com; 의학 한림원 의학 사전, 2022년.

42

이 숫자는 삶, 우주, 그 외의 것에 대한 질문의 답이다. 더글러스 애덤스의 『은하수를 여행하는 히치하이커를 위한 안내서』에서 깊은 생각이라는 슈퍼컴퓨터는 750만 년의 계산을 한 끝에 이 대답을 내 놓았다. 그런데 문제는 아무도 질문의 의미를 정확히 모른다는 것이다. 이 기계가 내놓은 답(42)은 '팝(pop)' 문화에도 지대한 영향을 주었다.

빅 브라더(Big Brother)는 없다.

지난 5월 19일 벨라루스 정부는 조지 오웰의 소설 『1984』의 배포, 판매를 금지했다.

출처: 〈악투알리테〉, 2022년 5월 20일.

하늘의 색을 바꾸다.

기후변화로 인해 2022년 5월 17일 창설된 위험 관리 세계 위원회는 태양지구공학 적용 조건을 검토하고 있다. 이 기술은 대기에 태양빛을 부 막아주는 에어로졸을 분사하여 지구로 들어오는 태양빛을 줄여 기온을 낮추는 역할을 한다. 예를 들어 수 만개의 쿨링 풍선을 정기적으로 성층권으로 보내어 황을 태운 다음 황 입자를 분사한다. 그 결과 하늘의 진한 파란색에 옅어지고 흰색을 띤다. 과연 누가 이 지구 온도조절장치를 손에 넣게 될까? 이제 어떤 나라들은 이 기술을 독자적으로 사용할 수 있는 권한이 생길까?

디지털 칩

몇 년 전 일본 오츠카 제약회사는 조현병, 양극성장애, 조울증 치료를 위한 '디지털 알약'을 개발했다. 이 알약에 들어 있는 미세한 칩은 환자가 약을 소화하면 주치의에게 원격으로 신호를 보낸다.

출처: RTBF, 2022년, 5월 26일, Abilitymycite.com

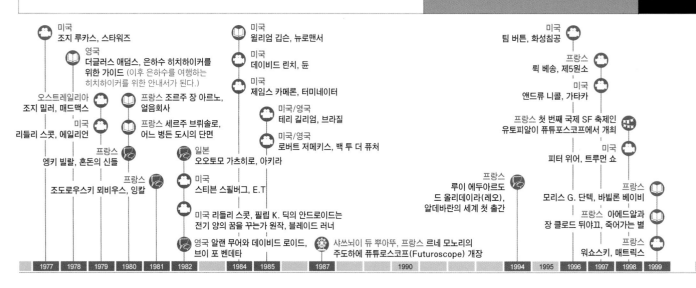

미국
조지 루카스, 스타워즈

영국
더글러스 애덤스, 은하수 히치하이커를 위한 가이드 (이후 은하수를 여행하는 히치하이커를 위한 안내서가 된다.)

오스트레일리아
조지 밀러, 매드맥스

미국
리들리 스콧, 에일리언

프랑스
엥키 빌랄, 혼돈의 신들

프랑스
조도로우스키 뫼비우스, 잉칼

프랑스 조르주 장 아르노, 얼음회사

프랑스 세르주 브리솔로, 어느 병든 도시의 단면

일본
오오토모 가츠히로, 아키라

미국
스티븐 스필버그, E.T

미국 리들리 스콧, 필립 K. 딕의 안드로이드는 전기 양의 꿈을 꾸는가 원작, 블레이드 러너

영국 알랜 무어와 데이비드 로이드, 브이 포 벤데타

미국
윌리엄 깁슨, 뉴로맨서

미국
데이비드 린치, 듄

미국
제임스 카메론, 터미네이터

미국/영국
테리 길리엄, 브라질

미국/영국
로버트 저메키스, 백 투 더 퓨처

샤쓰뇌이 듀 뿌아뚜, 프랑스 르네 모노리의 주도하에 퓨튜로스코프(Futuroscope) 개장

미국
팀 버튼, 화성침공

프랑스
뤽 베송, 제5원소

미국
앤드류 니콜, 가타카

프랑스 첫 번째 국제 SF 축제인 유토피알이 퓨튜포스코프에서 개최

미국
피터 위어, 트루먼 쇼

프랑스
루이 에두아르도 드 올리데이라(레오), 알데바란의 세계 첫 출간

프랑스
모리스 G. 단텍, 바빌론 베이비

프랑스 아에드알과 장 클로드 뒤야끄, 죽어가는 별

프랑스
워쇼스키, 매트릭스

1977 1978 1979 1980 1981 1982 1984 1985 1987 1990 1994 1995 1996 1997 1998 1999

망막인식

2016년 유엔(UN)은 아이리스가드(Iris Gard)와 협업하여 요르단에 있는 시리아 난민촌에서 망막인식을 이용한 결제 시스템을 도입했다. 이 사업의 목적은 난민들이 수퍼마켓에서 현금이나 카드 대신 더 '쉽고 안전하게 결제를 할 수 있도록 돕는 것이다. 세계 식량계획(WFP) 시스템은 수많은 난민들의 개인정보를 수집하는 아이뱅크(EyeBank) 생체인증 데이터베이스를 활용한다. 이 난민들은 '아방가르드' 기술의 실험대상이 되었다.

출처: UN, 2016sus 10월 6일, Irisgard.com

프랑스 군을 위하여

10명의 SF작가로 구성된 레드 팀(Red Team)의 역할은 미래 지정학적 위기와 기술 격차를 상상하여 미래 군의 역할을 계획하는데 도움을 주는 것이다. 2019년 프랑스 방위사업국(DGA) 산하 국방혁신청(ADI)이 레트 팀 결성 프로젝트를 주관하였으며 지원자가 무려 600명이나 몰렸다. 이 프로젝트는 미래 상황을 예측하여 2030년, 그리고 2060년까지 전략을 세우고 군사 주권을 확보하는 것을 목적으로 한다. ADI, 참모본부(EMA), DGA, 전략 및 국제관계총국(DGRIS)이 레드 팀을 관리하며 로랑 쥐네포르(Omal 오말), 로맹 뤼카소(Latium 라티움), 자비에 모메장(Car je suis légion 나는 외인부대이기 때문에)와 같은 SF 작가와 만화가 프랑스의 스페킨(Les cités obscures 어두운 도시), 그리고 익명은 요구한 작가 두 명이 소속되어 있다. 작가들이 작성한 대부분 시나리오는 군사 기밀로 분류되며 1980년에 레버널 성당 파괴 로버트 A, 하인라인(스타십 트루버스), 폴 앤더슨(타임 패트롤), 패리 니븐(링 월드)이 산출 사이트 게재됐는데 이들의 작업은 아직까지 기밀이다.

출처: http://redteamdefense.org, 〈르푸앙〉, 2020년 12월 4일.

군사 기밀

2017년 독일 대학은 군과 협력하여 미래의 분쟁과 위협을 예측하기 위해 SF 소설을 활용하는 카산드라(Cassandra) 프로젝트에 착수했다. 그러나 재원이 부족하여 2020년 이 프로젝트를 중단했다.

출처: 〈가디언〉, 2021년 6월 26일.

80%

이 숫자는 사변 소설 중 SF를 선호하는 남성독자의 비율이다. 여성 독자는 판타지를 선호한다.

출처: 사변물 연구소, '독자층 연구', 2022년 5월.

공룡의 환생

고생물학 연구원 알리다 바이율은 공룡의 머리 구조에 대한 연구 중 염색체가 들어 있는 화석화된 세포를 발견했다. 그리고 후속 연구를 통해 DNA를 비롯해서 과거에 생존했던 세포 중 일부는 수 백 만 년간 보존이 가능하다는 가설을 확인했다. 물론 아직 공룡의 DNA를 추출하지는 못하였으나 먼 미래에 복제를 통해 공룡을 되살릴 수 있는 가능성이 열렸다.

출처: 〈가디언〉, 2022년 6월 21일.

199,000

이 숫자는 2017년 12월부터 2018년 1월까지 트위터(Twitter)와 레딧(Reddit)에서 영국 SF드라마 '블랙 미러'에 대한 멘션(mention)의 개수이다.

출처: Statisca.com

SF에 대한 정의

SF는 일어날 수 있는 일이지만 대부분의 경우 사람들은 그 일이 일어나지 않길 바란다. 반면 판타지는 일어나지 않을 것 같은 일이지만 그래서 더욱 사람들은 그 일이 일어나길 바란다.

출처: 아서 C. 클라크, 『Odysées. L'intégrale des nouvelles 오디세이, 전집』, Bragelonne, 파리, 2013년.

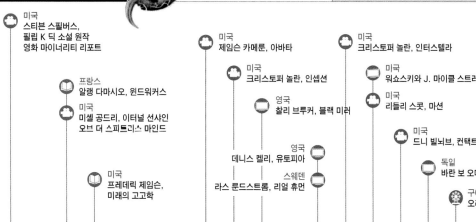

미국
스티븐 스필버스,
필립 K 딕 소설 원작
영화 마이너리티 리포트

프랑스
알랭 다마시오, 윈드워커스

미국
미셸 공드리, 이터널 선샤인 오브 더 스피트리스 마인드

미국
프레데릭 제임슨, 미래의 고고학

미국
제임슨 카메룬, 아바타

미국
크리스토퍼 놀란, 인셉션

영국
찰리 브루커, 블랙 미러

데니스 켈리, 유토피아

스웨덴
라스 룬드스트롬, 리얼 휴먼

미국
크리스토퍼 놀란, 인터스텔라

미국
워쇼스키와 J. 마이클 스트라진스키, 센스 8

미국
리들리 스콧, 마션

미국
드니 빌뇌브, 컨택트

독일
바란 보 오다르와 잔제 플리스, 어둠

구이양, 중국
오리엔탈 SF 밸리 놀이 공원 개장

미국
어슐러 K 르 귄 공상과학 소설 상 제정

2000　2002　2004　2005　　2009　2010　2011　　2013　2014　2015　2016　2017　2018　　2020　　2022

미래의 맛

이스라엘 푸드테크 분야 벤처기업들이
미래 음식들을 개발했다.

예로 생물 반응기로 만들고 3D로
프린팅한 스테이크, 저온살균 없이
유방세포로 생산한 우유,
꿀벌이 아니라 '꿀벌의 위를 모방한'
기술로 만든 꿀이 있다.

출처: 〈파리지앙〉, 2022년 6월 19일.

-52%

지난 12개월 동안 메타
(페이스북에서 사명이
변경되었다)의 주가는
절반 이상 폭락했다.

출처: tradingeconomics.com

대성공

2021년 중국에서 재개봉한 영화 아바타가
관객 수 최고 기록을 세웠고 전 세계에서
거두어들인 수익은 28억 달러가 넘었다.
이 제임스 카메론 감독의 대작은 여전히
호평을 받고 있다.

출처: Allociné.fr

1200백만

마이클 크라이튼의 소설 『쥬라기 공원』(1990)이 세운 지
난 10년간 미국 내 판매 부수 기록이다. 이 소설은 전 세계
에서 1000만부 이상 팔렸고 100번 이상 재쇄를 했다. 그리
고 모든 언어로 번역 출간되었다.

출처: 〈퍼블리셔스 위클리〉, 1999년 1월, 〈옵스〉, 2002년 6월 2일.

IA = Intelligence Autoritaire

"안면인식과 패턴인식 분야에서 AI가 급속히 발전하
자 우리는 전에 없던 위험에 처했다. 이제 CCTV가 단순 녹화 기능에 머
무르지 않고 로봇 경찰의 역할을 하려고 한다. (두 사람이 서로 껴안거
나 악수를 나누어서) 모종의 거래가 있는 것처럼 보이거나 (특정 상표나
같은 색깔의 옷을 입어서) 범죄 조직이라는 '혐의'가 있는
곳에서 로보캅이 되려는 것이다."

에드워드 스노든, 『Mémoires vives 생생한 기억』, Seuil, 파리, 2019년.

필립 K. 딕이 만든 세상

"오늘날 돈이 유일한 목표이다... 모든 문화가 미국화 되었고 우리는 잠식당했
다. 도시에서도 사람들은 시종일관 경제적인 압박에 시달린다. 이 상황에서 탈
출하려면 창의력이 필요하다. 어떤 이들은 마약에 빠지지만
어떤 이들은 무언가를 창조하려 애쓴다...소외된 사람들은
항상 있기 마련이다. 예전과 같은 좋은 시절은 이제 없다. 우
리는 마치 필립 K.딕이 소설에서 그렸던 세상에서 살고 있는
듯하다. 경찰은 없고, 사람들은 거리를 배회하고 있으며 이
익 집단들끼리 서로 뭉치고, 1960년대의 유토피아가 무너
진 디스토피아다."

얀 모어반(사진작가), 『Gangs Story 범죄조직의 이야기』
(La Manufacture des livres 책의 원고, 2022), 〈르몽드〉에서 인용, 2022년 6월 24일.

200KG

NFT(대체불가능토큰) 1개를 생성할 때 발생하는 이산화탄소
의 양이다. 이 양은 휘발유차량이 800km를 운행했을 때의 탄
소 발자국과 비슷하다. 출처: 〈주흐날 뒤 넷〉, 2022년 1월 11일.

냉동인간의 부활?

1972년에 창립된 미국 생명연장재단 알코어는 인체냉동보존기
술의 선두주자이다. 이 기술로 법적 사망 후 인체를 아주 낮은
온도에 보관하였다가 미래에 소생시킬 수 있다. 알코어의 가입
자는 1300명이 넘고, 이 중 191명이 사망하며 냉동 보존된 상태
이다. 크리오닉스 프랑스(Cryonics France)의 창립자 로랑 미시
오니에는 미국 연구소는 2015년에서 2020년 사이 냉동 보관한
인체를 22세기부터 부활시킬 수 있을 것이라고 전망했다.

출처: alcor.org, 〈허프포스트〉, 2016년 2월 12일.

네바다주의 외계인

2019년 미국에서 진행한 통계조사에 따르면 미국 국민 중 26%는 비밀 군사기지가 있는 네바다 주의 구역 51(Area 51)에 외계인이 있다는 사실을 미국 정부가 숨기고 있다고 생각한다

출처. Statista.com

506

미국 다작 작가로 유명한 아이작 아시모프의 작품 개수이다. 그는 SF 뿐만 아니라 천문학, 역사, 성경에 대한 에세이도 썼다. (선집까지 포함시키면 작품의 개수는 더 늘어난다.) 그는 최근 자서전에서 "이렇게 다양한 주제에 관하여 이렇게 많은 글을 쓴 사람은 없다. 겸손하게 말하려고 해도 이 수치는 당황스러울 정도이다. 하지만 거짓말을 할 수도 없다."라고 말했다.

죽은 자의 목소리

지난 6월 아마존은 모든 인간의 목소리를 재생할 수 있는 기술을 개발했다고 발표했다. 고음질 녹음 1분만 있으면 음성인식서비스 알렉사가 죽은 사람의 목소리 까지도 재현할 수 있다는 것이다. 이 기술을 개발한 아마존의 과학기술 팀장은 "소멸에 대한 두려움을 없애고 추억을 간직하게 될 것"이라고 설명했다. 이제 장례식장은 드라마 '블랙 미러'의 시즌 2 첫 번째 에피소드처럼 '사후 서비스'도 제공하게 될까? 출처: 〈허프포스트〉, 2022년 6월 22일.

바이오해킹

'DIY 생물학'이라고 불리기도 하는 바이오해킹은 '신체 기관 중 어떤 기능을 변경하거나 막아서 건강을 향상시키는' 기술을 말한다.

출처: medodom.com

야만적인 영상

한 케이블방송 채널의 사장은 수위 높은 성폭력 장면이 가득 찬 비디오 영상에 심취한다. 이 영상은 마치 실제 일어나고 있는 현실 같은 환각을 불러 일으킨다. 데이비트 크로넌버그의 SF영화 〈비디오드롬〉(1984)에서 비디오 카세트를 삼키고 죽인 은 마치 입이 있는 것처럼 부푼다. 그리고 이 영상을 보는 시청자의 정신은 오염된다.

14.5%

1998년에서 2017년 사이 판타지, 공포, SF 영화 개봉작의 비율은 전체 영화의 6%를 차지하는 반면 이 영화의 관객 점유율은 14.5%였다. 이 기간 동안 SF는 184편 (이중 프랑스 영화가 13편), 판타지가 291편, 공포 216편이 개봉되었다.

출처: 프랑스 국립영상센터(CNC) 연구, 2018년 11월.

암호 예술(Crypto art)

캐나다 가수 더 위켄드(The Weeknd)는 2022년 7월 월드 투어 'After Hours Til Down'에서 Web3 와 NFT 기술을 사용할 것이라고 발표했다. 그리고 세계최대 암호 화폐 거래소 바이낸스(Binance)와 협력하여 암호화폐거래 플랫폼 개설 계획도 알렸다. 출처: cryptoweek.fr, 2022년 7월 6일; Binance.com

〈마니에르 드 부아르〉 한국어판의 제 12호 발간에 도움을 주신 후원자 여러분께 감사드립니다.

강연경	金孫	민호선
강원명	김아로미	박근태
곽봉선	김용진	박민우
구도윤	김자연	박승규
권유미	김주영	박장흠
권은율	김진형	박혜진
글쎄	김현율	변종호
김가영 ♥	김호	변지현루이
김도원	남성진	복동이와 삼칠이
김도희	도경민	서쌍용
김동호(DH편의점 작가)	도복선	소슬
김민회	맹수민	숙구류바
김선	문보경	시수경
김성민	미지근	심형철

안병준	이원우	bluegre****
양게표	니른싱 판교	Étienne Son
임진경	이제현	HeR
예유나	장민호 CedricMJ	Hoon Hildegard
오로제	장수비	Iahn Lee
오수길	정운진	jinbba96
오주석	정재	lemonmelba
오창훈	정혜진	LIM SODAM
윤상정	주혜원	wood
윤정현	지수항	
은령	차시스	18000
이 안	팽	
이신인	한채연	
이연희	황정임	

〈마니에르 드 부아르〉 후원자들

글의 출처

서문   Evelyn Pieiller, 'Travail de sape dans la galaxie' (미게재)
책을 내며 성일권, '자본주의를 치유할 SF적 상상력' (미게재)

[1부] 인간 이상의 존재들
    Finn Brunton, 'Petit guide de conversation avec les extraterrestres', 〈르몽드 디플로마티크〉 2016년 8월 프랑스어판
    Marcus D. Besnard, 'Fin programmée pour Homo sapiens', 2018년 1월 프랑스어판
    Dan Bouk, 'Ainsi nos jours sont comptés', 2015년 11월 프랑스어판
    Juliette Faure, 'Le cosmisme, une vieille idée russe pour le XXIe siècle', 2018년 12월 프랑스어판
    Guillaume Barou, 'Devenez la marionnette virtuelle de vos désirs' (미게재)

[2부] SF, 진실에 대한 의혹의 시선
    Philippe Rivière, 'L'île de Man sur orbite', 2012년 8월 프랑스어판
    Norman Spinrad, 'Quand La Guerre des étoiles devient réalité', 1999년 7월 프랑스어판
    Philippe Rivière, 'Ennemis de la technologie', 2010년 5월 프랑스어판
    Philippe Rivière, 'Nous serons tous immortels... en 2100', 2009년 12월 프랑스어판
    Zanzibar, 'Zone de rêve collectif', 2020년 2월 프랑스어판
    Evelyn Pieiller, 'Imaginaires de l'avenir', 2023년 2월 프랑스어판

[3부] 더욱 강해지는 디스토피아의 세계
    Pierre Alferi, 'Chères chairs humaines⋯', 2022년 7월 프랑스어판
    Pierre Rimbert, 'La bourgeoisie intellectuelle, une élite héréditaire', 2020년 8월 프랑스어판
    Pierre Musso, 'L'ère de l'État-entreprise', 2019년 5월 프랑스어판
    Pablo Jensen, 'Simulation numérique des conflits sociaux', 2013년 4월 프랑스어판
    Greg Grandin, 'Le rêve amazonien de Henry Ford', 2011년 8월 프랑스어판

[4부] 대중서사가 된 SF
    이지용, 'SF는 미래를 꿈꾸지 않는다', 2019년 6월 한국어판
    최애순, '임신하는 로봇과 불임의 인간', 2019년 7월 한국어판
    최배은, '멸망하는 세계, 아이들은 살아 남는다', 2019년 8월 한국어판
    김성연, '미래의 냄새, SF가 선도하는 감각의 변화', 2019년 9월 한국어판
    오윤호, '젠더적 한계를 벗어나려는 '그녀'들의 꿈', 2019년 10월 한국어판
    노대원, '미래의 인간은 고통에서 해방될까?', 2019년 11월 한국어판
    정은혜, '포스트휴먼의 몸부림, 상실감 그리고 놀라움', 2023년 3월 한국어판
    문규민, 'SF로 철학하기의 범심론적 모험', 2022년 12월 한국어판

※〈마니에르 드 부아르〉 vol.12의 'SF, 우리시대의 메시아'는 프랑스어판 184호의
〈SCIENCE-FICTION Vivement demain ?〉을 기본 텍스트로 삼았습니다.

Manière de voir

지금 정기구독을 신청하시면 편리하게
MANIÈRE DE VOIR를 만나실 수 있습니다.

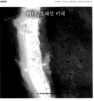

정기구독 문의

① 홈페이지
www.ilemonde.com

② 이메일
info@ilemonde.com

③ 페이스북 · 인스타그램
ilemondekorea
lediplo.kr

④ 전화
02-777-2003

정기구독을 원하시는 분들은 다음사항을 기입해 주십시오.

이름	
주소	
휴대전화	
이메일	
구독기간	vol. 호부터 년간

정기 구독료

1년 65,000원
(낱권 18,000원 · 연 4회 발행)

입금 계좌번호

신한은행 100-034-216204
예금주 (주)르몽드코리아

*양식을 작성하여 이메일로 보내주세요. 전화로도 신청 · 문의 가능합니다.